农业政策概论

柯炳生　著

中国农业大学出版社
·北京·

内容简介

本书作者具有长期从事农业政策调查研究、教学培训以及直接参与农业高层决策咨询建议的经历，多次参加党和国家最高领导人主持的专家座谈会，并在中央政治局集体学习时做过农业问题汇报讲解。本书共16章，包括农业政策目标、农业政策背景、各种主要农业政策措施、政策决策执行、美国农业政策、欧盟农业政策等。内容系统全面，逻辑层次严谨；数据丰富权威，政策资料翔实；解读分析清晰，理论联系实际；语言简练，文风务实。本书可作为高等农林院校农林经济管理专业学生教材，也可作为广大涉农组织机构人员的政策读本。

图书在版编目(CIP)数据

农业政策概论 / 柯炳生著. --北京：中国农业大学出版社，2024.3

ISBN 978-7-5655-3197-2

Ⅰ.①农… Ⅱ.①柯… Ⅲ.①农业政策—中国—教材 Ⅳ.①F320

中国国家版本馆 CIP 数据核字(2024)第 058542 号

书　　名 农业政策概论
Nongye Zhengce Gailun

作　　者 柯炳生　著

策划编辑 何美文　　**责任编辑** 何美文
封面设计 李尘工作室
出版发行 中国农业大学出版社
社　　址 北京市海淀区圆明园西路 2 号　　**邮政编码** 100193
电　　话 发行部 010-62733489，1190　　读者服务部 010-62732336
编辑部 010-62732617，2618　　出　版　部 010-62733440
网　　址 http://www.caupress.cn　　**E-mail** cbsszs@cau.edu.cn
经　　销 新华书店
印　　刷 运河(唐山)印务有限公司
版　　次 2024 年 3 月第 1 版　　2024 年 3 月第 1 次印刷
规　　格 170 mm×240 mm　　16 开本　　18 印张　　333 千字
定　　价 56.00 元

序

1989年春天，我从德国获得博士学位后，回到北京农业大学（现中国农业大学）农业经济系任教。当年秋季便给系里四年级学生开设农业政策学课程，并很快在讲课的过程中编写出了一本《农业政策学》讲义纲要，共10章，油印出来，发给学生。

我在讲义的编者说明中写道：农业政策学是一门较新的农业经济学分支。其在国外，是许多农业院校涉农专业的必修课之一，而在国内，由于多种原因，尚很少有人开设。对于这样一门新课，毋庸讳言，要想在短时间内编写出一本成熟的教材是不可能的。除了限于编者本人的水平之外，也还由于国内没有现成的经验可以借鉴，而国外的经验又不能照搬。这本讲义纲要的编写，仅仅是一个起步；编者力图以自己的努力，提供一个从无到有、从不完善到完善的基础，提供出一个大略的框架和体系。

后来，在编写全国高等农业院校《农业政策学》第一本统编教材时，我被指定为编写人之一，并担任副主编。该书在1993年正式出版。

这门课，我后来又陆续讲了几年，包括给本科生和研究生讲，直到1997年年底，我离开学校，到农业部农村经济研究中心工作。

我担任农村经济研究中心主任整整10年。该中心的核心工作就是从事农业政策相关的调查研究和咨询建议。这段经历对我写作本书的最大助益有三点：一是我到农村基层进行过广泛调研，走遍了全国所有省份，了解到我国各地农业农村情况的千差万别，熟悉了农业政策落实执行中的诸多影响因素。二是有机会直接参加国家层面的农业政策决策咨询建议工作。到农业部参会是例常性的，到中南海参加有关会议每年也会有几次，主要是国务院分管领导主持的政策座谈会（如酝酿下一年中央一号文件的主题等），也参加了若干次党和国家最高领导人主持的专家座谈会，并在中央政治局集体学习时做过农业问题的汇报讲解，近距离体会到了党和国家决策层对“三农”问题的高度重视，真切地感受到了他们对“三农”问题的喜忧所在。三是领导整个中心的政策研究工作，让我必然关注到农业政策研究中各个具体领域的问题，而不仅仅是我个人的兴趣和专长聚焦的几个领域（农业市场与贸易、粮食安全、世界贸易组织等）。

2017年离开校长岗位后，我又重归农业经济与政策研究一线，参加了很多地方政府部门、各类涉农产业、地方高校院所、新闻媒体机构等组织的各种活动。在这些活动中，我既广泛调研，了解各种新情况，也进行了很多有关农业政策的宣讲和培训。在这个过程中，我逐渐萌发出撰写一本系统全面的农业政策教材的想法。

这个想法立刻得到了家人的极力鼓励，只是由于种种原因，我拖到2023年6月底才开始动笔，9月底完成了初稿。

初稿完成后，分别送给中国农业大学经济管理学院和农业农村部农村经济研究中心的领导，委托他们请相关领域的老师和同事，就各自熟悉的领域章节进行审读。我也请了其他有关单位的好友审读初稿。他们都提出了很多非常中肯的、具有重要价值的意见和建议，对于修正初稿中的错讹和弥补疏漏、不足，起到了非常重要的作用。参与审读初稿并提出宝贵意见的有：谭向勇、李彦亮、肖海峰、韩一军、司伟、李军、郭沛、何广文、田志宏、冯开文、李春顶、白军飞、苏宝忠、金文成、马凯、刘俊杰、谭智心、翟雪玲、姚璐、张哲晰、龙文军、金书秦、张雯丽、张灿强、王莉等。他们有的是我长期的挚友同事和资深专家，有的是我工作过的两个单位的优秀中青年研究人员，我向他们表示深深的感谢！

我要特别感谢国务院参事、我的留德同学何秀荣教授担任本书的审稿人。他非常细致地审阅了全书，提出了很多宝贵的建设性意见。

感谢中国农业大学出版社席清董事长、董夫才社长、丛晓红总编辑的大力支持。感谢责任编辑何美文高度认真、负责、专业的编辑工作。

本书得到了中国农业大学经济管理学院出版基金的鼎力支持，谨致谢意。

最后，我要深深感谢我的太太倪立红，为她在我初萌本书写作想法时的极力鼓励，也为她在过去40年中对我的所有支持。祈愿本书的出版，对她是一份告慰……

感谢所有关心和帮助本书出版的同事、同仁和友人！至于书中可能的疏漏和错讹，我负全部责任。

柯炳生

2023年11月24日

目　　录

第1章　导　　论

1.1　农业政策的内涵

农业政策学，顾名思义，是一门研究农业政策的学问。

农业，是人类最古老的产业。农业产生、发展的动力和根本目标，是更好地解决吃饭问题和穿衣问题。从在自然界采集野生植物果实，到人工种植植物获得果实，产生了种植业；从在自然界中狩猎捕鱼获得肉食，到人工养殖获得肉食，产生了养殖业。在现代产业分类中，农业是第一产业，工业是第二产业，其他产业是第三产业，即各类服务业。现代农业除了具有解决吃饭问题这个基本功能之外，还衍生出农业的多功能性。

“政策”一词于100多年前引进我国，其源自日本人对英文policy的翻译。在本书中，政策是指国家政府部门为了达到一定的目标，所做出的规定和采取的措施。

按照英文的含义，政策与法律法规是不同的，法律带有强制性和禁止性，而政策只是提供行动的指导原则，以达成希望的目标。

我国在相当长一段时间内，尤其是在改革开放之前，农业法律法规体系很不健全。新中国成立到改革开放前，与农业农村有关的法律法规，只有1950年颁布的《土地改革法》、1956年颁布的《农业生产合作社示范章程》和《高级农业生产合作社示范章程》，以及1962年中共中央通过的《农村人民公社工作条例（修正草案）》等。在改革开放后的相当长一段时期，我国基本是通过政策来推动农村改革与发展的。1982年到1986年的五个中央一号文件，为我国的农村改革提供了坚定的指导和巨大的推动作用。在那一时期，这五个政策性文件的权威性和效力，堪比法规。在那个时候，政策不仅是政策，也是法律，因为那时候还没有相关的法律。

经过改革开放40多年的发展，我国的农业法律法规体系已经比较完备，并且形成了法律、行政法规、部门规章和政策这样一个体系。只是出于习惯，在很多情况下，在讲到农业政策时，人们依然把法律、行政法规、部门规章等都包括在内。

《中华人民共和国宪法》（以下简称《宪法》）中规定得很清楚：宪法和其他各种基本法律的制定，是全国人民代表大会的职权；国务院根据宪法和法律制定行政法规；国务院各组成部门，在本部门的权限内制定规章。

国务院发布的行政法规可分为三类，其中：对某一方面的行政工作比较全面、系统的规定，称“条例”；对某一方面的行政工作部分的规定，称“规定”；对某一项行政工作比较具体的规定，称“办法”。国务院组成部门如农业农村部发布的规章，一般都是“规定”“办法”等。

在中国政府网的网站上，设有“国务院政策文件库”专栏，其中包含行政法规、部门规章以及其他规范性文件。显见，这些文件都被统称为“政策文件”。

从法理的角度，法律规章与政策有很多不同，本书不做更多讨论。从学理的角度，本书所讲的农业政策，一定要包括有关的农业法律法规的内容，否则，本书就是残缺不全的了。换言之，政策包括法律法规，但不限于法律法规。

农业政策，从字面意思看，就是与农业相关的政策。而在实践中，我国和外国的农业政策（agricultural policy）一样，其所包含的内容，除了与农业直接相关的政策问题，也有与农民和农村相关的政策问题。原因也比较简单，农业、农村和农民问题，是密切相关的。甚至，个别的农业政策内容范畴还超出了“三农”问题本身，涉及城市消费者。例如，我国计划经济时代的统购统销制度，其中的统销政策就是给城市消费者发粮票。又如，在美国不断更新的农业法中，现在不仅包含城市低收入人口的食品券（food stamps）政策，并且该项支出还占农业法覆盖的全部财政支出的绝大部分比例（2018—2023年期间为76%）。

本书所涵盖的内容，主要是与农业直接相关的政策问题。此外，也包含一些与农村和农民有关的政策问题。

1.2　“三农”问题的内涵

由于党和国家的高度重视，现在一提“三农”问题，人人皆知是指农业、农村、农民问题。不过，对于什么是农业问题，什么是农村问题，什么是农民问题，很少有人去深究。反正，只要涉及农业、农村或者农民的问题，都统统归为“三农”问题。

这不算错，但对于研究解决“三农”问题，却非常不够。笼统地理解和谈论“三农”问题，很容易让一些误解和错论流传，会给有关方面造成误导和误判。例如，“三农”问题的核心是农民问题（农民收入问题），这种说法流传甚广，听起来是以人为本，很受欢迎，但并不准确，也不正确。“三农”问题中没有核心，农民问题（农民收入问题）非常重要，但不是乡村振兴的首要问题和治国理政的头等大事。在非常重要非常复杂的诸多“三农”问题中，如果要挑出一个重中之重的问题，那也一定是吃饭问题，是粮食安全问题，而不是别的问题。

“三农”问题，既不是一个问题，也不是一类问题，而是一系列彼此密切相关但又很不相同的问题。问题的起因不同，表现不同，解决的主要路径也不相同，并且，解决好某一个问题的途径，并不能自动带动其他问题的解决，有时还恰恰相反，是相互矛盾的。例如，生猪生产短缺时，猪肉价格会暴涨，这对增加养猪农民的收入有利，但减少生猪生产不是农业发展的目标，那将直接对人民的吃饭问题、营养健康和生活水平，有突出的不利影响。

“三农”问题内容繁多复杂，其中最重要的，可以归纳概括为六个大的方面：

农业，是个产业；农业问题，就是发展农业产业所要解决的问题，主要是两个方面——农产品的供给数量和农产品质量（包括质量安全）。

农村，是个空间区域；农村问题，就是农村区域中存在和需要解决的问题，主要也包括两个方面——农村的公共服务设施和生态环境保护。

农民，是个社会群体；农民问题，就是与农民这个特殊社会群体利益直接相关的问题，同样可以归纳为两个主要方面——农民的经济收入和各种社会权利。

1.3 农业政策很重要

农业政策很重要，因为“三农”问题很重要。党和国家高度重视“三农”问题：1982年到1986年，中央连续发布了5个中央一号文件，2004年以来连续发布了21个中央一号文件，聚焦“三农”问题；党的二十大报告充分肯定了“三农”工作的巨大成就，指出了“三农”工作面临的突出挑战，做出了“三农”工作的战略部署，提出了加快建设农业强国的要求。中央一号文件和党的总书记一再强调：要始终把解决好“三农”问题作为全党工作的重中之重。

“三农”问题的重要性，在党和国家领导人讲话和中央文件中，有各种表述。这些表述，可以概括为两个大的方面：第一，解决好“三农”问题很重要；第二，解决好“三农”问题，政府的作用很重要，尤其是在放开市场、建立起比较完善的市场机制之后。

解决好“三农”问题很重要。①农业产业的核心产出是食物。吃饭问题关系到全国所有的人。民以食为天，吃饭问题解决得不好，人民的基本生存条件和健康就会受到损害，整个社会就不能安定。吃饭问题始终是治国理政的头等大事，乡村振兴的首要任务就是确保重要农产品特别是粮食供给。②农村，就是城市建成区以外的地域。2022年，我国的城市建成区总面积只有6.24万平方千米，占国土总面积的0.65%，全国99%以上的区域是农村（乡村）。美丽中国的建设，不可能只局限在不到1%的国土上；城镇人口9.2亿人，占全国人口的65%，不可能只生活在不到1%的城建区中。城镇居民的生活，日益与广大农村交融在一起。即便城市居民足不出户，农村生态环境也会通过大气质量、水质量等，直接影响到他们的生活。③农民是一个数量最大的社会群体，往往也是弱势群体。农民问题中的农民，实际上包括两部分人。一是居住在农村从事农业和其他相关产业的人员及他们的家属，统计上为4.9亿人，应该基本包括了本地农民工（在户籍所在乡镇地域以内从业的农民工）；二是在城镇务工的农村户籍人员和他们的家属。统计上，2022 年，外出农民工（每年在乡镇之外从业 6 个月以上的农民工）有 1.7 亿多人，再加上同他们一起居住的家属，应该超过 2 亿人。这两部分人口合计为 7 亿人左右。这些是具有实质性农民身份的人，其共同特点是由于户籍的不同，所享受到的社会权利与城市人口有所不同，主要包括：就业机会不同、社会保障制度和水平不同、子女就学和高考待遇不同，以及在一些城市购房、买车等方面待遇的不同。组成农民的两个群体，均对整个社会的发展具有重大影响和作用，包括农产品的提供、城市产业发展的劳动力供给和城市人口的生活服务。后两个方面，在新冠疫情期间和春节期间表现最为明显。此外，随着收入水平的不断提高，农民人口对市场总需求增长的影响日益突出。

解决好“三农”问题，政府的作用很重要。政府的作用，在于解决靠市场机制解决不了、解决不好的那些问题。政府作用发挥得好，既是中国特色社会主义的本质特征，也是中国特色社会主义优越性的突出体现。

党的二十大报告明确指出，“中国特色社会主义最本质的特征是中国共产党领导，中国特色社会主义制度的最大优势是中国共产党领导。”而中国共产党的领导，最终体现为各级政府作用的发挥。在“三农”工作领域，表现在很多关键方面。

在农业方面，在提高农业生产能力方面，尤其是在“藏粮于地”“藏粮于技”的政策上，政府发挥着关键作用，弥补了农业是弱质产业的天然不足；在农村方面，如各种基础设施建设、农村生态环境保护和治理方面，各级政府的资金投入和维护管理发挥着关键作用，这些方面仅靠市场的利益机制是难以解决好的；在农民方面，前述促进农业发展和农村发展的政策，也直接使农民获益。而我国在解决农民问题上最突出、成效最显著的行动，就是政府领导和主导的脱贫攻坚政策以及现在的巩固脱贫攻坚成果政策。没有从中央到地方各级政府的坚强有力作用，我国在脱贫攻坚方面的伟大胜利是不可想象的。

政府在“三农”方面的突出作用，就是农业政策的作用。

1.4 农业政策学很有用

农业政策学的教学对象，是所有涉农专业的学生和有志于投身“三农”工作的人员。农业政策学能够帮助“三农”工作相关部门的人员更好地研究制定和落实执行好农业政策，帮助所有涉农单位人员和企业人员更好地了解、理解和利用好农业政策。

农业政策学涉及的内容较多，主要是三大板块：政策目标、政策背景、政策措施。这三个板块有着密切的内在逻辑关系。

政策，是政府的行动。政府采取行动之前，首先要明确和回答的问题是，我们要实现什么目标？衡量这个目标的标准是什么？其后，就要分析，当前的实际背景情况如何，与目标相比较，有哪些差距？有哪些问题？最后，就是要找出各种可行的方案措施，来解决这些差距和问题——这需要弄清各种方案的特点、效果和条件要求，综合比较其优势和劣势，然后做出决策选择，并付诸实施。

从政策研究的角度看，研究人员主要是找出各种备选方案，做理性客观分析，把作用原理和作用效果弄明白，说清楚，就算完成任务了。至于具体政策措施的选择，涉及价值取向等主观判断和财政投入等客观条件，有的还需要考虑社会心理承受能力等现实问题，这主要是决策者的职责。鉴于此，本书不做长篇的政策建议，只是基于原理做一些客观点评。

在实践中，同样的政策措施，当政策背景条件发生重要变化时，其实施效果可能发生很大的变化。类似地，当政策目标发生变化时，对同一政策的效果评价，也可能发生重要变化。

1.5 本书的写作原则

本书力求做到易读，精准，有用。

易读，就是力求文风朴实，语言通俗，尽可能避免抽象术语，不要求过多专业入门基础。

精准，就是做到数据可靠，逻辑严谨，结论有据。所有数据均来自国家统计部门（国家数据网站和统计年鉴等）、联合国粮食及农业组织（以下简称联合国粮农组织）数据网站等官方权威机构，所有的政策阐述均以源头性官方文件为依据（来源于我国的国家法律法规数据库和农业农村部网站、美国的国家农业法中心、欧盟委员会网站等）。特殊来源的，会明确标注。

有用，就是力求知行合一，理论联系实际，包括我国的农业政策实际和国外有关国家（主要是美国和欧盟成员国）的农业政策实际，并且努力把每一个重点领域中的农业政策核心问题，都说到，说明白。

本书的写作风格与体例，可能与众有所不同。本书很少单独讲授原理和方法，而是把原理和方法融入对实际农业政策问题的介绍、解读和分析中。通过这样的方式，一方面，让读者知道现实中有哪些重要的农业政策问题，如何正确理解这些农业政策问题；另一方面，让读者在这个过程中，能够更好地学习和领悟其中的重要原理和分析方法，学会运用这些原理和方法，自己去探索研究现实中的农业政策问题。

让读者准确了解现实农业政策，并学会分析现实农业政策，是本书的双重目标。

第 2 章　农业政策目标

2.1　基本概念

农业政策目标，就是农业政策所要达到的目标，是理想状态。农业政策目标的确定，既取决于决策者对客观情况的判断，也取决于决策者的价值观，即重视什么，重视程度如何。

政策目标的作用：①确定政策的努力方向；②确定检验政策手段措施的正确性和有效性的尺度标准。农业政策目标，既是采取农业政策措施的出发点，也是衡量农业政策措施是否有效的标准。即，要评价一项农业政策的优劣利弊，需要弄清楚两个问题：一是其出台的目的是什么，要解决什么问题；二是政策实行后，能够在多大程度上实现这个目标，以及需要什么样的代价（财政支出和其他成本）。

政策目标的来源：①客观需要。例如，在粮食不够吃的时候，增加粮食生产就是一种客观需要。②主观价值判断。例如，城乡收入差距大，不符合人们对公平公正的主观价值要求，就需要加快提高农民收入，缩小城乡差距。

政策目标的系统性：现实生活中要解决的农业问题是多样的，因此，农业政策目标往往不是单一的，而是很多个单项目标的组合。任何一个国家的农业政策目标都是多元化的，会构成一个农业政策目标体系，并且这个政策目标系统还可以细分出不同的层次。

政策目标的时序变化性：各个单项目标在整个目标体系中的优先地位和重要性是不同的。其随着时间的推移，即在不同的历史阶段，是会发生相对变化的，并且，有的政策在开始施行时政策目标是清楚的，但实施一段时间后，如 5 年或 10 年之后，由于种种原因，这个初始的政策目标可能会变得模糊起来。原因可能是农业发展形势发生重要变化，或者参与决策的人员群体发生重要变化。

政策目标之间的相关性：不同的政策目标之间，可能有不同的相关性。①互促关系。一个目标的实现有助于另一个目标的实现。②独立关系。一个目标的实现程度对另一个目标的实现程度没有直接关联影响。③矛盾关系。一个目标的实现，将直接损害另一个目标的实现——在这种情况下，政策目标矛盾无法获得彻底解决，而只能加以调和折中。对于农业决策来说，最难处理的是第三类关系，即不同目标之间的矛盾关系。一个典型的案例就是：增产和增收之间的矛盾关系。由于绝大部分农产品的需求价格弹性系数都小于 1，就绝大部分产品的产业总体而言：增产时，并不增收，反而减收；减产时，并不减收，反而增收。例如，2019 年我国的猪肉生产比 2018 年减少了 20%多，而猪肉的价格却增长了一倍以上，生猪产业的利润率和利润总量增加了好几倍。解决这样的政策目标矛盾的方法，短期内是设法减少市场价格波动（即生产数量波动），长期内是通过科技创新降低生产成本。

政策目标的定性表述与定量表述：有些政策目标可以定量表述，而另一些政策目标只能定性表述。粮食安全数量目标可以通过自给率百分比进行定量表述，粮食质量目标则只能定性表述。生态环境目标主要也是定性表述，如保证可持续发展。可以定量表述的政策目标，刚性都比较强，对其实现程度的检验也容易；而定性表述的政策目标，对其实现程度的检验就比较难。

2.2　农业政策目标体系

改革开放前，我国的农业政策目标体系较为复杂，尤其是受到计划经济和极左意识形态的严重影响，常常是不合理的甚至荒唐的，特别是在人民公社时期和“文化大革命”时期。

改革开放后，尤其是 1982—1986 年的五个中央一号文件的实施，使得我国的农业政策目标逐步摆脱了计划经济和极左意识形态的影响，日益理性化。从国家的法律和政策文件中，都可以看到这种变化，可以探知到我国农业政策目标的基本走向。

1993年出台、2012年修正的《中华人民共和国农业法》（以下简称《农业法》）中，总则的第三条和第四条涉及农业政策目标。

第三条规定："农业和农村经济发展的基本目标是：建立适应发展社会主义市场经济要求的农村经济体制，不断解放和发展农村生产力，提高农业的整体素质和效益，确保农产品供应和质量，满足国民经济发展和人口增长、生活改善的需求，提高农民的收入和生活水平，促进农村富余劳动力向非农产业和城镇转移，缩小城乡差别和区域差别，建设富裕、民主、文明的社会主义新农村，逐步实现农业和农村现代化。"

第四条规定："国家采取措施，保障农业更好地发挥在提供食物、工业原料和其他农产品，维护和改善生态环境，促进农村经济社会发展等多方面的作用。"

这两条法律文本的表述比较宽泛，逻辑层次也不是很清晰。第三条包含的比较明确的目标是提高农产品生产数量和质量、提高农民收入和生活水平两大方面，第四条提出了保护生态环境目标。

2021年出台的《中华人民共和国乡村振兴促进法》（以下简称《乡村振兴促进法》）中，第三条规定："促进乡村振兴应当按照产业兴旺、生态宜居、乡风文明、治理有效、生活富裕的总要求，统筹推进农村经济建设、政治建设、文化建设、社会建设、生态文明建设和党的建设，充分发挥乡村在保障农产品供给和粮食安全、保护生态环境、传承发展中华民族优秀传统文化等方面的特有功能。"

可以看出，《乡村振兴促进法》在把乡村的全面振兴作为目标的同时，还特别强调了粮食安全、保护生态环境和文化传承三大目标。

概括地说，保障粮食安全、提高农民收入、保护生态环境（分别属于农业问题、农民问题和农村问题），是具有普遍性和长远性意义的三大主要农业政策目标。普遍性是指，世界各国大都如此；长远性是指，现在如此，将来也如此。

此外，还有一些目标，其同三大农业政策目标相比要弱一些，或者只是在某个时期或某个发展阶段意义较为突出。

2.3　粮食安全目标

《乡村振兴促进法》第八条规定："国家实施以我为主、立足国内、确保产能、适度进口、科技支撑的粮食安全战略，坚持藏粮于地、藏粮于技，采取措施不断提高粮食综合生产能力，建设国家粮食安全产业带，完善粮食加工、流通、储备体系，确保谷物基本自给、口粮绝对安全，保障国家粮食安全。"

在所有的农业政策目标中，保障国家粮食安全是最重要的目标。正如习近平总书记反复强调的那样："解决好吃饭问题，始终是治国理政的头等大事""保障粮食等重要农产品供给，是'三农'工作头等大事""农业保的是生命安全、生存安全，是极端重要的国家安全""做到谷物基本自给、口粮绝对安全，把饭碗牢牢端在自己手上"，等等。

不仅在我国如此，在广大发展中国家和发达国家早先的发展阶段，都是如此。即便在少数土地资源极其丰富的国家，现在也不像以前强调的那样明确清晰了，但也没有任何人对此提出过疑问。

在对粮食安全目标进行深入讨论之前，需要先明确几个与之相关的概念。

粮食自给率：这是一个具有基本性粮食安全意义的重要指标，是指在一定的时间内（通常为一年）国内粮食生产量占国内粮食消费量的百分比。即：

粮食自给率＝国内粮食生产量/国内粮食消费量×100％ ＝ 国内粮食生产量/（国内粮食生产量－出口量＋进口量）×100％

自给率大于100％，是净出口；自给率小于100％，是净进口。

粮食：我国讲的粮食，包括谷物、豆类、薯类。在英文中，其通常被翻译为 grain，这种传统的译法并不很准确。英文中的 grain 概念，只包括谷物和豆类，并不包括薯类。其实，我国的粮食概念相当于英文中的主粮/主食（staple food)，其包括谷物、豆类和薯类。现在，我国粮食生产构成的比例约为：水稻30％，小麦20％，玉米40％，其他粗粮2％，豆类3％，薯类折粮（5∶1）4％。

谷物：是国际通行的分类方法，指所有禾本科作物的可食籽粒，包括稻谷、小麦、玉米三大作物，以及大麦、高粱、谷子、燕麦等其他各种杂粮。相当于在我国的粮食概念中，减去豆类和薯类。2021年，世界谷物生产数量为30.7亿吨，其中玉米约占39%，稻谷约占26%，小麦约占25%，大麦约占5%，高粱约占2%，谷子、燕麦及其他谷物约占3%。

口粮：这是我国近年来的特殊用法，只包括稻谷和小麦两种产品。在所有官方文件和领导讲话中，都是如此。这是我国现阶段实际上的主粮。改革开放前，在直接消费的粮食中，玉米、杂粮和薯类占据着很大的比例；现在，直接食用的玉米很少，杂粮和薯类的比例也大大减少。

食物：包括所有可以食用的东西，即除了粮食之外，还有畜产品、水产品、瓜果蔬菜等。在我国，也叫“大粮食”“大食物”。

粮食安全：这个词是外来语，对应的英文是 food security，其中的 food 就是食物。之所以会翻译为粮食，推想起来，应该是在引进这个词的年代，我国老百姓在平常日子中，每天吃的，主要就是粮食，其他产品如肉禽蛋奶和水果基本吃不到。那个时候要保障 food security，核心焦点就是粮食。而我国现在的情况已经完全不同，在我国的食物消费中，粮食直接消费仍然占据首要地位，但是肉禽蛋奶和瓜果蔬菜的重要性日益突出。因此，现在讨论粮食安全问题时，其中的“粮食”，到底是指粮食还是食物，区别就很大了。而很多人是把两种概念混着用的，这常常造成混乱。从现实出发，避免混乱的最简单办法，不是改变 food security 中 food 的中文翻译，也不是扩大中文粮食的内涵，而是把“粮食安全”这四个字作为一个固定词组来理解和定义：“粮食安全”，就是“食物安全”。也就是说，在讲到“粮食安全”时，要理解，其中的“粮食”指的不单是粮食，而是食物；而在其他的时候，粮食还是粮食，如粮食生产、粮食消费等。本书提到粮食和粮食安全时，就是分别遵从这样的含义和定义。

食品安全：这是对英文 food safety 的中文翻译。比较 food security 和 food safety 的中文翻译可以发现，中文不是把同样的英文 food 翻译为同样的中文食物，而是分别翻译为粮食和食品，而把不同的英文 security 和 safety 翻译为同样的中文安全。在英文中，食品安全是同一物品的不同问题；而在中文中，从字面意思看，似乎是不同物品的同一问题。在实际使用中，中文“粮食安全”和“食品安全”中的安全一词，实际含义是完全不同的。实际上，粮食安全（food security）强调的是食物的供给保障问题，包括供给的数量和质量。而食品安全（food safety）强调的不是供给保障问题——既不是食物的数量，也不是食物原有的普遍品质特征，而是提供的产品没有有害成分。即：粮食安全是要保障提供数量充足、质量良好的食物，食品安全是要保证提供的食物中不含有害人体健康的成分（《中华人民共和国食品安全法》中的食品安全，就是这个含义）。

那么，粮食安全的标准是什么？1996 年联合国粮农组织于罗马召开的世界粮食首脑大会，对粮食安全的定义做了这样的表述：All people，at all times，have physical and economic access to sufficient，safe and nutritious food to meet their dietary needs and food preferences for an active and healthy life（所有的人，在所有的时间，都能够买得到和买得起足够的、安全的、营养的食物，以满足他们的饮食需要和食品消费偏好，实现活跃健康的生活）。

这段话可以概括为：粮食安全，就是让所有的人都能够吃得饱，吃得好。

让所有的人都能够吃得饱和吃得好，自然包含了消费者买得到买得起的条件，也包含了农民种得好卖得好的要求。

吃得饱，是最重要的基础，涉及能否生存的问题。这要求农业生产数量要多，多到社会上的人口普遍能够填饱肚子。这也是最古老的吃饭问题。在我国几千年的历史长河中，直到改革开放后，吃得饱的问题，一直是个老大难问题。农业生产有增有减，但总体上未能显著超过人口的增长幅度；吃得饱的问题，始终存在着巨大压力。农业灾荒，经常成为社会动荡和战乱的肇始动因。尽管还存在一个分配问题，而且那些最贫穷的人口容易因为买不起粮食而挨饿，但整个社会的农业生产量不足，价格高企，是穷人挨饿的基础性原因。能够吃得饱的最关键指标，是人均粮食生产数量。我国在 1993 年正式取消了粮票制度，这意味着粮食的供给不再紧张，国家已经不再担心有的人买多了吃多了粮食就会造成别人挨饿。取消粮票制度的背景是，我国人均粮食生产数量已经从改革开放前的 300 千克左右，提高到 380 千克左右。

在吃得饱问题还没有解决好时，吃饭问题的绝对中心就是粮食生产。新中国成立初期，我国粮食种植面积在农作物播种总面积中的比例接近90%，改革开放初为80%，而现在下降为70%。

在还没有吃得饱时，人们对食物要求的是能吃就行，没有办法讲究口感。在三年困难时期，粮食不够吃，有人就用糠菜甚至树皮与粮食掺到一起来充饥。很多不种稻麦的地方，则把玉米当主食，并且那时的玉米面是带皮碾磨出来的，口感很差。也有的地方的主食是高粱，口感更差。

吃得好的问题，是在吃得饱的基础上衍生出来的。还可以分为狭义的吃得好，以及广义的吃得好——吃得安全，吃得健康，吃得愉悦。

狭义的吃得好，就是要吃好吃的、口感好的，并且品种多样化。原来吃粗粮的，改吃细粮了。即便还吃粗粮，也是粗粮细作，加工程度变得很精细。原来是粮食吃得多，现在是粮食吃得越来越少，而肉禽蛋奶水产等动物源食品消费不断增加，瓜果蔬菜类的消费需求也不断增加，并且越来越多样化和全年化。对各类食物的口感要求，也越来越高。

吃得安全。食品不安全，是指食品中含有有害成分。有害成分可以分为两大来源：一是自然来源，包括一些植物霉菌、动物病毒等；二是人工来源，主要是各种化学药物和添加剂，包括违禁药物和合法药物残留超标。人工来源的不安全因素，可以发生在整个食物产业链中，包括农业、加工流通业、餐饮业等。农业生产领域中主要是农药残留超标问题。我国近年来的食品安全状况已经有了很大改善，但消费者仍然有较多疑虑。其中有很多原因，主要是随着生活水平的提高，人们日益高度关注身体健康问题，对食品的安全性更敏感，也容易受媒体和自媒体的误报和误导影响，产生了对食品安全问题的夸大印象。

吃得健康。这主要取决于消费者个人的食物消费习惯。尤其是在产品数量足够多、质量较好、安全达标的情况下，能否吃得健康，就完全取决于消费者的食品消费习惯是否科学合理。根据世界权威医学杂志《柳叶刀》的研究文章，人类健康的三大杀手——心脑血管病、糖尿病、癌症均与消费饮食习惯不科学不健康密切相关。吃得不健康，缺乏科学饮食知识是一方面原因，更重要的原因是，消费者明明知道自己的饮食消费习惯不健康，为了享受口感的愉悦，面对美食，还是义无反顾，不加节制地消费。在实际生活中，人们对不安全问题的关注，远远超过对不健康问题的关注。在人头攒动的医院患者中，大多是饮食不健康问题导致的，食品不安全问题导致的十分少见。

吃得愉悦。这指的是食品消费的增值服务要求，主要是满足食物消费便利性和社交性的需求。满足消费者增值服务要求的，主要包括各种方便食品、餐饮业类外卖，以及酒店业和旅游业中的餐饮要素。

吃饭问题的五个方面，基本上构成一个递进的层次。即，随着经济社会的发展和人们收入水平的不断提高，对吃饭问题的需求，就从吃得饱不断向吃得好、吃得安全、吃得健康和吃得愉悦的方向发展。所涉及的产业部门，也从第一产业不断向第二产业、第三产业拓展延伸。

简言之，随着人们收入水平和生活水平的不断提高，粮食安全的内涵不断拓展，标准不断提高。粮食安全的目标已经远远超出粮食的范畴，拓展到全部食物；人们在吃饭问题上的要求，已经不仅限于吃得饱，而是要吃得好，吃得更好。更好地保障粮食安全，不仅是对农业生产部门的要求，也对农产品加工业和服务业不断提出新要求。

2.4　农民收入目标

在吃得饱问题还是一个问题的时候，农民收入不是一个受到特别重视的农业政策目标。我国在改革开放前一直如此，在广大的发展中国家现在还是如此。

当粮食生产水平很低，不能满足吃得饱的基本需要时，农民的收入问题，即便在农业政策讨论中有所涉及，也不是作为政策目标，而是作为手段——提高农民生产积极性的手段。例如，计划经济体制下，国家农产品收购价格的提高，主要不是为了提高农民的收入，而是为了促进农业生产。

当农业生产发展到能够满足人们吃得饱的要求，甚至出现过剩的苗头时，农民收入问题就凸显出来了。在欧美等发达国家，由于农产品生产长期过剩，尽管其仍然重视粮食安全问题，但是单纯地增加农业生产已经不再是重要的农业政策目标，而农民收入问题俨然已经成为农业政策的首要目标——至少这样说和这样写。

在我国，农民收入问题进入农业政策目标的范围，开始于20世纪90年代初期。此后日益得到高度关注，尤其是在2008年前后，达到了一个历史高点，农民收入目标与增加农业生产目标达到并重，甚至还有超过后者的感觉。这一时期，有几个因素的影响相互叠加，导致了这种情况。一是粮食生产大幅度增加，人均超过了400千克，出现短期过剩；二是城乡人均可支配收入差别持续增大，达到了3.33∶1的历史最高水平；三是国家财政收入状况非常好，连续多年年增长率超过20%。

农民收入问题，如前所述，不是农业问题，而是农民问题。农民收入问题，是农民问题的关键所在，因为只要收入水平提高了，农民的生活水平就能得到全面提高，包括吃、穿、用、住、行等各个方面。

农民收入问题，是一个永恒的社会问题。因为农民与其他社会群体一样，对提高生活水平的要求是永恒的。不过，农民收入成为一个问题，成为国家政策的目标之一，还是有一定的客观标准界定的。主要有两个方面：一是绝对水平，要能够满足基本的温饱需求，这也是我国精准扶贫的标准；二是相对水平，主要是城乡居民之间的比较，绝对的差距是难免的，而相对差距不能太大。在发达国家，有些专家认为，农民平均收入水平大致相当于城镇居民的2/3，大体上就是可以接受的。主要原因是，尽管农民收入低一些，但是农民的工作具有城镇工人工作（尤其是工业流水线工人工作）不具备的一些优点，包括工作的高度自由性，有大量的季节性闲暇等。

在我国，农民收入问题更为复杂一些。其中最重要的原因之一是农民收入统计的复杂性和特殊性（收入计算的分子和分母都很复杂）。本书第12章有具体说明和分析。

农民收入目标内含了农业生产效率目标。即：提高农业劳动生产率，降低农业生产成本。因为，在其他条件不变的情况下，无论是提高劳动生产率还是降低生产成本，都意味着农民收入的提高。事实上，这两个方面也是农民收入可持续增长的根本途径。

2.5　生态保护目标

生态保护目标，不是拒绝人类对自然生态环境的所有干预，不是保持自然界完全的天然状态。那是没有意义的，也是不可能的。农业这个产业从诞生的第一天开始，就是对自然界的大规模干预和改造。

农业政策中的生态保护目标，主要有两重意义：一是保证农业生产自身的可持续发展，不仅要解决当代人的吃饭问题，也要为子孙后代留下很好的解决吃饭问题的自然资源。二是保护城乡居民的良好生活环境。

在吃得饱目标没有得到很好满足的时候，农业生产会出现一些杀鸡取卵式不可持续利用现象（例如刀耕火种的原始农业以及后来的种种过度开垦），结果造成了严重的水土流失，土壤退化、结构板结、酸度增加，土壤水体和空气污染等问题。畜禽饲养方式不当和化肥投入过量，也对人们的生活环境和各种水体造成了污染。

社会的经济发展水平越高，对农业生态环境保护的要求标准就越高。在美国和欧盟的农业政策中，生态环境保护目标受到的重视程度非常高：在美国现行的农业法中，用于生态保护的预算支出与用于产品政策（即农民收入支持政策）的预算支出基本相同；在欧盟的共同农业政策预算支出中，除了直接的生态环境保护项目外，几乎所有的其他方面的项目，尤其是占据支出份额最大的脱钩补贴项目，都有生态环境保护方面的规定要求，并且非常详尽具体，从小尺度的生态景观，到大尺度的气候变化。

我国农业政策中的生态环境保护目标受到的重视程度也日益提高。只是，生态环境保护问题涉及的领域非常宽泛，具体政策目标的表述和界定，难以像粮食安全目标和农民收入目标那样集中明确，有几个可以量化衡量的指标，如前所述，其只能用生产的可持续性发展和生活环境良好这样概括性的定性表述。

2.6　财政收支目标

财政收入目标，通常不是农业政策的直接目标，而是一个衍生目标，或者说，是当时的决策者眼中的重要目标。即，在实行农业政策时，如果涉及国家财政投入，那么，不能造成过度的财政负担；更具体地说，在某些情况下实行的农业政策，如果使国家财政支出不堪重负，国家决策部门就不得不采取新的政策措施，来减少国家财政负担。在美国、欧盟成员国和我国，都发生过这样的情况。

就各国普遍情况而言，在国家农业政策投入上，具体需要考虑的方面通常有两个：一是数额要可控，不能有不确定性；二是在数额可控的情况下，要选择合适的确定标准。

此外，在我国，先后有两个时期，农业政策中的国家财政目标比较特殊。一是 1958 年国家制定了《中华人民共和国农业税条例》，开始征收农业税，到 2006 年废止。二是 20 世纪 90 年代末期的几年，国家财政对国家粮食购销部门的补贴数额很大，有一段时间试图通过粮食的统购顺价销售政策解决国家财政负担。这两个阶段的财政政策目标，都是以牺牲农民收入为代价的。

1958 年确定的农业税税率为常年产量的 15.5%。实行高额农业税政策的原因，是在计划经济条件下，国家要通过对农业征税来满足国家财政收入要求，并用于其他国民经济部门的发展。当年，农业净产值占国内生产总值的 28%，农业税对国家财政的贡献还是比较大的。在 21 世纪开始的前后几年，有关农业税改革的讨论很热烈，最终的结果是先改革、后取消。农业税自 2006 年起正式废止，这也是我国延续了 2 600 年的农业税制度的历史性终结。

2.7 贸易平衡目标

贸易平衡目标，也称赚取外汇目标。历史上，利用农产品出口赚取外汇，支持各种工业品的进口，是我国农业政策中非常重要的目标。这是由农产品在出口总额中所占的高比例决定的。例如，1978 年我国农副产品和农副产品加工品出口额占我国外贸出口总额的比例分别为 28%和 35% [农牧渔业部计划司《农业经济资料 (1949—1983)》]。主要原因不是农产品过剩，国内消费不完，而是工业不发达，有出口竞争力的工业产品不多。

改革开放以来，农产品出口在国家出口贸易中所占的比例日益降低，现在不到 3%。随着农产品出口在整个出口中的比例不断降低，农产品在贸易平衡中的显著性也日益减弱。尤其是近 20 年来，随着我国贸易顺差额飙升，农产品出口赚取外汇的作用实际上已经彻底消失。

2.8　社会就业目标

社会就业目标，在各种政策的阐述中并不是很明确。《农业法》第三条“促进农村富余劳动力向非农产业和城镇转移，缩小城乡差别和区域差别”的表述，是允许和鼓励农业人口向非农产业和城镇转移，实际上是为了实现农民收入目标，而不是就业目标。

在我国，农业和农村被作为社会就业的“海绵”，历史上并不罕见。20 世纪 60 年代初的饥荒岁月中，不少城镇人口被下放到农村，被称为“下放户”；“文化大革命”中有上千万名知识青年上山下乡，表面上说是把城里的青年送到乡村去接受再教育，实际上是在计划经济下，国家在城市中无法安排大量青年的就业，就把他们送到农村去了。

现在最关键的农村土地政策是农地的“三权”（农村土地的所有权、承包权和经营权）分置政策，其中的“土地承包权”实际上也是农民的就业保障权。《中华人民共和国农村土地承包法》（以下简称《农村土地承包法》）规定：“承包地不得买卖”“承包方承包土地后，享有土地承包经营权，可以自己经营，也可以保留土地承包权，流转其承包地的土地经营权，由他人经营”。现在有近 2 亿农民进城务工，他们早年承包的土地大都流转给别人种植，但他们仍然保留着“土地承包权”，受到法律的严格保护。根本原因就是要保证当他们无法在城里就业时，还可以回到村子里去，把流转出去的土地再要回来，自己耕种。这种制度设计的初衷，本质上就内含着农业的就业目标。只是随着农民工收入水平的不断提高及农业现代化程度的不断提高，这种政策的就业功能现在已经非常微弱了。早些年，在农村经常发生的纠纷中，承包地方面的纠纷特别突出，而近年来，已经听不到这些方面的争执了，原因就在于其就业功能的急剧弱化。在很多地方，农民全家承包的耕地的全年收入，还不如一个农民工两个月的打工收入多。

2.9 国际政治目标

国际政治方面的考虑，主要涉及农产品的国际贸易政策，是担心国际上某些国家对农产品贸易的禁运制裁。尽管有关国际政策通常并不明确地见诸政策文件，但是其潜在影响却始终如挥之不去的阴影，纠缠着一些政策研究人员，并传导给决策者。这些方面的顾虑，更多的是主观假想，是战争假设思维，甚至是核战争假设思维。现实中，尽管现在有各种各样的国际制裁，限制被制裁国家的进口，但是，由于农产品具有最基本的人道主义意义，还没有发现对被制裁国家实行农产品禁运的情况。更常见的情况是，有关国家常常对来自国外的农产品进口设置各种障碍，或者对来自某些国家的农产品设置高关税，作为非农产品国际争端的反制措施。尽管在个别情况下，例如在俄乌战争期间，也有个别国家担心自己粮食不够吃或国内粮食价格暴涨，对自己国家的粮食出口进行限制，不过，时间都不长，影响也不大——尤其是对我国。

第 3 章　农业政策背景

农业政策学是一门致用学问。学习基本的原理，是为了更好地理解和完善现实中的农业政策问题，特别是我国的农业政策问题。为此，需要准确、全面和系统地了解我国农业政策的现实背景。

3.1　我国农业国内地位

改革开放以来，我国农业在整个国民经济中所占的比重指标大幅度降低（表 3-1）。这是工业化和现代化过程中的必然。这并不意味着农业的基础性重要意义发生变化，但对农业政策却有着不同的影响。

表 3-1　1978 年和 2022 年我国农业在国民经济中的占比变化　　%

项目	1978 年	2022 年
农业净产值占 GDP 总额	27.7	7.3
乡村人口占总人口	82	35
农业就业占总就业	71	24
出口	24.5*	2.7
进口	12.1*	8.7
恩格尔系数		
城镇居民	57.5	29.5
农村居民	67.7	33.0

* 为 1985 年数据（《农村经济统计资料简明手册》，农业部市场与信息司）。
数据来源：国家统计局国家数据网站。

农业占GDP比例的下降，宏观上的意义，就是国家有可能给予农业更多的财政支持。农村人口比例的下降，在这个方面的意义更为明显。因为国家财政的钱，归根到底来自国民。65%的城镇人口出钱补贴35%的农村人口，显然要比18%的城镇人口出钱补贴82%的农村人口更容易些。发达国家的农业补贴幅度很大，根本性和基础性的原因在于：发达国家的非农业人口占90%多，而农业人口只有百分之几。最发达的国家，农业人口的比例不足1%。

农业就业占总就业的比例，也是一个很重要的指标。这个比例越低，意味着农业的劳动生产率越高，每一个农业劳动力所养活的人口数量越多。1978年我国每个农业劳动力每年生产的农产品，除自己消费外，还养活2个人多点，而2022年则是养活了7个人，并且是较高水平的养活。

农产品贸易在我国外贸中占据的比重，在改革开放初期仍然较高，尤其是在出口方面。1985年我国农产品出口额占国家出口总额的比重高达24.5%，农产品进口额占国家进口总额的12.1%。然后，农产品出口额和进口额一直呈现下降的趋势，出口比例降得更快。2022年农产品出口额在我国总出口额中的占比只有2.7%，进口方面占8.7%。从贸易平衡的角度看，我国农产品贸易的意义已经显著减弱；农产品贸易更重要的意义，是发挥国际比较优势，利用好“两个市场，两种资源”（国内市场与国际市场，国内资源与国外资源）。

恩格尔系数（Engel’s coefficient）指食品支出总额占个人消费支出总额的比重，是一个非常重要的指标。19世纪德国统计学家恩格尔根据统计资料，对消费结构的变化得出一个规律：一个家庭收入越少，家庭收入中（或总支出中）用来购买食物的支出所占的比例就越大，随着家庭收入的增加，家庭收入中（或总支出中）用来购买食物的支出比例则会下降。即：一个国家或家庭生活越贫困，恩格尔系数就越大；反之，生活越富裕，恩格尔系数就越小。这个规律被称为恩格尔定律。

一个广为流传的说法是：根据联合国粮农组织提出的标准，恩格尔系数在60%以上为贫困，在50%～60%为温饱，在40%～50%为小康，在30%～40%为富裕，低于30%为最富裕。对此说法，一直找不到明确的来源，联合国粮农组织的有关方面，也没有明确说法。推测起来，这可能是早年间联合国粮农组织某个项目专家在报告中提出来的，并不是粮农组织的官方说法。现在看来，这个标准明显偏低。原因比较明显：制定这个标准的时候，它可能是适用的，而经过了很多年后，各国都在发展，富裕和最富裕的标准也在不断提高，这个指标就不再适用了，尤其是小康、富裕和最富裕的标准。如果降低 10 个百分点或者更多一些，可能会比较符合现在的情况。

改革开放以来，我国城乡居民的恩格尔系数大幅度降低。一方面，表明我国城乡人口生活消费水平大大提高；另一方面，也意味着消费者对农产品价格变化的敏感性大大降低。

改革开放初期，我国农产品价格政策改革非常艰难的重要原因之一，就是我国的恩格尔系数很高，消费者对农产品价格上涨极为敏感，反应十分强烈；而现在，已经有了很大的不同。如对猪肉涨价的反应，2007 年前后，猪肉涨价幅度为 60%左右，社会反响非常强烈；而 2020 年下半年的猪肉价格上涨，涨幅远远超过以往，达一倍以上，但是消费者和媒体反应的强烈程度较以往明显低很多，其主要原因就在于消费者的恩格尔系数已经明显降低了，猪肉涨价对于消费者生活支出的影响明显减弱。

3.2　我国农业生产

在我国，通常情况下，讲到农业时，指的都是世界通用的农业概念，即包含种植业和养殖业。但是，统计部门在统计产值的时候，却把种植业的产值称为“农业产值”，而把整个农业的产值称为“农林牧渔总产值”。并且，从 2003 年开始，把农林牧渔服务业的产值也包括到农林牧业总产值中。农林牧渔服务业产值，指的是对农林牧渔服务业生产活动进行的各种支持性服务活动的价值，等于农林牧渔服务业营业收入。

从农林牧渔总产值的结构变化，可以看出我国农业内部结构的变化。如表 3-2 所示，其中最主要的变化趋势是：种植业的比重明显下降，而养殖业的比重显著提升。这反映出消费者食品消费需求的变化趋势。未来，这种发展趋势还会继续，种植业的产值可能会降低到 50%以下。

表 3-2　1978 年和 2022 年我国农业内部结构变化情况　　%

年份	农业	林业	畜牧业	渔业	农林牧渔服务业
1978	80	3	15	2	0
2022	54	4	26	10	6

数据来源：国家统计局国家数据网站。

从表 3-3 可以看出，改革开放以来的 44 年中，我国的粮棉油糖生产全面大幅度增加，分别增长了 1.25 倍、1.76 倍、6 倍和 3.72 倍。水果和茶叶的增幅更大，分别为 46.64 倍和 11.47 倍。

表 3-3　1978 年和 2022 年我国主要作物增产情况　　万吨

年份	粮食	棉花	油料	糖料	水果	茶叶
1978	30 477	217	522	2 382	657	27
2022	68 653	598	3654	11 236	31 296	334
增幅/%	125	176	600	372	4 664	1 147

数据来源：国家统计局国家数据网站。

水果产量的大幅度增加，是满足人们吃得好要求的重要变化。只是，水果产业的发展所受到的关注，与其日益增长的重要性比较，很不相称。农业政策的决策层面和研究层面很少考虑到水果产业，其中的一个主要原因可能是，水果是一个高附加值产业，其发展不需要农业政策的特别推动，尤其是在国家层面。

改革开放以来，我国的水果生产结构也发生了很大变化。其中，柑橘生产的增长幅度较大，20 世纪 90 年代末超过了梨的产量，2018 年超过了苹果的产量，现在遥居首位。葡萄生产的增长速度也较快，现在已经接近梨的产量，并且很快就会超过梨的产量，位居水果产量的第三位。

在粮食增产中，各品种的增产幅度如表 3-4 所示。其中玉米的增产幅度最大，稻谷的增产幅度最小，薯类不仅没有增加，反而减少了。

表 3-4　1978 年和 2022 年我国不同粮食品种的增产情况　　万吨

年份	稻谷	小麦	玉米	大豆	薯类
1978	13 693	5 384	5 595	757	3 174
2022	20 849	13 772	27 720	2 029	2 977
增量	7 156	8 388	22 126	1 273	−197
增幅/%	52	156	395	168	−6

数据来源：国家统计局国家数据网站。

相应地，我国的粮食生产结构发生了很大变化（表 3-5）。1978 年稻谷、小麦、玉米的占比分别是45%、18%、18%，2022 年占比则分别变成30%、20%、40%（如果按照谷物口径计算，则稻谷、小麦和玉米的占比分别是33%、22%、44%，剩下的1%多点是杂粮）。稻谷占比显著减少，玉米占比大幅度增加。这反映了人们饮食结构的变化：直接的口粮消费减少，对畜产品的消费增加，从而拉动了对饲料粮玉米需求的大幅度增加。薯类和其他杂粮的比重明显下降，反映出这两类产品以往作为区域性主粮的情况发生了根本性改变，人们对这两类粮食的需求相对减少。

表 3-5　1978 年和 2022 年我国粮食生产的结构变化　　%

年份	稻谷	小麦	玉米	大豆	薯类	其他
1978	45	18	18	2	10	6
2022	30	20	40	3	4	2

数据来源：国家统计局国家数据网站。

我国农产品产量的大幅度增加，主要原因不是面积扩大，而是单产的大幅度提高。如表 3-6 所示，主要作物品种中，棉花的单产提高幅度最大，1978—2022 年间，提高了 3 倍多。油料作物（花生和油菜）单产提高了近 2 倍。

表 3-6　1978 年和 2022 年我国主要农产品单产提高情况　　千克/亩①

年份	粮食	棉花	花生	油菜籽	甘蔗
1978	168	30	90	48	2 566
2022	387	133	261	143	5 346
增幅/%	130	343	190	198	108

数据来源：国家统计局国家数据网站。

不同的粮食品种，单产的提高幅度也有较大差异（表 3-7）。与人们通常的主观印象不同，在三大粮食品种中：水稻的单产提高幅度是最小的；小麦的单产提高幅度最大，约是水稻的 2.8 倍；玉米的单产提高幅度也显著高于水稻，约是水稻的 1.7 倍。由于媒体对杂交水稻技术的宣传报道极为广泛、持续，公众对杂交水稻的认识过于神化，远远超过了杂交水稻对

① 注：1 亩约为 667 米²。

我国粮食安全的实际贡献。从表 3-4 和表 3-7 可以看出，改革开放以来，在稻谷、小麦和玉米三大粮食作物中，无论是总产还是单产，无论按相对幅度还是绝对数量，稻谷的增产都是最少的。

表 3-7　1978 年和 2022 年我国不同粮食品种的单产变化情况　千克/亩

年份	粮食	稻谷	小麦	玉米	大豆
1978	168	265	123	187	71
2022	387	472	390	429	132
增量	219	207	267	242	61
增幅/%	130	78	217	129	86

数据来源：国家统计局国家数据网站。

对于衡量国家粮食安全保障水平而言，农产品生产总量的增长并不能充分说明问题，而人均农产品生产数量的增长，才是更为直接的衡量指标。表 3-8 表明，1978—2022 年间，我国的人均年粮食生产水平从 317 千克提高到 486 千克，增幅为 54%。这是最为关键的一个指标。人均粮食生产多，超过了直接消费的数量，就有更多的粮食供发展养殖业，能生产出更多的畜产品和水产品，以及为食品加工业和其他产业提供原料。

表 3-8　1978 年和 2022 年我国人均粮食生产变化　千克/人

年份	粮食	口粮	稻谷	小麦
1978	317	198	142	56
2022	486	245	148	98
增量	170	47	5	42
增幅/%	54	24	4	74

数据来源：国家统计局国家数据网站。

这一期间，人均口粮（稻麦）也有较大幅度增长。而由于畜产品消费的增长，消费者的口粮消费是下降的。口粮中，人均稻谷生产仅略有增加，而人均小麦生产有较大幅度增加。这也反映出口粮消费中的结构变化趋势。以前人们总是说南方人愿意吃大米而不愿意吃面，实际上是因为在计划经济下，南方主要生产水稻，所以以吃大米为主。而现在，在市场经济下，商品自由流通，人们的收入水平也大大提高了，南方人吃面的也越来越多。

我国养殖业生产的增长幅度，要远远超过种植业生产的增长幅度。主要原因有二：一是生产条件方面的原因，种植业主要受耕地面积的限制，而养殖业受耕地面积限制很小；二是养殖业饲料来源尽管也受耕地面积限制，但是可以通过进口补充。

官方公布的肉类生产总量统计数据，1984年以前只包含猪牛羊三种肉类；从1985年开始，还包括猪牛羊之外的肉类。不过，公开的国家统计数据库中，分项栏目只有肉类、猪肉、牛肉、羊肉，仍然没有明确的禽肉生产数据，只能通过肉类总量和猪牛羊肉的数据，推算包括禽肉在内的其他肉类数据。近年来发布的国民经济和社会发展统计公报中，已经开始包含禽肉数据。据此可以计算出猪牛羊禽之外的其他肉类占比只有1%。假定这个比例在以往年份中大体没有发生变化，则可以推算出1985年以来历年禽肉的产量。

1985—2022年期间，畜产品中增长幅度最大的是禽肉、牛肉和牛奶（表3-9），这三种产品的增幅相近，都增加了14倍以上。增幅最小的是猪肉，增长不到3倍。由于增幅小于别的肉类，猪肉在肉类总产量中的比重一直在下降，从1985年的86%，下降到2022年的59%。与此同时，牛羊禽肉的占比不断提高。2022年的肉类总产量中，猪肉占59%，禽肉占26%，牛肉占8%，羊肉占6%，其他肉类占1%。

表3-9　1985年和2022年我国畜牧业生产发展情况　　万吨

年份	肉类总产	猪肉	牛肉	羊肉	禽肉	牛奶	禽蛋
1985	1 927	1 655	47	59	147	250	535
2022	9 227	5 541	718	525	2 443	3 932	3 456
增量	7 300	3 886	671	466	2 296	3 682	2 921
增幅/%	379	235	1 428	790	1 562	1 473	546

数据来源：国家统计局国家数据网站。禽肉2022年数据来源为国民经济和社会发展统计公报，1985年数据为推算。

未来，猪肉的比重会继续下降，而禽肉和牛羊肉的比例会继续上升。牛羊肉生产会继续增加，是因为牛羊肉属于高档肉食，人们收入水平的不断提高，会拉动对牛羊肉的需求。不过，由于牛羊肉的生产周期长，饲料耗费多，价格高，其比例进一步上升的空间有限。禽肉的比例会有较大的提升空间，最主要的原因是其饲料转化率最高，饲养周期最短，价格便宜，并且脂肪含量较低，不饱和脂肪酸含量高，更有益于健康。

根据联合国粮农组织的统计数据，在世界肉类生产总量中，1978年以前，产量最多的是牛肉，占比曾超过40%；1979年开始，猪肉产量超过了牛肉产量，占比最高时也达到40%；2016年，禽肉产量开始超过猪肉，成为世界生产最多的肉类。2020年，世界肉类生产总量中，禽肉占40%，猪肉占32%，牛肉占22%，羊肉占5%。美国的肉类生产总量中，禽肉占47%，牛肉和猪肉各占26%左右。日本的肉类生产总量中，禽肉占58%，猪肉占31%，牛肉占11%。

改革开放以来，我国渔业的发展态势迅猛，尤其是海水养殖和淡水养殖，1978—2022年间，增幅分别为近50倍和42倍多（表3-10）。水产养殖业的快速发展，得益于品种技术、饲料技术、养殖设施技术和管理技术等多方面因素的共同作用。

表3-10　1978年和2022年我国渔业生产发展情况　　万吨

年份	水产总量	海水捕捞	淡水捕捞	海水养殖	淡水养殖
1978	465	315	30	45	76
2022	6 866	1 184	117	2 276	3 290
增量	6 400	869	87	2 231	3 214
增幅/%	1 375	276	293	4 963	4 216

数据来源：国家统计局国家数据网站。

改革开放以来，我国农业生产的区域结构特点也发生了不少重要变化。不同的产品，主要的影响因素各不相同，但最基础性的原因，是市场机制的作用，使各地在农业资源配置上，或者说农业结构调整方面，更符合该区域的比较优势。

生产区域变化最显著的，是棉花。1978年新疆的棉花产量占全国总产的比例不到3%。到21世纪初，其与黄淮海棉区和长江中下游棉区就形成三足鼎立之势。此后新疆棉花产量继续快速增长，其他两大棉区棉花生产快速萎缩。现在新疆棉花生产已经连续多年超过500万吨，占全国棉花总产的比例达90%。以往的棉花种植大省江苏、山东、河南等，如今的棉花种植已经所剩无几了。导致这种变化有多重因素，主要是东部地区的棉花种植分散、用工成本高、难以机械化、产量较低等。而新疆的棉花种植规模大、易于机械化、单产和质量都高，表现出突出的综合性区域比较优势。近年来，国家对新疆棉花的补贴政策也起到了一定的推动作用。

在水稻生产方面，黑龙江的变化也是非常显著的。1978 年，黑龙江的水稻产量在全国占比仅为 0.5%，微不足道；到了 21 世纪初，上升到 5%；2016 年超过了以往的水稻生产第一大省湖南。2021 年黑龙江的水稻产量为 2 914 万吨，在全国的占比已经达到 13.7%；湖南的水稻产量为 2 683 万吨。其他水稻产量超过 1 000 万吨的省份依次为江西、江苏、湖北、安徽、四川、广东、广西等。

在小麦生产方面，区域结构基本稳定，变化不大。河南和山东一直保持着小麦生产第一和第二大省的地位，2021 年河南的小麦产量为 3 803 万吨，山东为 2 637 万吨，分别占全国总产的 28%和 19%。其他小麦产量超过 1 000 万吨的省份依次为安徽、河北和江苏。

在玉米生产方面，全国玉米种植较为普遍。其中，黑龙江省一直居于领先地位，近年来领先的距离不断增大，2021 年产量已经达到 4 149 万吨，占全国总产的 15%；吉林和内蒙古的产量均在 3 000 万吨上下。其他玉米产量超过 2 000 万吨的省份有山东、河北、河南和辽宁。

在水果生产方面，广西异军突起，仅仅用了不到 10 年时间，水果产量就从不到原来的水果生产第一大省山东的一半，到近两年超过山东，位居第一。广西水果产量中一半是柑橘，其柑橘生产在近 10 年突飞猛进，2021 年产量已经达到 1 607 万吨，在全国遥遥领先，占全国柑橘总产的 29%。排在其后的是湖南，柑橘产量为 640 多万吨，湖北、广东、四川的柑橘产量均为 500 多万吨。

在苹果生产方面，与广西柑橘的情况类似，陕西异军突起，1978 年苹果产量不到 10 万吨，占全国苹果生产总量的 4%，10 多年前超过山东，位居全国首位。2021 年，陕西的苹果产量已经达到 1 242 万吨，占全国苹果总产的 27%。

在肉类生产方面，位居我国首位的是山东，年产量超过 800 万吨，四川与河南超过 600 万吨，湖南和云南超过 500 万吨。其中，在猪肉生产方面，四川一直名列前茅，产量在500万吨上下波动；湖南和河南紧追其后，产量在450万吨左右；云南的猪肉生产近年来发展较快，从10年前的200多万吨，增长到现在的近400万吨。牛肉生产方面，内蒙古居首位，年产70万吨左右，山东、河北和黑龙江均在50万吨以上。羊肉生产方面，内蒙古遥遥领先，年产110万吨左右；其次是新疆，为60万吨左右。禽肉生产方面，山东遥遥领先，每年超过270万吨；其次是安徽和广东，均为190万吨左右。牛奶生产方面，也是内蒙古最多，年产量达670万吨；其次为黑龙江和河北，为500万吨左右。

3.3 我国农业贸易

2001年12月11日，我国正式加入世界贸易组织（以下简称世贸组织）。此后，我国的农产品进口和出口总额均出现了大幅度的增长，其中，进口的增长幅度远远超过出口的增长幅度（图3-1）。从2004年开始，我国由此前的农产品净出口国变为净进口国，并且很快成为遥遥领先的世界最大农产品净进口国。

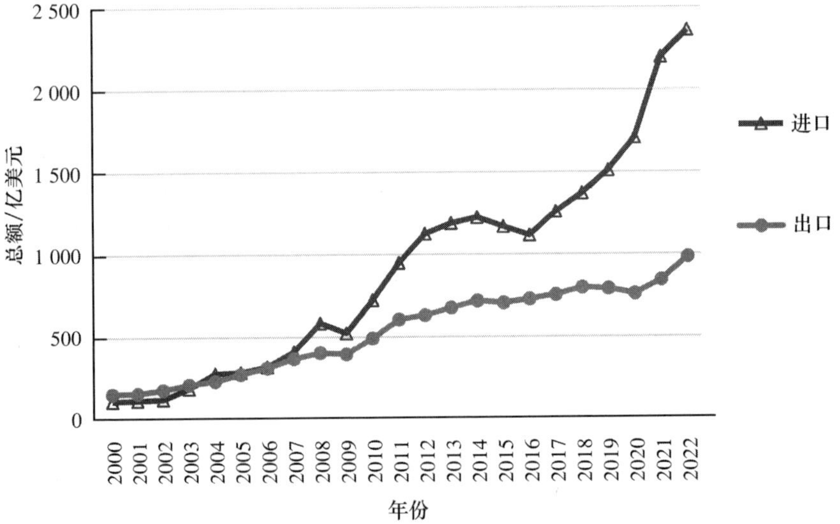

图3-1　2000—2022年我国农产品进口与出口总额

数据来源：中国海关统计资料。

与此同时，农产品出口额在国家出口总额中的占比持续下降，2022 年不足 3%；而农产品进口额在国家进口总额中的占比显著上升，2022 年接近 9%（图 3-2）。

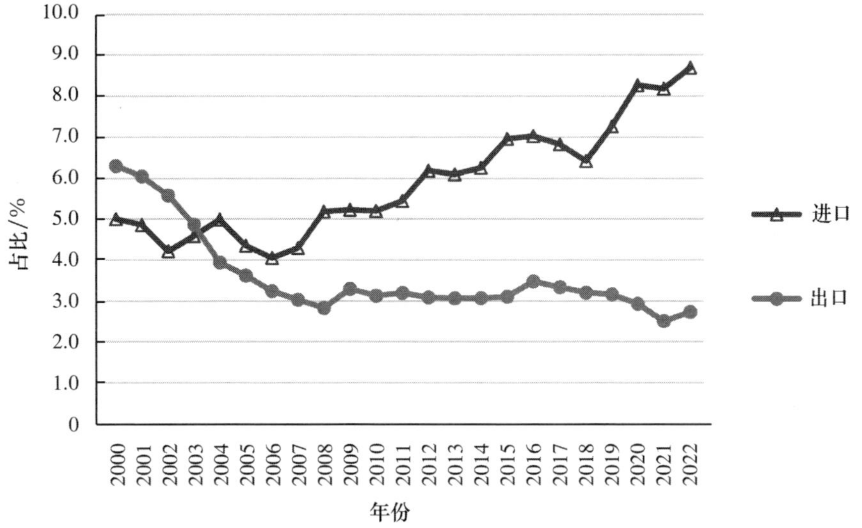

图 3-2　2000—2022 年我国农产品进出口占国家进出口总额的比例

数据来源：中国海关统计资料。

这种情况，既是我国加入世贸组织影响的结果，也是国内农产品需求快速增长的结果。很多人只关注前者，而实际上，后者才是根本性原因。

从表 3-11 可以看出两点：第一，大宗农产品中，只有蔬菜和茶叶是净出口，其他均为净进口。第二，净进口中，最主要的是畜产品和饲料（大豆、玉米、饼粕），这两大类产品净进口额合计为 1 155 亿美元，占净进口总额的 84%。也就是说，我国大量进口农产品最主要的原因，是为了满足国内对动物源食品的需要。除了直接进口动物源产品外，还通过进口饲料在国内生产。认清这一点，对于正确把握我国粮食安全的关键问题很重要。

表 3-11　2022 年我国农产品进出口情况　　亿美元

产品	进口	出口	净进口
农产品	2 361	983	1 378
谷物	197	12	185
其中：玉米	71	0	71
小麦	38	1	38
稻谷	27	10	16
大麦	21	0	21
高粱	37	0	37
棉花	53	1	52
食糖	26	1	25
大豆	612	1	611
食用植物油	96	3	92
饼粕	24	3	21
蔬菜	10	172	−163
茶叶	2	23	−21
水果	157	69	88
畜产品	516	64	452
水产品	237	230	7
其他产品	433	402	31

数据来源：中国海关统计资料。

2022 年我国主要农产品的自给率如表 3-12 所示。对表 3-12 中的进口数量，需要做正确的解读。最主要的一点是，我国进口了一定数量的口粮（大米和小麦），并不是因为国内生产不足，而是因为进口的大米和小麦质量好、价格低（根据国家海关统计资料计算，2022 年进口的平均价格为小麦 2.60 元/千克，大米 2.88 元/千克）。而国家粮食库存中储存了大量口感较差的杂交水稻和普通小麦，远远超过保障粮食安全的需要。国家库存多的主要原因是，广大农民生产规模小，难以实现优质优价，只生产普通的稻麦，导致市场上卖不出去，就通过国家的最低收购价政策，卖给国家。

表 3-12　2022 年我国主要农产品的自给率　　万吨

产品	生产	进口	出口	消费总量	自给率
谷物	63 324	5 320	244	68 400	93%
稻谷	20 849	885	316	21 417	97%
小麦	13 772	996	15	14 753	93%
玉米	27 721	2 062	0	29 783	93%
高粱	300	1 014	0	1 314	23%
大麦	100	576	0	676	15%
大豆	2 029	9 108	12	11 125	18%
棉花	598	203	3	797	75%
肉类	9 227	717	66	9 878	93%
猪肉	5 541	279	3	5 818	95%
牛肉	718	269	0	987	73%
羊肉	525	36	0	561	94%
禽肉	2 443	132	63	2 512	97%

注：稻谷的自给率计算中，进口大米和出口大米按照 0.7 出米率折算为稻谷。

数据来源：国家统计局国家数据网站和中国海关统计资料。

我国的粮食安全目标是“谷物基本自给，口粮绝对安全”。实现口粮绝对安全的目标，是没有问题的。我国人均年口粮生产超过 240 千克（表 3-8），而人均年粮食消费仅为 140 千克左右。事实上，我国稻麦生产在满足人民的直接口粮消费之外，还有大量剩余。口粮消费之外的稻麦，有些用作饲料、加工用粮和工业用粮，其余的都卖给国家，成为库存。

在口粮（稻麦）绝对安全的情况下，谷物基本自给的目标能否实现，关键是看玉米。因为我国的谷物生产中，稻谷、小麦和玉米三大粮食品种之和约占 99%。如果我国的玉米种植面积保持不变，而单产水平能够提高到美国单产水平的 70%，就足以实现玉米的自给。

大豆作为最重要的蛋白饲料来源，进口是不可避免的，也是有利可行的。大豆是土地密集型产品，单产水平很低。我国大豆的亩产水平只有 130 千克左右，要自己多生产出进口的近 1 亿吨大豆和豆粕，需要 7 亿多亩耕地，相当于东北和华北全部耕地面积之和。这是不可能做到的。黑龙江是我国最大的大豆和玉米生产地区，玉米的单产水平是大豆的 3.5 倍。

这意味着，在可以种植大豆和玉米的地方，少生产1吨大豆，可以多生产3.5吨玉米。另外，世界大豆的供给是比较充足的，巴西是世界最大的大豆生产国和出口国，其增产面积潜力很大。2011—2021年间，我国大豆的进口量从5 000万吨大幅度增加到近1亿吨，而占世界大豆出口总量的比例却一直在60%左右。这说明至少迄今为止，世界大豆生产和出口是跟上了我国进口需求增加的步伐的。事实上，世界大豆生产和出口大幅度增加的原因，不是别的，正是我国大豆进口大幅度增长的刺激和拉动。

3.4 我国农业国际比较

构建人类命运共同体的思想，在农业领域具有非常重要的意义。研究我国的农业政策问题，必须把我国农业放在世界农业的大背景中考虑。

在世界谷物生产总量和肉类生产总量的排位（2021年）中，中国、美国、印度、俄罗斯和巴西都排在前五名。其中中国都排首位；美国都排第二位；俄罗斯都排在第四位；印度在谷物生产中排第三位，在肉类生产中排第五位；巴西在谷物生产中排第五位，在肉类生产中排第三位（表3-13）。

表3-13展示的是2021年世界主要农产品的产量、我国所占的比例和位次，以及居前三位的主要生产国。从表中可以概括出我国农业发展的突出成就：我国用占世界9%左右的耕地，生产了占世界21%的谷物和25%的肉类，养活了占世界18%的人口。2021年我国的人均GDP还不到世界平均水平，而我国的人均谷物和肉类生产水平均显著超过世界平均水平。

表3-13　2021年世界主要农产品产量及我国的位次

产品	世界/亿吨	中国/亿吨	中国占比/%	中国位次	前三位国家
谷物	30.71	6.33	21	1	中国、美国、印度
玉米	12.10	2.73	23	2	美国、中国、巴西
稻谷	7.87	2.13	27	1	中国、印度、孟加拉
小麦	7.71	1.37	18	1	中国、印度、俄罗斯
大麦	1.46	0.01	1%	18	俄罗斯、澳大利亚、法国

续表 3-13

产品	世界/亿吨	中国/亿吨	中国占比/%	中国位次	前三位国家
高粱	0.61	0.03	5	8	美国、尼日利亚、印度
其他杂粮	0.95	0.06	7		
大豆	3.72	0.16	4	4	巴西、美国、阿根廷
棉花	0.24	0.06	24	2	印度、中国、美国
肉类	3.57	0.89	25	1	中国、美国、巴西
禽肉	1.38	0.24	17	1	中国、美国、巴西
猪肉	1.20	0.53	44	1	中国、美国、西班牙
牛肉	0.77	0.07	9	3	美国、巴西、中国
羊肉	0.16	0.05	31	1	中国、印度、巴基斯坦
奶类	9.18	0.37	4	4	印度、美国、巴基斯坦

数据来源：国家统计局国家数据网站；联合国粮农组织 FAOSTA 数据库。

图 3-3 和图 3-4 更直观清晰地展示出，改革开放以来，我国的人均谷物和肉类生产水平，是如何从显著低于世界水平，发展到现在的显著高于世界平均水平。

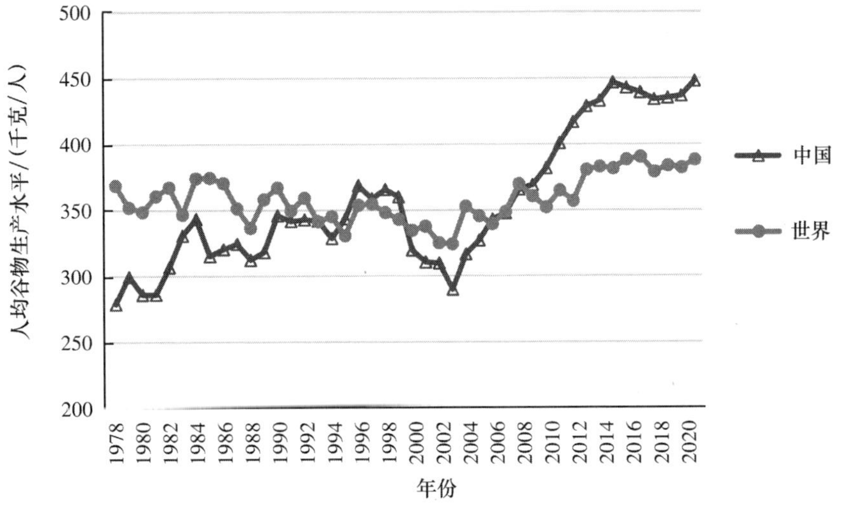

图 3-3　1978—2020 年我国人均谷物生产水平变化及国际比较

数据来源：国家统计局国家数据网站；联合国粮农组织 FAOSTAT 数据库。

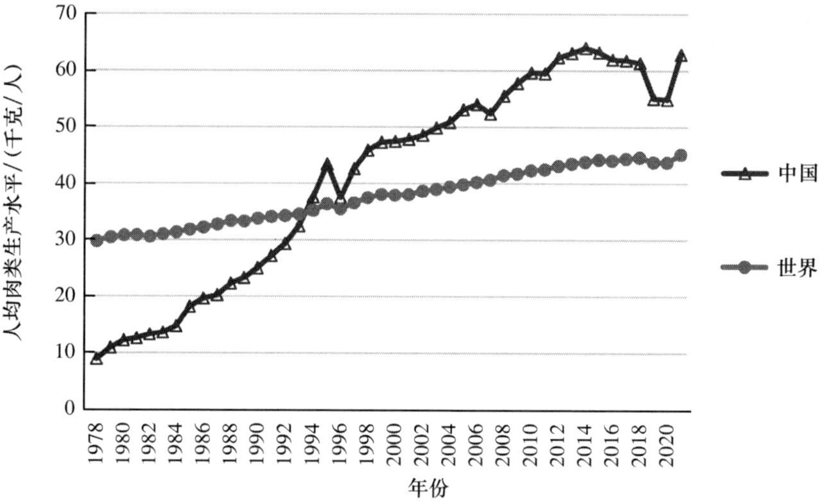

图 3-4　1978—2020 年我国人均肉类生产水平变化及国际比较

数据来源：国家统计局国家数据网站；联合国粮农组织 FAOSTAT 数据库。

2023 年中央一号文件提出了加快建设农业强国的要求，并且提出了“供给保障强、科技装备强、经营体系强、产业韧性强、竞争能力强”的要求。衡量是不是农业强国，最关键的标准有三个方面：单产高，质量好，成本低。在这三个方面，都要达到世界先进水平。

就我国农业的目前情况而言，绝大部分指标都超过了世界平均水平。不过，与世界先进水平比较，在上述三个方面，都有相当的差距。

在三大粮食作物单产方面，我国均超过了世界平均水平，但与发达国家比较，仍有相当的差距，甚至差距很大（表 3-14）。

表 3-14　2021 年我国主要粮食单产水平的国际比较　　千克/亩

稻谷		小麦		玉米		大豆	
埃及	680	荷兰	535	美国	741	巴西	230
美国	576	英国	521	加拿大	670	美国	230
秘鲁	554	丹麦	502	法国	661	加拿大	196
土耳其	515	德国	487	乌克兰	512	世界	191
日本	500	法国	462	阿根廷	495	阿根廷	187
中国	474	中国	387	中国	419	乌克兰	176
世界	318	世界	233	世界	392	中国	130

数据来源：联合国粮农组织 FAOSTAT 数据库。表中“世界”指世界平均水平。

我国在稻谷和小麦单产的国际比较方面大体类似：一是我国的亩产水平均显著高于世界平均水平；二是比我国单产水平高的国家，都不是最主要的生产国，产量没有一个进入世界前三名。我国与世界先进水平的差距，有部分原因可能是自然条件方面的差异。

在玉米和大豆方面，则显著不同，差距是实实在在的。我国玉米的单产水平仅仅略高于世界平均水平，而不到美国的 60%。美国是世界上遥遥领先的最大玉米生产国和出口国，生产量和出口量均占世界的 1/3 左右。我国玉米单产水平同美国的显著差异，部分原因可以归结为耕地质量差异，而更多的原因还是科技，尤其是种子科技。

在大豆方面，差距就更大了，我国的大豆单产水平显著低于世界平均水平。主要是因为世界大豆的 2/3 是由巴西和美国生产的，这两个国家的大豆单产水平都是世界最高水平，从而把世界大豆平均亩产水平提高了。我国大豆单产水平不到巴西和美国的 60%。

在生产成本方面，我国现在也没有优势。我国绝大部分产品的价格都显著高于世界市场价格。我国主要农产品生产成本高，最主要的原因有两个：一是耕地稀缺，土地流转费用高（美国和欧盟的平均地租仅为 200 元/亩，我国大都为 500～1 000 元/亩）；二是劳动力成本高，尤其近十几年来，农村劳动力成本大幅度提高。而国外的粮食价格低，养殖业的成本就低。

由于各种因素的变化，进入 21 世纪以来，农产品的国际贸易格局发生了很大变化。表 3-15 展示了 2021 年世界主要农产品进出口国（地区）的情况。

表 3-15　2021 年世界主要农产品出口国（地区）和进口国（地区）　亿美元

出口总额前 10		进口总额前 10		净出口额前 10		净进口额前 10	
美国	1 737	中国	2 047	巴西	892	中国	1 433
荷兰	1 140	美国	1 724	新西兰	401	日本	556
巴西	1 016	德国	1 049	荷兰	354	英国	349
德国	871	荷兰	786	阿根廷	330	韩国	262
法国	765	法国	635	印尼	292	沙特	186
西班牙	635	日本	627	澳大利亚	272	德国	178
中国	614	英国	621	西班牙	240	越南	157
意大利	594	意大利	491	泰国	230	孟加拉	153
加拿大	590	比利时	442	乌克兰	201	中国香港	146
印尼	529	加拿大	401	加拿大	189	伊拉克	116

数据来源：联合国粮农组织 FAOSTAT 数据库。

美国是第一大农产品出口国，也是仅次于我国的农产品进口大国。近年来，其进出口总额相近，略有净出口。德国的农产品也是大出大进，不过进口大于出口，是较大的净进口国。

巴西近年来的农产品出口增幅很大，而进口不多，从而成为遥居首位的净出口大国。新西兰的情况类似。荷兰也是大出大进的国家，不过出口大于进口，净出口额位居世界第三位。

我国农产品进口总额居世界首位，净进口额更是遥遥领先居第一，超过排名第 2～5 位的日本、英国、韩国和沙特之和。

3.5 我国农业土地资源

地少人多，是我国农业资源的最大特点和制约因素。

我国第三次全国国土调查，以 2019 年 12 月 31 日为标准时点汇总数据，全面采用优于 1 米分辨率的卫星遥感影像制作调查底图，广泛应用移动互联网、云计算、无人机等新技术，历时三年，全面查清了全国国土利用状况。

根据第三次全国国土调查，我国耕地面积为 19.18 亿亩。其中，位于一年三熟制地区的耕地 2.82 亿亩，一年两熟制地区的耕地 7.17 亿亩，一年一熟制地区的耕地 9.18 亿亩。位于 2°以下坡度的耕地占全国耕地的 61.9％；位于 2°～6°坡度的耕地占 15.3％；位于 6°～15°坡度的耕地占 13.4％；位于 15°～25°坡度的耕地占 6.0％；位于 25°以上坡度的耕地占 3.3％。可见，我国耕地的质量并不好。

按照 2022 年我国的人口数量计算，我国人均耕地面积为 1.36 亩，仅为世界人均耕地面积的一半。世界耕地（arable land）总面积为 208 亿亩，人均为 2.63 亩（表 3-16）。主要农产品出口国的人均耕地面积都显著高于世界平均水平。与我国同为人口大国的印度，人均耕地面积也高于我国 22％。

表 3-16　2022 年世界和主要国家人均耕地面积　　亩/人

世界	澳大利亚	俄罗斯	乌克兰	美国	巴西	印度	中国	荷兰	日本
2.63	17.73	12.58	10.77	7.02	3.90	1.66	1.36	0.86	0.49

数据来源：国家统计局国家数据网站；联合国粮农组织 FAOSTAT 数据库。

3.6　我国农业经营组织

第三次全国农业普查提供了我国农业组织的最新数据。这次普查的标准时点为 2016 年 12 月 31 日，时期资料为 2016 年度。

根据普查，全国共有 20 743 万户农业经营户。这些农户基本都有耕地承包经营权，按照全国 19.18 亿亩耕地面积计算，平均每个农业经营户的占地规模为 9.3 亩。

根据普查，全国共有 31 422 万名农业生产经营人员。这些人员的文化程度为：小学以下 43.4%，初中 48.4%，高中或中专 7.1%，大专及以上 1.2%。应当说，这样的文化程度是不能适应农业现代化的文化技术要求的。原因是：一方面，农业劳动力的文化素质不够高；另一方面，农业劳动力的成本在不断提升，而劳动力成本不断上涨，是工业化、城市化和社会生活水平提高的必然结果。

在我国，农民工工资水平的不断提高，直接拉动了农村劳动力成本的提高。根据国家统计数据，2013—2022 年，农民工月工资从 2 609 元增加到 4 615 元，平均每年增长 6.5%。这要求更多更快地用机械设备代替人工。那些生产规模小、机器一时难以大规模替代劳动的地方，农产品的成本就居高不下。例如，有些地方的苹果生产，仅套袋所耗费的成本就占到生产总成本的 70%以上。劳动力成本高，是我国很多农产品价格高于国际市场价格的重要原因。

建设农业强国的“五强”之一是经营体系强。实质上就是要求采用适合国情区情的各种不同模式，包括企业化、企业＋农户、企业＋合作社、家庭农场、托管服务等，来扩大实际的经营规模。通过各种不同的方式扩大实际经营规模，是提高劳动生产率、降低生产成本的需要，也是采用先进农业科技的需要——事实上，只有不断采用新的科技成果，才能不断提高劳动生产率和降低生产成本。

很长时间以来，我国一直有“适度规模”的说法和主张，但是，对于到底什么样的规模才是适度规模，并无客观的标准。国家有关部门也制定过一些产业的适度规模标准，并且不断调整、提高标准，但也无明确的学理根据。从基本原理看，之所以要求有一定的经营规模，主要是应用农业先进技术的需要。因为规模小了，很多先进技术无法应用，进而不能有效地增加产量、提升质量和降低成本。因此，从学理上，本书提出一个适度规模的定义：所有现有先进技术都可以得到最佳经济利用的最小规模。

这也意味着，随着科技的进步，适度规模的规模是不断扩大的。例如公司+农户的养猪，比起农户自给自足的养猪，规模要大很多；而公司化的楼房养猪，则需要更大的饲养规模。种植业更是如此。

3.7 我国食物消费

食物消费，是农业生产发展的本源目的。农业生产发展方面的种种努力，都是为了更好地满足消费者的消费需求。随着收入水平的提高，人们对食物消费的要求也日益提高。而农业生产必须随着消费者的需求变化不断调整。

考察我国食物消费的变化，有四个方面需要关注：

第一，能够看得到的可以量化的变化，即消费结构的变化。2012 年国家统计局实施住户调查一体化改革，统一了抽样方法、指标名称等。现在可比的数据是 2013 年以来实施新方法之后的数据（表 3-17）。其中最主要的趋势是，直接的粮食消费量下降（2021 年前后新冠疫情期间有所回升，应该属于特殊情况），而动物源食物消费量大幅度上升，瓜果消费量上升幅度更大，蔬菜消费量则大体稳定。从发达国家的经验看，未来我国随着人均收入水平的提高，人均直接粮食消费量会继续下降，而动物源食物消费量会不断增加，水果消费量也会增加。

表 3-17　2013—2022 年我国城乡居民住户的食物消费量变化　千克/人

年份	粮食	肉类	禽类	水产	蛋类	奶类	动物源合计	干鲜瓜果	蔬菜
2013	149	26	7	10	8	12	63	41	98
2014	141	26	8	11	9	13	66	42	97
2015	135	26	8	11	10	12	67	45	98
2016	133	26	9	11	10	12	68	48	100
2017	130	27	9	12	10	12	69	50	99
2018	127	30	9	11	10	12	72	52	96
2019	130	27	11	14	11	13	75	56	99
2020	141	25	13	14	13	13	77	56	104
2021	145	33	12	14	13	14	87	61	110
2022	137	35	12	14	14	12	86	55	108

数据来源：国家统计局国家数据网站。

第二，看不到的难以量化的变化。包括要好吃（味觉、嗅觉、触觉），好看（如大小、颜色、形状），易吃（如果皮易剥、鱼刺易剔、无籽），等等。尽管难以量化，却是实实在在的。这方面的要求会越来越高，没有上限。

第三，变化的根本原因是收入大幅度增加。改革开放以来，我国城乡居民的收入水平，扣除物价因素，平均每年的增长率约为 7%（详见下节）。这是拉动食物消费的根本动力。

第四，人口变化的影响方向发生重要变化。以前，人口增长始终是拉动消费增长的重要因素之一，尤其是 20 世纪 60 年代中期到 70 年代初期，人口的年增长率始终在 2%以上，有的年份甚至接近 3%，人们对农产品需求的增长压力很大。而近年来，我国的人口增长率持续下降，甚至在 2022 年出现了负值，即人口总量下降。尽管下降的幅度不大，只有 85 万人，年增长率为 −0.06%，但至少说明，未来我国人口总量变化不再是拉动农产品需求增长的重要因素。

3.8　我国农民收入

改革开放以来，我国城乡居民可支配收入均发生了持续性的大幅度增加（图 3-5）。扣除物价上涨因素，1978—2022 年间，我国城镇居民人均可支配收入的年增长率为 6.8%，农村居民人均可支配收入的年增长率为 7.1%。

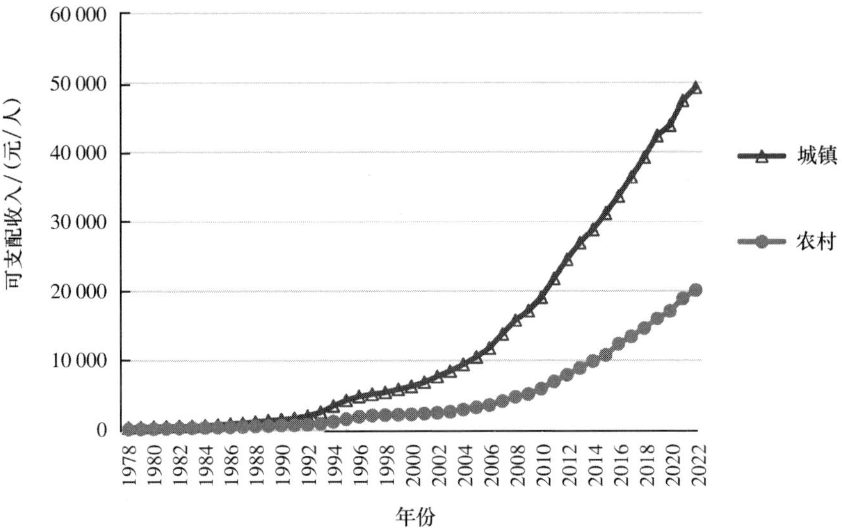

图 3-5　1978—2022 年我国城乡居民可支配收入增长

数据来源：国家统计局国家数据网站。

城镇居民与农村居民的可支配收入在不同年份的增长速度有所不同，因此，二者的比值有较大的变化，在 2007 年和 2009 年达到了最高点，城镇居民人均可支配收入是农村居民的 3.33 倍。此后，农村居民人均可支配收入增长率持续多年高于城镇居民，二者之间的相对差距倍数也在不断降低，到 2022 年降低到 2.45 倍（图 3-6）。

城乡收入有差距，是世界各国的普遍现象。其基础性根本性原因，可以在表 3-1 的数字中找到答案。2022 年我国农业劳动力在全社会劳动力中所占的比例为 24%，而农业在 GDP 中的占比仅为 7.3%。这意味着 24%的农业劳动力创造了 7.3%的社会财富，而其余 74%的非农业劳动力创造了 92.3%的社会财富。每个农业劳动力所创造的财富，显著低于每个非农业劳动力所创造的社会财富，因此，前者的所得必然低于后者。世界各国之所以农业人口的收入普遍低于非农业人口，也是因为各国农业劳动力占社会劳动力总量的比例，显著高于农业净产值在 GDP 总额中的占比。

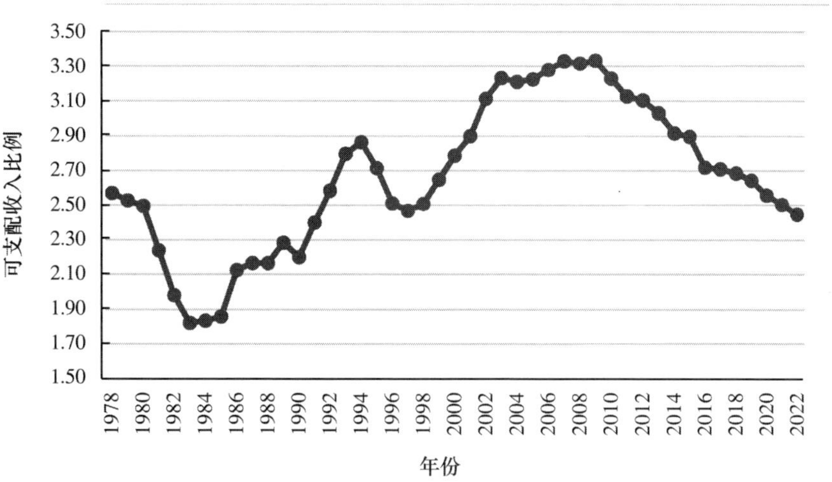

图 3-6　1978—2022 年我国城乡居民可支配收入比例（农村＝1）

数据来源：国家统计局国家数据网站。

随着收入水平的不断提高，农业净产值在 GDP 总额中的占比呈不断下降趋势，这是社会发展的必然规律所决定的，即：随着家庭和个人收入的增加，收入中用于食品方面的支出比例将逐渐减小。这就是恩格尔定律。从用支出法计算 GDP 的角度看，消费支出比例越少的产品产业，在 GDP 中所占的比例就越小。

从我国的实际情况看，1978—2022 年间，农业在 GDP 中的占比从 27.7％大幅度下降到 7.3％，就是恩格尔定律的表现。如果农业劳动力在总劳动力中占比下降的速度能够更快，则城乡之间的收入差距就会缩小。所谓“要想富裕农民，必须减少农民”，就是这个意思。农业劳动力减少了，农业经营规模扩大了，农业劳动生产率就会提高，农民的收入就会增加。

社会上、网络上有些人一边面对着进城农民工浪潮惊呼“谁来种地”，一边又高呼国家要提高农民收入，实际上是自相矛盾的。

考察我国农民可支配收入，特别值得关注的是收入来源结构。按照收入的来源，可支配收入包括四项，分别是：工资性收入、经营净收入、财产净收入和转移净收入（详见第 12 章）。

如表 3-18 所示，2022 年农民可支配收入中：工资性收入（外出务工）占比 42％；经营净收入中，第一产业（农业）占比 23％，第二、第三产业合计占比 12％。

如果不考虑财产净收入和转移净收入，只考虑工资性收入和经营净收入，即农民自己的劳动工作所得，则农业经营净收入只占农民劳动工作收入的30%，其余70%来自务工收入和第二、第三产业收入。当然，这是就全国平均水平而言。在东南沿海发达地区，农业经营净收入的比例更低；北方经营规模较大地域中的农民，其农业经营净收入比例会更高一些。

表3-18　2022年我国农民可支配收入的来源结构

项目	农民可支配收入/（元/人）	占比/%
合计	20 133	100
工资性收入	8 449	42
经营净收入	6 972	35
其中：第一产业	4 567	23
第二产业	508	3
第三产业	1 896	9
财产净收入	509	3
转移净收入	4 203	21

数据来源：《2023中国住户调查主要数据》，中国统计出版社。

种养业收入比例持续降低，主要是因为外出务工收入增长速度快，尽管人数增加不多，但工资水平增速很快，远远快于农业（表3-19）。农业尤其是种植业收入增速慢，主要是因为生产规模小，产品数量增加有限，价格更难以显著提高，劳动生产率提高不快。

表3-19　2013—2022年我国农民工数量和月均工资的变化

年份	总数/万人	本地农民工/万人	外出农民工/万人	工资/（元/月）
2013	26 894	10 284	16 610	2 609
2014	27 395	10 574	16 821	2 864
2015	27 747	10 863	16 884	3 072
2016	28 171	11 237	16 934	3 275
2017	28 652	11 467	17 185	3 485
2018	28 836	11 570	17 266	3 721
2019	29 077	11 652	17 425	3 962
2020	28 560	11 601	16 959	4 072
2021	29 251	12 079	17 172	4 432
2022	29 562	12 372	17 190	4 615

数据来源：国家统计局国家数据网站。

农民收入的增长，最根本的出路是通过机械化提高劳动生产率，主要靠市场机制。期望通过国家的政策性补贴不断提高农民收入，是不现实的。在这方面，欧美发达国家有着丰富的经验，最终的方向也是不断市场化（见第 15 章、第 16 章）。欧盟是将补贴与生产相脱钩，美国是不断降低补贴强度。我国还是一个发展中国家，国家财政能力有限，能够稳定现有补贴幅度已经很不容易，很难进一步大幅度增加农民补贴。

未来，最重要的农民补贴领域应该是巩固脱贫攻坚的成果，稳定和继续保持对脱贫地区的支持政策，并对低收入社会群体进行针对性强的扶持救济。普惠性的农民补贴政策，从效率和公平方面看，都不是最佳的选择。

3.9　农民生活水平

农民的生活水平表现在很多方面，其中最具代表性的是家庭耐用消费品的拥有情况（表 3-20）。

表 3-20　不同年份我国农村居民家庭耐用品拥有情况（拥有户数的百分比） %

耐用品	2013 年	2021 年	2022 年
彩色电视	113	116	117
电冰箱	73	104	104
洗衣机	71	96	97
空调	30	89	92
热水器	44	78	78
移动电话	200	267	267
计算机	20	25	25
家用汽车	10	30	32
摩托车	61	50	49
电动助力车	40	81	83

数据来源：国家统计局国家数据网站。

电视机的需求刚性较强，而价格不高，农民都买得起，因此，彩色电视机早已经普及了。电冰箱和洗衣机的情况同电视机类似，只是某些地方的必要性略低，因此，直到近年来才普及。

空调和热水器的需求刚性相对较小，对于发展中国家来说，属于较为奢侈的消费要求。近年来的普及率大幅度提高，代表着广大农村居民随着收入水平的不断提高，消费支付能力不断提升，对生活品质有了更高的要求。

移动电话（手机）已经普及了，基本实现了人手一机。手机应用功能的不断拓展，使这个指标的普及意义极为重要。相比之下，农村家庭中计算机的作用越来越小，日益被手机所取代，计算机的普及率也就基本停滞不前了。

农民的交通出行工具有了重要变化，摩托车的普及率在下降，因为其日益被两个方面的新交通工具所取代：一是电动助力车，二是家用汽车。电动助力车拥有率的大幅度提高是因为其购买价格优势和动力成本优势。而家用汽车的拥有率快速提升，不仅是农民收入快速提高的直接拉动，也与农村公路设施的大大改善有关。有不少农民家庭还没有小汽车，不是因为买不起，而是不怎么需要（如青壮年外出务工，只有老人和孩子留守在农村）。

3.10 农村贫困问题

农村贫困问题，是“三农”问题的集中表现。所有贫困地区，都同时具备农民收入低、基础设施差、公共服务较弱、产业发展落后的特点。

我国农村贫困线的划定，有一个历史发展过程，其先后有过三个标准：1978 年标准、2008 年标准和 2010 年标准。不同标准下的贫困人口变化如表 3-21 所示。

表 3-21 我国不同贫困线标准下的贫困人口 万人

年份	1978 年标准 100 元/（人·年）	2008 年标准 1 196 元/（人·年）	2010 年标准 2 300 元/（人·年）
1978	25 000		77 039
2000	3 209	9 422	46 224
2007	1 479	4 320	
2008		4 007	
2010		2 688	16 567
2012			9 899
2019			551
2020			0

数据来源：《2023 中国住户调查主要数据》，中国统计出版社。

“1978年标准”是一个低水平的生存标准，按1978年价格每人每年100元。在该标准下食物支出比重约为85%，基本能保证每人每天2 100大卡热量。这个标准看起来很低，但当时农民的普遍生活水平都很低，100元的贫困线，相当于当时人均年收入水平134元的75%。按照这个贫困线标准划定的贫困人口达2.5亿人，贫困发生率为30.7%。贫困发生率是指贫困人口占全部农村户籍人口的比例。

“2008年标准”是一个基本温饱标准，按2008年价格每人每年1 196元。按照该标准，食物支出比重降低到60%，基本保证实现“有吃、有穿”。按照这个标准，当年划定的贫困人口为4 007万人，贫困发生率为4.2%。

“2010年标准”是一个稳定温饱标准，按2010年价格每人每年2 300元。在这个标准下，脱贫的具体目标是“不愁吃、不愁穿，保障义务教育、基本医疗和住房”，简称“两不愁、三保障”。这个标准是2011年年底召开的中央扶贫开发工作会议制定的，发布在《中国农村扶贫开发纲要(2011—2020年)》中。按照这个标准，2010年我国有1.6亿多农村贫困人口，2012年有9 899万农村贫困人口。同时，我国还确定了832个贫困县，分布在中西部的22个省份。

按照2010年标准推算，我国贫困发生率1978年为97.5%，1990年为73.5%，2000年为49.8%，2010年为17.2%，2012年为10.2%。2020年实现了全部脱贫。

2020年，我国全面实现脱贫攻坚目标，这是一项彪炳青史的伟业。事实上，通过全面脱贫攻坚战，我国不仅很好地实现了“两不愁、三保障”目标，在乡村基础设施建设、农民素质提高、乡村组织建设和乡村产业发展等方面，也取得了普遍性的进展。

第 4 章　农村土地政策

马克思在《资本论》中引述了英国经济学家威廉·佩蒂(William Petty)的名言“劳动是财富之父，土地是财富之母”。这说明农村土地问题很重要。对于靠土地谋生的农民来说，土地就是命根子。同时，农村土地问题又是非常复杂的。在我国，土地问题又与意识形态密不可分，就更为复杂了。

4.1　土地制度变化

土地制度是一项基石性的社会制度。土地制度的变革，是重大的社会变革。中国共产党成立之后，领导过很多次土地革命。其中最重要的有六次——新中国成立前三次，新中国成立后三次。

新中国成立前的三次土地革命为：第二次国内革命战争时期，井冈山根据地以“打土豪、分田地”为标志性口号开展土地改革运动，以至于这个阶段被称为土地革命时期；抗战时期实行地主减租减息、农民交租交息，这一阶段不再涉及土地产权制度变化，而只是减轻佃户的地租负担；解放战争时期的土地改革，口号是“耕者有其田”，没收地主的土地，按农村人口平均分配土地。

新中国成立后的三次土地革命为：新中国成立初期 1950—1952 年的土地改革，废除了封建剥削的土地所有制，实行农民土地所有制，其突出特点是对富农由过去征收其多余土地财产的政策，变为保存富农经济的政策；农业合作化时期的土地改革，由互助组逐步发展到初级农业生产合作社（简称初级社），然后合并成高级农业生产合作社（简称高级社）和人民公社，土地私有制转变为公有制中的集体所有制；改革开放时期的土地改革，保持了土地的集体所有制，给予了农民承包经营权，最后演变为现在的“三权”分置的土地制度。

从另外的角度看，前四次土地改革都是在土地私有制基础上的改革，第五次土地改革是改土地私有制为集体所有制，实际上是以农村社区为单元的小型公有制（全民所有制是整个国家范围的公有制）。农村社区单元分为乡镇级、村级、组级三级，分别对应计划经济体系下的公社、大队和小队。第六次土地改革则是对原有集体所有制的完善性改革。

新中国成立后制定了四部《宪法》，每一部都对土地制度做了明确的规定。

1954年《宪法》第八条规定：“国家依照法律保护农民的土地所有权和其他生产资料所有权。”农民的土地所有权，就是私有权。

1975年《宪法》第五条规定：“中华人民共和国的生产资料所有制现阶段主要有两种：社会主义全民所有制和社会主义劳动群众集体所有制。”第七条规定：“农村人民公社是政社合一的组织。现阶段农村人民公社的集体所有制经济，一般实行三级所有、队为基础，即以生产队为基本核算单位的公社、生产大队和生产队三级所有。在保证人民公社集体经济的发展和占绝对优势的条件下，人民公社社员可以经营少量的自留地和家庭副业，牧区社员可以有少量的自留畜。”土地是最重要的生产资料，实行“三级所有，队为基础”。对自留地的性质，没有做出明确的界定。

1978年《宪法》有关土地问题的规定同1975年《宪法》。

1982年《宪法》第十条规定：“城市的土地属于国家所有。农村和城市郊区的土地，除由法律规定属于国家所有的以外，属于集体所有；宅基地和自留地、自留山，也属于集体所有。国家为了公共利益的需要，可以依照法律规定对土地实行征用。任何组织或者个人不得侵占、买卖、出租或者以其他形式非法转让土地。”

在计划经济体制下，土地政策方面，除了有关产权问题的规定外，其他方面的具体问题都是通过各级政府的行政性决定来解决的。改革开放初期，安徽小岗村等自发开展“大包干”实践，实际上是土地经营使用方式的改革，从集体统一种地，改变为一家一户的农民分散自主种地。这种改革，是自下而上的。在热烈讨论和激烈争论中，1982年，中央出台了第一个聚焦“三农”问题的一号文件，旗帜鲜明地支持各地涌现出来的生产责任制，指出：“包干到户这种形式，在一些生产队实行以后，经营方式起了变化，基本上变为分户经营、自负盈亏；但是，它是建立在土地公有基础上的。”1983年的中央一号文件，继续坚持改革精神，确定了“联产承包责任制”的说法，并重申联产承包责任制“坚持了土地等基本生产资料的公有制”。1984年的中央一号文件，则确定了土地的承包期限，明确了“土地承包期一般应在十五年以上。生产周期长的和开发性的项目，如果树、林木、荒山、荒地等，承包期应当更长一些。”此后，农村土地管理逐渐被纳入法制化轨道。

1986年，国家出台了《中华人民共和国土地管理法》（以下简称《土地管理法》）。其中，相当多的内容是关于农用地。后来，这部法律先后做过三次修正、一次修订。

2002年，国家出台了《农村土地承包法》，专门规范农村土地的承包经营问题。这部法律包含了所有农村土地政策的主要内容。

总体来说，我国现有的土地政策集中表现在以上两部法律中。不过，在用语上，两部法律略有差异。

在涉农土地的讨论中，经常出现三个词：农用地、农村土地和农业用地。

农用地，是《土地管理法》中使用的概念。该法将全国所有的土地根据土地用途分为三大类：农用地、建设用地和未利用地。其中，“农用地是指直接用于农业生产的土地，包括耕地、林地、草地、农田水利用地、养殖水面等。”

农村土地，是《农村土地承包法》中使用的概念，该法第二条称：“本法所称农村土地，是指农民集体所有和国家所有依法由农民集体使用的耕地、林地、草地，以及其他依法用于农业的土地。”仅从这一条看，同农用地比较，农村土地没有明确说明是否包括农田水利用地、养殖水面等。一个可能的原因是，农村土地承包法的核心在于承包，而农田水利用地和养殖水面显然不像耕地、草地和林地那样，可以由所有集体组织成员均等化承包，所以就没有包括在内。

单纯从字面意思看，农村土地的概念似乎比农用地更为广泛，似乎应该包括位于农村的全部三大类土地——农用地、建设用地和未利用地。而实际上，《农村土地承包法》中的农村用地，按照《土地管理法》中的概念衡量，只是包含了农用地和有农业利用潜力的未利用地。因为在《农村土地承包法》第四十八条中有这样的表述："不宜采取家庭承包方式的荒山、荒沟、荒丘、荒滩等农村土地，通过招标、拍卖、公开协商等方式承包的，适用本章规定。"这里的荒山、荒沟、荒丘、荒滩等农村土地，实际上就是有农业利用潜力（如通过改土、灌溉等方法改造）的未利用地。

在20世纪80年代的五个中央一号文件中，并没有"农村土地"这样的提法。原因可能是，把当时的改革角度确定为改变生产经营组织形式，而不涉及土地制度的改变，更有助于减少意识形态争论。《农村土地承包法》采用"农村土地"用语，推断起来，可能主要是从土地承包的角度考虑，其不仅包括当时已有的农用地，也包括当时有农业开发潜力的"四荒"土地（未利用地，指属于农村集体经济组织所有的荒山、荒沟、荒丘、荒滩）。这两类土地都是农村中的土地。

农业用地的概念，没有出现在这两部法律中，但却是人们经常使用的，含义与农用地相同。在有关农业政策的讨论中，通常情况下，无论是农用地还是农村土地，实际上指的都是农业用地（已经用于和拟用于农业用途的土地）。重点是要记清楚，当我们谈论"农村土地"时，是不包括宅基地等农村中的建设用地的。

农村中的建设用地，通常称为农村集体建设用地，即农村中属于集体所有的建设用地。其包含三大类：宅基地、公共设施用地和集体经营性建设用地。

本章主要讨论农用地/农村土地，最后两节专门讨论集体经营性建设用地和宅基地。

4.2　"三权"分置

我国目前农村土地政策的核心和基石，是"三权"分置制度。"三权"即前文提到过的农村土地的所有权、承包权和经营权。这个制度，是1978年改革开放以来，在实践中演化创建起来的，有着特殊的历史背景，具有鲜明的国情特色，是最适于现阶段我国情况的选择。

《土地管理法》开宗明义，第二条就是关于土地所有权的："中华人民共和国实行土地的社会主义公有制，即全民所有制和劳动群众集体所有制。"第九条进一步明确："城市市区的土地属于国家所有。农村和城市郊区的土地，除由法律规定属于国家所有的以外，属于农民集体所有；宅基地和自留地、自留山，属于农民集体所有。"这是转述了《宪法》第十条的规定，只是把"集体所有"改成了"农民集体所有"。

我国农村土地实行公有制，除了社会主义的基本属性要求外，还有一个重要原因，就是更有利于用途管制。尽管在实行土地私有制的国家中，政府对土地的用途也进行管制，但是在用途管制的难度、力度和成本等方面，我国与这些国家有很大不同。对于普通的老百姓来说，如果土地是公有的而不是私有的，那么，国家进行用途管制就更顺理成章一些。另外，在国家出于公共利益的需要而征收征用土地时，也较为有利和容易一些。

农民的土地承包经营权，起源于1978年改革开放后，在讨论、总结小岗村的"包产到户"做法时，人们使用了承包的概念。1982年的中央一号文件中广泛使用了各种承包概念，包括"承包形式""承包到户""不同形式的承包""承包责任制""承包土地""承包地"等。不过，在1982—1986年的五个中央一号文件中，并没有明确的承包经营权的概念。1986年出台的《土地管理法》中出现了承包经营的说法，但并没有承包经营权的概念。

直到2002年颁布的《农村土地承包法》，才以法律的形式明确提出了"土地承包经营权"的概念。该法第三条规定："国家实行农村土地承包经营制度。"第五条规定："农村集体经济组织成员有权依法承包由本集体经济组织发包的农村土地。"第六条提出了"土地承包经营权"的说法："农村土地承包，妇女与男子享有平等的权利。承包中应当保护妇女的合法权益，任何组织和个人不得剥夺、侵害妇女应当享有的土地承包经营权。"

这个时候的"承包经营权"，是将承包与经营合并在一起的一项权利。通过承包的方式方法，农民获得了从事生产经营的权利。

农村土地"三权"分置的正式提出，是在2016年。2016年中共中央办公厅、国务院办公厅印发的《关于完善农村土地所有权承包权经营权分置办法的意见》指出："现阶段深化农村土地制度改革，顺应农民保留土地承包权、流转土地经营权的意愿，将土地承包经营权分为承包权和经营权，实行所有权、承包权、经营权（以下简称'三权'）分置并行，着力推进农业现代化，是继家庭联产承包责任制后农村改革又一重大制度创新""落实集体所有权，稳定农户承包权，放活土地经营权"。实际上，就是把原来的承包经营权变成了可以拆分的两项权利：承包权和经营权。

2018 年第二次修正后的《农村土地承包法》中增加了相应的表述。第八条规定："国家保护集体土地所有者的合法权益，保护承包方的土地承包经营权，任何组织和个人不得侵犯。"第九条规定："承包方承包土地后，享有土地承包经营权，可以自己经营，也可以保留土地承包权，流转其承包地的土地经营权，由他人经营。"

简言之，农村土地的"三权"分置就是：所有权是村集体的，承包权是农户的，经营权也是农户的，但可以转租给他人。按照法律中的分类，所有权和承包权都是物权（承包权是用益物权），而经营权是债权。

"三权"分置是我国独具特色的一种农村土地制度安排。其最主要的原因是：农村土地的功能很多，而最基本的功能是生产资料功能——土地是用来从事农业生产的，但是在我国，在城乡制度差别仍然存在的情况下，土地还有另外一项基本功能——社会保障。

这种社会保障功能事关重大。我国有上亿农民工，他们在城市打工，却没有真正融入城市社会，尤其是在社会保障方面。因此，当遭遇失业时，他们只能返回农村，而农村的那块承包地，就是他们最后的生存保障，一种托底性质的社会保障。在我国城乡统筹的社会保障制度没有建立之前，尤其是在改革开放初期，农村土地的社会保障功能非常重要，包括实际作用和心理影响。

近年来，我国农业现代化进程很快，扩大土地经营规模成为必需。这时，土地的生产资料功能和社会保障功能出现了冲突：生产资料功能要求流转，而社会保障功能则要求稳定。如何协调处理好这两种功能，就需要进行制度创新。而把原来的承包经营权明确拆分为承包权和经营权，就是重要的制度创新。

承包权，是农村集体经济组织成员权益的体现，为农户提供托底性的社会保障。农户承包权，应该保持稳定并长久不变，否则就会出现土地兼并，出现拉美国家的城市贫民窟和社会动荡问题。有人主张可用承包权作信贷抵押，这会直接破坏土地的社会保障功能，无异于杀鸡取卵。放开了这一点，就等于放开了土地兼并，为城市贫民窟提供人口。在承包权与经营权没有分开时，进城务工的农民不愿意把土地流转出去，怕流转出去之后就要不回来了。而国家法律将承包权和经营权分开之后，明确流转出去的仅仅是经营权，而承包权（法律凭证是“农村土地承包经营权证”）还在农民手上，有助于减少农民流转土地的顾虑。原农业部于 2003 年 11 月发布了《中华人民共和国农村土地承包经营权证管理办法》，其中第二条规定：“农村土地承包经营权证是农村土地承包合同生效后，国家依法确认承包方享有土地承包经营权的法律凭证。农村土地承包经营权证只限承包方使用”，并规定由县级以上地方人民政府颁发农村土地承包经营权证。“承包经营权证只限承包方使用”的意思，就是无论经营权怎么流转，承包经营权证都在原始承包方农民手中，别人拿去了也无效。这相当于从法规上给农民吃了定心丸。

经营权，是承包权的价值体现。获得承包权的农户具有初始经营权。农户行使这项经营权，可以自己种地，获得经营收入，也可以转让出去，获得地租收入，同时保留承包权，即保留收回经营权的权利。打个比方，就像城里人的产权房，既可以自己住，也可以出租给别人住；出租之后，也保留着收回来自己住的权利。把经营权与承包权拆分开来，有利于打消农户转出经营权的疑虑，更有利于那些真心想做大做强农业的人取得更多的经营土地，推动农业现代化。美国和欧盟的大农场，大都也是租地经营的。从本质属性看，经营权可以称为“农业经营权”。因为，无论谁持有经营权，无论是承包农户自己，还是转租的他人或者企业，都只有从事农业生产的权利，而不能将土地用于别的用途。

简言之，实行农村土地集体所有权、农户承包权、土地经营权“三权”分置，可以更好地协调和保护公共利益、农户利益，促进农业产业发展。

4.3 发包方与承包方

要想落实好土地承包经营权，需要明确界定两个问题：发包方是谁，承包方是谁。

关于发包方，《农村土地承包法》第十三条规定：“农民集体所有的土地依法属于村农民集体所有的，由村集体经济组织或者村民委员会发包；已经分别属于村内两个以上农村集体经济组织的农民集体所有的，由村内各该农村集体经济组织或者村民小组发包。”从实际情况看，无论在名义上发包方是村经济组织还是村民委员会（以下简称村委会）或村民小组，每个农户具体承包到的土地的多少，基本是以村民小组为分配单位的。因为，20 世纪 80 年代初期开展土地承包时，还沿袭着“三级所有、队为基础”的体制，除个别特殊情况外，生产队（即小队/生产小队）是具体的生产组织单位和经济分配单位，是农村土地的具体使用者和实际所有者，也是搞土地承包时的具体组织者。现在的村民小组基本就是当年的生产队；现在讲的村，通常指行政村，对应着当年的大队或生产大队。事实上，在第一轮承包后，由于土地承包关系保持长久不变的政策，法律上对发包方进行了种种严格限制，加之农户又持有县级以上政府颁发的农村土地承包经营权证以维护自己的承包权，发包方是村委会还是村民小组，已经没有实质性区别了。

关于承包方，《农村土地承包法》第十六条规定：“家庭承包的承包方是本集体经济组织的农户。农户内家庭成员依法平等享有承包土地的各项权益。”这里的关键词是农户，不是农民个人。农户所承包到的土地的多少，与承包时家庭人口多少、年龄结构等有关。具体做法各地不尽相同。

4.4　土地承包期

承包期多长，是一个重要问题，也是一个无法回避的问题，直接关系到承包经营制度的稳定性。我国开始进行农村土地承包时，并没有明确承包期的长短。后来，1984 年的中央一号文件中确定了农村土地的承包期限，明确“土地承包期一般应在十五年以上。生产周期长的和开发性的项目，如果树、林木、荒山、荒地等，承包期应当更长一些。”

关于十五年的土地承包期从哪一年开始计算，官方文件中并没有明确规定。最主要的原因是，各地实行农村土地承包的起始时间不同，并且开始时并没有、也不可能采用规范的承包合同方式，只是把地先分了再说。对此比较主流的观点有两种：一种观点认为，应该从1984年中央一号文件规定后算起，即从1984年开始；另一种观点，也是大多数人的观点，认为实际工作中，大部分土地承包是在1983年前后完成的。两种观点只差一年，对于实际工作并无多大影响。

十五年土地承包期到期之后怎么办？1993年11月5日，中共中央、国务院发布的《关于当前农业和农村经济发展的若干政策措施》文件规定："为稳定土地承包关系，鼓励农民增加投入，提高土地的生产率，在原定的耕地承包期到期之后，再延长三十年不变。"这一文件精神被纳入了1998年修订的《土地管理法》中，该法第十四条规定："农民集体所有的土地由本集体经济组织的成员承包经营，从事种植业、林业、畜牧业、渔业生产。土地承包经营期限为三十年。"

我国绝大部分地区第二轮农村土地承包是在1998年前后开始的，因此，第一个三十年承包期到期的年份在2027年前后。

那之后，再怎么办？2018年第二次修正后的《农村土地承包法》第二十一条规定："耕地的承包期为三十年。草地的承包期为三十年至五十年。林地的承包期为三十年至七十年。前款规定的耕地承包期届满后再延长三十年，草地、林地承包期届满后依照前款规定相应延长。"2019年第三次修正后的《土地管理法》也做了相应的修改，该法第十三条规定："家庭承包的耕地的承包期为三十年，草地的承包期为三十年至五十年，林地的承包期为三十年至七十年；耕地承包期届满后再延长三十年，草地、林地承包期届满后依法相应延长。"

4.5 土地承包经营权变动

总体来说，在土地承包经营权变动方面，基本特点是限制发包方，不限制承包方。这是保护农民利益的需要，也是稳定土地承包关系的需要。

《农村土地承包法》第十五条明确了发包方承担的义务，首先是"维护承包方的土地承包经营权，不得非法变更、解除承包合同。"第二十五条规定："承包合同生效后，发包方不得因承办人或者负责人的变动而变更或者解除，也不得因集体经济组织的分立或者合并而变更或者解除。”第二十六条规定：“国家机关及其工作人员不得利用职权干涉农村土地承包或者变更、解除承包合同。”第二十七条规定：“承包期内，发包方不得收回承包地。”第二十八条规定：“承包期内，发包方不得调整承包地。”

这些条款都是从不同方面反复强调，承包合同签订后，不得任意变动和收回农民承包的土地。在三十年的承包期内不得变动，在三十年后再延长三十年，实际上也是不得变动。

这种稳定的土地承包经营制度，被通俗地概括为“增人不增地，减人不减地”。这是因为，土地承包经营权的承包方是“农户”，而不是某个家庭成员。家庭成员变动不影响承包关系。在实行农村土地承包经营制度的早期阶段，这方面的矛盾非常突出，尤其是在“增人不增地”方面。最重要的原因是，那个时候土地的社会保障功能还很突出。

新增人口，主要是嫁娶和新生人口。只有当村里有额外的土地时，才有可能为新增人口分配土地。土地来源有三种情况：原来预留的，新开垦的，由于各种原因别的农户退出来的。三种来源的土地，都很少。

预留地方面，《农村土地承包法》第六十七条规定：“本法实施前已经预留机动地的，机动地面积不得超过本集体经济组织耕地总面积的百分之五。不足百分之五的，不得再增加机动地。本法实施前未留机动地的，本法实施后不得再留机动地。”

实施土地承包经营制的早期阶段，不少地方经常发生土地承包变动方面的矛盾。有些地方以“大稳定、小调整”的名义，变动农户的土地承包经营权，增减承包土地面积，进而引发矛盾。近年来，这种现象已经很少出现了。原因是：一方面，大家已经习惯和接受了目前的制度；另一方面，可能是更重要的一个方面，就是随着农民收入中来自非农业非土地收入的份额已经占到绝大比重，同时农民也享受社会保障制度，并且保障水平不断提升，土地的社会保障功能已经大大弱化了。

“减人不减地”，就是当承包农户家庭成员的人口数量减少时，无论是因为亡故还是其他原因，农户所承包经营的土地不变。人口少了，承包的土地却不变化，这样农户当然没有意见。

与此相关的还有一个重要问题，即承包权的继承问题。《农村土地承包法》第三十二条规定："承包人应得的承包收益，依照继承法的规定继承。林地承包的承包人死亡，其继承人可以在承包期内继续承包。"从字面意思看，这项条款包括两个方面的含义：承包人亡故后，其所创造的收益可以被继承，具体继承的位序等遵照继承法；而林地的继承人不仅可以继承承包人创造的收益，还可以继续承包。不过，其中还隐含着一种含义：农户所承包的耕地不涉及继承问题，只要这个农户存在，承包经营关系就存在；如果这个农户成员都不存在了，别的继承人不能继承土地经营权，只能继承已经产生的承包经营收益，如当年已经种植或者成熟的庄稼等。林地是个例外，因为林地的收益是多年性质的，要继承林地的收益而不能继承承包权，只能把林子砍掉，而这样做对社会是不利的，因此，林地可以在承包期内继承。

对于土地承包经营权在集体经济组织内部的变动，法律给予了充分的自由。《农村土地承包法》第三十三条规定："承包方之间为方便耕种或者各自需要，可以对属于同一集体经济组织的土地的土地承包经营权进行互换，并向发包方备案。"第三十四条规定："经发包方同意，承包方可以将全部或者部分的土地承包经营权转让给本集体经济组织的其他农户，由该农户同发包方确立新的承包关系，原承包方与发包方在该土地上的承包关系即行终止。"

农户之间进行土地承包经营权互换，主要是为了各自承包的地块变得更为完整连片。现在，当工商企业进入农业，进行较大规模的农业经营时，需要流转很多农户的承包土地，因为机械化作业要求土地集中连片。常常还需要组建合作社，加入合作社的农户和不加入合作社的农户，常常需要进行土地承包经营权互换。

以上各项规定，可以概括为一句话：发包方不可变动农户的土地承包经营权，而农户自己可以在自愿的基础上进行变动，但只限于集体经济组织内部。

在讨论三十年承包期和三十年承包延期的过程中，曾经有过采用永久不变或长久不变的建议。不过，最终的决定还是有个明确的期限。主要原因是，采用三十年不变的明确规定，比起永久不变的说法，更能给农民以稳定感。因为，几乎没有人相信一件事情会永久不变。

4.6　土地经营权变动

在这方面，法律对有承包经营权的农户给予了充分的赋权和自由。

《农村土地承包法》第三十六条规定："承包方可以自主决定依法采取出租（转包）、入股或者其他方式向他人流转土地经营权，并向发包方备案。"

该法在第三十八条中列出了土地经营权流转应当遵循的五项原则。其中，最主要的是前两项，即：依法、自愿、有偿，任何人不得强迫；不得改变农业用途和破坏生产环境。其他三项都是不言而喻的，形式大于实质内容。其中指出，流转期限不得超过承包期的剩余期限和受让方须有农业经营能力或者资质，这是理所当然的。在同等条件下，本集体经济组织成员享有优先权，基本上也是虚列，因为在实践中很难有绝对的同等条件。例如，即便是流转费用相同，也有支付时间早晚的差别。

该法第四十六条规定："经承包方书面同意，并向本集体经济组织备案，受让方可以再流转土地经营权。"说得直白一点，受让方可以当"二地主"。这说明农村土地经营权流转的自由尺度很大，政策很宽松，是高度鼓励的。

在土地经营流转的价款（地租收入）方面，该法中有两款规定。第三十九条规定："土地经营权流转的价款，应当由当事人双方协商确定。流转的收益归承包方所有，任何组织和个人不得擅自截留、扣缴。"第四十五条规定："工商企业等社会资本通过流转取得土地经营权的，本集体经济组织可以收取适量管理费用。"这两条看似有矛盾，其实不然。第三十九条规定的情况是当事人只有双方，而第四十五条规定的情况是存在三方——工商企业、集体经济组织和农户。实际的情况通常是：工商企业进入农业经营，都是采用现代化的生产方式，需要较大规模的连片土地，涉及很多农户；工商企业不可能与成百上千乃至更多的农户直接打交道，必须借助于集体经济组织（村委会），把农民组织起来（有的是采用合作社方式）。在这个土地经营权流转的过程中，集体经济组织就扮演着"二地主"的角色，收取适量管理费用，实际上是服务费用，而不是利用权力擅自截留流转费用。例如，有的大型农业生产企业向村集体经济组织支付每年每亩 850 元的土地流转费用，村集体经济组织支付给农民 800 元，留下 50 元作为村经济组织的管理服务费用。这既合情合理，也符合《农村土地承包法》。

该法中还有一项条款，允许承包方用土地经营权做担保，向金融机构融资。这是从法律上给予土地经营权担保物地位，用意是很好的。但实际上，对于金融机构来说，土地经营权并没有担保价值。因为土地经营权的价值很低，也就是每年的流转费用水平，并且一旦借贷方无法偿还贷款，金融机构也无法处置土地经营权，最多只能再找下家，将土地流转给别的生产经营者，获得很低的流转费用而已。

4.7 农田保护与建设

我国农村土地政策中最突出的特点，就是高度重视对耕地的保护。这集中体现在《土地管理法》中。

该法第四条明确提出："国家实行土地用途管制制度""严格限制农用地转为建设用地，控制建设用地总量，对耕地实行特殊保护。"

第十六条规定："省、自治区、直辖市人民政府编制的土地利用总体规划，应当确保本行政区域内耕地总量不减少。"

第三十条规定："国家保护耕地，严格控制耕地转为非耕地。"

第三十三条规定："国家实行永久基本农田保护制度"，并列举了应当在规划中列入永久基本农田的耕地。这些耕地都属于质量最好的耕地，包括重要农产品生产基地、高标准农田、蔬菜生产基地、农业试验田等。第三十三条还规定各省份"划定的永久基本农田一般应当占本行政区域内耕地的百分之八十以上"。这条规定的用意很好，不过在执行中还是出现了一些问题。有些地形以山区为主的省份，平地少，坡地多，就把一些坡度较大的土地也确定为永久基本农田，结果在生产实践中，无论是从生态保护的角度，还是经济效益的角度，这类土地都不适合种植大田作物，于是一些地方就用其发展林果业。这就违背了《土地管理法》中"禁止占用永久基本农田发展林果业和挖塘养鱼"的规定（第三十七条）。

第三十五条规定："永久基本农田经依法划定后，任何单位和个人不得擅自占用或者改变其用途。国家能源、交通、水利、军事设施等重点建设项目选址确实难以避让永久基本农田，涉及农用地转用或者土地征收的，必须经国务院批准。"

第三十七条规定："非农业建设必须节约使用土地，可以利用荒地的，不得占用耕地；可以利用劣地的，不得占用好地。禁止占用耕地建窑、建坟或者擅自在耕地上建房、挖砂、采石、采矿、取土等。禁止占用永久基本农田发展林果业和挖塘养鱼。"

国务院先后在 1994 年和 1998 年发布了《基本农田保护条例》。两个版本最重要的区别是对占用基本农田的审批权限的规定。1994 年版规定占用基本农田不到 500 亩需要省级政府批准，超过 500 亩时需要报国务院批准。而 1998 年版取消了 500 亩的数量分界，只要是占用基本农田，一律需要报国务院批准。

我国通过国家立法方式，建立了非常严格的土地保护措施，根本原因是我国的耕地资源极为稀缺，人均数量只有世界平均水平的一半左右。这一直是我国粮食安全形势最突出的限制因素。严格保护土地，不仅是保障当代人吃饭问题的需要，更是为子孙后代留好饭碗的需要。

在保护土地面积数量的同时，国家也通过财政项目支持的方式，对基本保护农田的质量进行提升，建设成高标准农田。近年来，国家对高标准农田建设的投入增加，速度加快。到 2020 年年底，全国已经建成 8 亿亩高标准农田。根据国家发展改革委员会（简称国家发展改革委）发布的《全国高标准农田建设规划（2021—2030 年）》，到 2030 年，我国要建成 12 亿亩高标准农田，改造提升 2.8 亿亩高标准农田。对于我国现代农业发展来说，这是一项极为重要的政策，是建设农业强国要求的"科技装备强"和"经营体系强"的关键基础。这两强，都需要平整连片的规模化地块。高标准农田建设面临的主要挑战，是中央财政投入强度不够，需要地方政策进行配套。地方政府财政配套能力和当地农田基础质量等方面的差异，使高标准农田建设的实际标准不均衡。建设高标准农田应该从各地实际出发，集中财力，先易后难，坚持高标准，防止追求数量而降低标准。

4.8 土地征收

在国家经济快速发展时，尤其是我国基础设施建设如高速铁路、高速公路建设规模很大，城镇居民改善住房条件的需求也很大，对土地的占用是不可避免的。这就涉及土地的征收。国家在这个方面的政策态度是：一方面要占；另一方面要严控占地规模，并且妥善解决失地农民的问题。

《土地管理法》第四十六条规定了征收土地的批准权限：“征收下列土地的，由国务院批准：（一）永久基本农田；（二）永久基本农田以外的耕地超过三十五公顷的；（三）其他土地超过七十公顷的。征收前款规定以外的土地的，由省、自治区、直辖市人民政府批准。”

在征地时，需要对被征地农民给予补偿。该法第四十八条规定：“征收土地应当给予公平、合理的补偿，保障被征地农民原有生活水平不降低、长远生计有保障。”给农民的补偿主要有几个方面：土地补偿费、安置补助费及农村村民住宅、其他地上附着物和青苗等的补偿费，并安排被征地农民的社会保障费用。其标准和具体办法，由各省政府确定。

补偿中，最重要和最复杂的，是社会保障问题。规定由县级以上地方人民政府纳入当地的养老等社会保障体系。具体办法由省级政府制定。大中型水利、水电工程建设征收土地的补偿费标准和移民安置办法，由国务院规定。

土地经过征收后，就变成了国有土地。从事商业开发的建设单位要取得国有土地使用权，需要按照国家规定，缴纳土地使用权出让金等土地有偿使用费和其他费用。《土地管理法》规定新增建设用地的土地有偿使用费，30％上缴中央财政，70％留给有关地方人民政府。土地出让金，是地方政府预算外收入的主体，是地方政府非常重要的财政收入来源，尤其是在房地产业发展的鼎盛时期。据统计，2019—2021 年，土地出让金占地方财政收入比重超过了 25％，其中最高的省份接近 60％。

4.9 集体经营性建设用地

农村集体经济组织的建设用地包括三类：宅基地、公共设施用地、集体经营性建设用地。三类集体建设用地中：农民宅基地面积最大，问题最复杂（见 4.10）；乡村公共设施和公益性用地问题比较简单；近年来相对关注较多的，是集体经营性建设用地，尤其是乡镇企业已经不在了，但占地还在的。

经营性建设用地，发源自乡镇企业。乡镇企业还在的，所用的土地自然是集体经营性建设用地；乡镇企业由于各种原因消失的，所留下的企业场所占地也是集体经营性建设用地。

对这类土地，现行的《土地管理法》第六十三条规定："土地所有权人可以通过出让、出租等方式交由单位或者个人使用。"

2004 年版的《土地管理法》第六十三条规定："农民集体所有的土地的使用权不得出让、转让或者出租用于非农业建设。"第四十三条规定："任何单位和个人进行建设，需要使用土地的，必须依法申请使用国有土地……前款所称依法申请使用的国有土地包括国家所有的土地和国家征收的原属于农民集体所有的土地。"

也就是说，原来的农村集体土地包括集体经营性建设用地，不能直接入市，只能由国家征收后，变为国有土地入市。变为国有土地入市，入市后的土地有偿使用费自然与农民集体无关。而现在变为直接入市，所取得的土地有偿使用费自然不再与农民集体无关。不过，具体如何分配，只有笼统地兼顾各方面利益原则，并无更进一步的明确规定。

集体经营性建设用地可以直接入市，是 2013 年 11 月通过的《中共中央关于全面深化改革若干重大问题的决定》正式提出的："在符合规划和用途管制前提下，允许农村集体经营性建设用地出让、租赁、入股，实行与国有土地同等入市、同权同价……建立兼顾国家、集体、个人的土地增值收益分配机制，合理提高个人收益。"自 2015 年起，全国 33 个县先后开展了农村集体经营性建设用地使用权进入市场的改革试点工作。试点工作的直接效果是出让土地的农民集体获得了更多收益，而当地政府相应地减少了土地出让金收入。有这样的改革结果，地方政府参加改革的积极性也就不会很高。

4.10 宅基地

《土地管理法》第六十二规定："农村村民一户只能拥有一处宅基地，其宅基地的面积不得超过省、自治区、直辖市规定的标准"，并规定不得占用永久基本农田。

宅基地方面的最大问题，是农村人口不断减少，而农村宅基地的面积不断扩大。据报道，改革开放 40 多年来，我国农村人口数量减少约 2.39 亿人，而宅基地面积却累计增加超过 3 000 万亩。

根据第三次全国国土资源调查，城镇村及工矿用地 48 430 万亩，其中，城市用地 7 833 万亩，建制镇用地 7 694 万亩，村庄用地 32 903 万亩。村镇合计占 84%。而根据人口统计，我国农村人口占全部人口的比重只有 35%。很多农村地区出现的空心村现象，就是农村宅基地使用浪费的明显证明。

在宅基地管理方面，近些年来参照农用地管理模式，提出了"三权"分置，即农村宅基地集体所有权、农户资格权、宅基地及农房使用权"三权"分置。这"三权"，分别对应着农用地的集体所有权、农户承包权、土地经营权。目的是在农户保留宅基地资格权的情况下，通过允许宅基地和农房使用权自由流转，解决房屋空置问题。

不过，宅基地"三权"分置的道理，与农用地的"三权"分置，有着重要的不同之处。关键是宅基地和农房使用权与农用地经营权比较，有着根本性的差别。农用地的经营权流转出去后，土地原模原样立刻就可以使用，生产出农业产品；农户在将经营权收回来时，土地也是原模原样的，农户还可以继续种地。而宅基地与农房捆绑在一起的使用权，如果不需要重建房屋，那就是房屋出租了，与城市里的房屋出租相同，与宅基地没有多少直接关系。现实中，宅基地的流转通常是需要重建房屋的，在此情况下，宅基地的使用状态就发生了很大的变化，农户的资格权就很难得到保证，因为，农户要想把宅基地再要回来是非常困难的。农用地和农用地上面种的庄稼很容易分离开来，农户手握承包权，可以把土地的经营权要回来；而宅基地和上面的房屋是无法分开的，农户手握资格权，无法只把宅基地要回来，而让使用者把房屋搬走。

宅基地改革的最终出路，可能不是学农用地的“三权”分置，而是学农用地的“增人不增地，减人不减地”，或者叫“增户不增地，减户不减地”。在执行上，可以确定一个明确的时间节点，从那个时间节点开始，全国农村不再批准新的宅基地，而允许宅基地的使用权自由流转。新增的农户，可以自行向不再需要宅基地的农户购买宅基地。在宅基地总量冻结的情况下，也可以考虑允许城市人口购买农村宅基地的使用权，鼓励更多的城市人到农村工作、度假和告老还乡。

第 5 章　生产组织政策

本书讲的“生产组织”，是指从事农业生产的经济组织。改革开放前，生产组织政策与土地政策密切关联，可以说是捆绑在一起的，是生产领域的根本性政策。改革开放后，农业生产组织日益多元化，在生产组织政策方面，很少有实质性重大政策措施，主要是大量的宏观指导和零散的财政支持。

按照马克思政治经济学理论，生产组织政策属于生产关系范畴，生产关系要适应生产力的发展需要，而最主要的生产力就是科技。实际上，我国农业生产组织问题突出或者严重的时候，正是因为严重偏离了生产力（科技）发展水平的要求。

5.1　历史发展

新中国成立前后，农业的生产组织结构可以从农村人群的结构看出端倪。自己有很多地，但自己不干活的是地主（又分两种情况：把土地出租，只收取地租；或者土地不出租，自己雇工经营）；自己有很多地，不仅雇工，并且自己也干活的，是富农；自己有地，自己种自己的地，既不租别人的地，也不雇工的，是中农；自己有地，但很少，要从地主那里租地的，是贫农；自己没有任何土地，只能给地主或富农当雇工（长工或短工）的，是雇农。当然，这是就一般情况而言，我国地域辽阔，各地在成分划定实际工作中不可能绝对如此。

如果不考虑土地的隶属情况，仅仅从生产组织方式看，那么土地可以分为两种：有雇工的和没有雇工的。有雇工的，生产规模较大，推断起来，劳动工具应该更为齐全、更为先进一些；没有雇工的，劳动工具更差一些。也就是说，地主和富农经营的土地规模更大，生产工具较多、较好（如有更多的马、牛等役畜和车辆）；而中农和贫农经营的土地规模较小，生产工具较少、较差（如多是牛、驴或者牛、驴也没有）。

从这个角度看，新中国成立初期的土地改革运动，实际上重塑了农业生产组织方式，把土地分散了，把雇工取消了，把一些劳动工具也分散了（如几家合伙分到一头役畜）。土地改革使广大缺地少地的贫雇农获得了生产资料，积极性高涨，但也存在着把重要生产资料分散和不便管理使用的缺点。

因此，在土地改革后，很快就产生了互助组，进而产生了初级社。初级社是以个体农民自愿组织起来的半社会主义性质的集体经济组织。这是农业生产组织方式的创新。其特点是土地入股，耕畜、农具作价入合作社，由合作社实行统一经营；社员参加集体劳动，劳动产品在扣除农业税、生产费、公积金、公益金和管理费用后，按照社员的劳动数量和质量及入社的土地等生产资料的多少进行分配。在这个发展阶段，生产资料（土地、耕畜、农具）还是私有的。

高级社是以主要生产资料集体所有制为基础的农民合作经济组织，实行土地、主要生产资料集体所有，取消土地分红，耕畜、农具折价入社，产品按劳分配。合作社制订生产计划，推行季节和长年包工制度，社、队之间实行“三包一奖罚”（包工、包产、包成本，超产奖励，欠产惩罚）的管理办法；对农户实行劳动定额，按投工量计酬。

据资料，到 1956 年年底，全国农业生产合作社发展到 75 万个，其中初级社 21 万个、高级社 54 万个，参加高级社的农户数量占全国总农户的 88%。按此数量推断，高级社的地域覆盖范围大体相当于现在的行政村，而初级社应该大体相当于现在的组（自然村）。

1958 年 8 月，中共中央政治局扩大会议通过了《中共中央关于在农村建立人民公社的决定》，推行人民公社化运动，撤乡、镇并大社，以政社合一的人民公社行使乡镇政权职权，农业生产合作社改称生产大队。人民公社下辖生产大队，大队下辖生产队（生产小队）。至 1958 年 10 月底，全国原有的75万多个农业社合并组成了26 572个“又大又公”的人民公社，平均28个农业社组成一个公社。

人民公社的突出问题是生产方面的极度浮夸造假，分配方面的平均主义，消费方面的大食堂，管理混乱，社员没有生产积极性，违背了生产关系要与生产力相适应的规律。混乱的管理加上严重的自然灾害，造成了1959—1961年的大饥荒。

面对出现的突出问题，国家不断调整政策。1960年提出“三级所有、队为基础”。1962年2月，中央专门发出《关于改变农村人民公社基本核算单位问题的指示》，进一步明确规定人民公社集体经济以生产小队为基本核算单位。也就是说，队为基础中的队，不是大队，是小队。从此集体经济虽然名义上是人民公社，但实际上已经调整到生产队，变成了村级的合作经济，小队是具体的生产组织单位和分配单位，从而减少了人民公社“一大二公”（第一规模大，第二公有化程度高）在生产管理和消费分配方面的混乱情况。1962年9月，中国共产党第八届中央委员会第十次全体会议通过了《农村人民公社工作条例（修正草案）》，进一步明确“人民公社的基本核算单位是生产队”，指出“人民公社社员的家庭副业，是社会主义经济的必要的补充部分”，并明确了可以给社员分自留地，面积可占生产队耕地的5%～7%，供社员家庭自己耕种；社员家庭还可以养各种畜禽，有条件的地方可以分饲料地；有条件的地方社员家庭也可以开荒；自留地、饲料地和开荒地面积合计最多可达到生产队耕地面积的15%。

生产小队为基础的生产组织方式，在内部管理上仍然存在普遍的“大锅饭”、社员生产积极性低、生产效率低的问题。所谓的“出工不出力、出工不出活”“干多干少一个样，干好干差一个样”等现象，仍然普遍存在。

以1978年安徽省小岗村为代表的“大包干”改革，就是在这样的背景下产生的。后来由下而上，演化规范为家庭联产承包责任制，在全国推广实行。

改革开放以来的40多年中，我国的农业科技快速进步，农业的机械化、设施化、规模化程度不断提升，农业生产组织方式也不断出现多元化创新。对这些不同的生产组织创新，国家在宏观政策上均有不同的支持措施。下面逐一分析。

5.2 农户家庭经营

以小岗村为代表的“大包干”改革，既是土地制度的改革，也是生产组织方式的变革。原来是以生产小队为单元，进行农业生产作业，现在则是由一家一户的农民独自进行。种什么、怎么种、卖给谁，原来是由集体组织决定，现在则是由农民自己决定。

不过，在改革之初，农户与集体之间仍然有经济上的密切联系。集体经济组织还是给农民规定任务，包括给国家上交多少粮（实物农业税），给集体上交多少粮（给乡镇和村缴纳的各种基金和公共事业费用）。当时的中央一号文件中称之为“生产责任制”和“联产承包责任制”。后来，为了突出农户家庭在这个制度中的关键地位，又加上家庭两个字，称之为“家庭联产承包责任制”。再后来，尤其是随着农业税费的全面取消，联产的责任也没有了，逐渐变成了现在的农户家庭经营。

我国在改革开放初期，几乎全部是农户家庭经营。不过，由于农机具等方面的限制，村民邻里之间的帮工换工互助是很常见的。

小岗村的改革能够获得决策层的认可，并且很快在全国推广，主要原因是能够立竿见影地提高农业生产水平。小岗村的改革只是生产关系的变革，并没有伴随任何科技创新的生产力变化，为什么能够立刻大幅度提高生产水平？最根本的原因是提高了每一个农民个体的生产积极性。农民的积极性来自生产效果与自身利益直接挂钩。“大包干”模式的口号是“交够国家的，留够集体的，剩下的都是自己的。”增产的主要原因，在于农民的作业和生产管理质量大大提升。从翻地开始，到播种、间苗、施肥、除草、收获等。

改革开放初期，国家最重要的政策就是突破极左意识形态和计划经济思维的干扰阻力，通过连续制定中央一号文件等措施，大力推进农户家庭经营模式。

小岗村改革，表面上看是分田单干，但其本质和实质，是打破了计划经济、平均主义、“大锅饭”，引入了利益机制和市场机制，调动了农民生产者的生产积极性。在当时的技术条件下，小岗村的模式是好的选择，也是唯一的正确选择。很多人没有理解小岗村改革的本质意义，而只将其理解为表面上和形式上的“分田”，并且指望“分田”后不用其他条件，农业生产就可以自动地持续增长，农民收入就会自动地持续提高。这是不现实的。

小岗村的发展，之所以后期有些乏力，根本原因还是土地规模太小，而不是小岗村的改革经验本身。小岗村 1978 年改革时有 18 户，后来不断并入别的村，小岗村也由一个自然村变成了一个行政村。小岗村现有 923 户，耕地 1.45 万亩，平均每户约 16 亩。户均 16 亩耕地，远远超出全国平均水平，每年即便只种一季粮食，解决农户自己的温饱没有任何问题。但是，现在如果靠这些耕地种植大田作物，全年的收入水平只相当于一个农民工三四个月的工资，远远不能满足农民的收入要求。这是土地资源规模的限制，不是小岗村改革经验的限制。无论如何，小岗村的改革为农民提供了充分的利益机制和选择权。农民可以选择自己继续耕种这 16 亩耕地，可以利用各种社会化服务完成主要生产作业环节；也可以把土地托管出去，或者流转出去，自己外出打工；还可以选择种植设施园艺作物，利用温室或大棚，生产高价值的蔬菜或水果；等等。

改革初期的农户家庭经营，说到底，还是传统的农业模式。最突出的特征是规模小，劳动生产率较低。如今，在平原地区，在大田种植业和畜禽养殖业方面，这样的农户已经基本消失，取而代之的，是家庭农场（种田大户）、合作社、农业公司、托管服务组织等各种新型的生产组织；而在丘陵和山区，这样的农户还广泛存在，不过，所经营的重点已经从大田作物转向高附加值的经济作物，包括林、果、茶、药等。

尽管有社会学者认为“小是美丽的”，但在我国，“小农”不是农民的自愿选择，而是受限于土地资源的不得已。在市场力量的作用下，不断变大是必然趋势。这是改造传统农业的需要，是建设农业强国的需要，更是农民增收的需要，也是政府鼓励的发展方向。

5.3　农业公司

农业公司，是指直接从事农业生产的公司。

从起源上看，农业公司可以分为三大类：第一类是从一开始就从事农业生产，在发展过程中不断扩大规模，成为大型农业公司。成为大型公司后，经营范围也拓展到农业生产的下游产业。这样的公司，在畜禽养殖领域较多。第二类是从涉农第二、第三产业（农业的上游和下游企业）发展而来的企业，如原来为农业提供化肥农药的企业和农产品加工企业进入水稻种植、花卉种植领域，从事饲料加工的企业进入畜禽生产领域等。第三类是从事其他行业的企业，投资并进入农业，从事农业生产。这类农业公司，数量还不多。

从经营模式上看，农业公司有两种模式：一种是完全公司化，农民只是公司的雇员；另一种是“公司＋”的模式。“公司＋”的模式又分两种：在养殖业领域，主要是“公司＋农户”；在种植业领域，主要是“公司＋合作社”。

“公司＋农户”模式的出现，最早是在 20 世纪 70 年代末期至 80 年代初期。1979 年，泰国的正大集团在深圳建立了当时中国最大的现代化饲料厂。其后，开始用“公司＋农户”的方式进行畜禽饲养。首先从养鸡开始，因为养鸡对农民的鸡舍和饲养要求相对简单，生产周期也短。然后，又发展到生猪饲养。现在，这种模式在养猪领域应用最为广泛。2022 年，我国生猪出栏数量排名前 20 的企业中，有 19 家采用了“公司＋农户”模式。当然，现在每个农户的养殖数量也大大增加，每年至少出栏上千头或者更多数量的生猪。

在“公司＋农户”的养猪模式下，公司提供猪舍建设图纸，提供猪苗、饲料、防疫和饲养服务，然后回收活猪，农户出资建设猪舍并从事具体的饲养工作，生猪出栏后，交由公司出售。这是一种合作共赢模式：公司的主要获益是不需要进行猪舍投资；农户的好处是养殖生产过程简单，只需要提供猪舍建设投资和喂养管理服务，在获得各种投入和销售产品方面风险很少。

“公司＋合作社”模式的出现要晚很多。一个原因是，《中华人民共和国农民专业合作社法》（以下简称《合作社法》）是2006年才出台的。“公司＋合作社”的模式主要用于种植业领域。主要原因是，农业公司要从事规模化的农业生产，需要从有承包经营权的农户手中流转大量的耕地，这通常涉及成百上千的农户。农业公司是无法直接同如此庞大数量的农户一一打交道的，因为管理成本极大。解决这个问题的办法是依托村委会把农户组织起来，使其以合作社的方式与农业公司开展合作。由村委会出面去组织农民，要容易和方便得多。近年来，“公司＋合作社＋农户”模式不时见诸媒体，实际上，这就是“公司＋合作社”模式。因为，公司与农户的关系就是通过合作社组织起来的，公司不可能越过合作社与个体农户直接打交道。

对待企业进入农业生产领域的态度，在早些时候，有关政策研究人员和决策机构是有疑虑的。主要担心三点：一是担心工商资本进入农业不是为了农业生产，而是为了圈地，企图将土地转为非农业用途；二是担心会抢夺农民的就业机会；三是担心“剥削”农民，“富了老板、亏了老乡”。

随着时间的进展，工商资本进入农业并没有发生人们所担心的情况，而是发挥了非常重要的引领作用。工商企业带来的不仅仅是资本，更重要的是人才、技术和管理，是推动农业现代化发展的强劲动力。21世纪以来，连续出台的中央一号文件中所鼓励和推动的“三变”改革、一二三产业融合发展、新型农民专业合作社、现代农业园区、农业品牌打造，都离不开龙头企业的带动作用。

2021年的中央一号文件提出了“支持农业产业化龙头企业创新发展、做大做强”的要求，而在地方政府层面，则是从当地的实际情况出发，采取各种不同的措施，积极招商引资，寻找和引进工商资本进入当地的主导农业产业，建设农业示范园区等。例如，近年来，广东省按照“一县一品”的思路建设产业示范园区，资金投入的载体就是龙头企业。

在畜禽养殖方面，企业化发展的速度最快。我国最大的养猪企业和白羽肉鸡企业，都是大型的一体化自营自养企业。2022年我国养猪企业的20强合计出栏生猪数量近1.7亿头，占全国生猪出栏总数的1/4。

在国家宏观政策的引导下，种植业领域各类创新型的农业公司应运而生。例如安徽某农业生产公司只有80余人，经营着7万多亩粮田，分为

20 多个农场，每个农场只有 1 名管理人员。总部统一提供种子、化肥、农药等农资，提供各项田间作业的费用，由各个农场的管理人员聘请相应的社会服务公司人员进行实际作业（耕地、播种、灌溉、收割等），总部负责烘干、储藏、销售等，经营效果很好。又如，云南某生产化肥的大型国企进入鲜花产业，建设现代化温室生产玫瑰花，每个温室面积 100 多亩，每亩每年可以生产鲜花 15 万枝以上，亩产水平超过当地平均水平的两三倍。

5.4 新型合作社

在改革开放之后相当长一段时间内，合作社是一个很少被提及的词。主要因为这个词与 20 世纪 50 年代我国的农业合作化运动密切联系在一起，往往给人以负面含义和感觉。不过，在我国小农户经营普遍存在的情况下，随着各方面情况的发展，农民互助合作的必要性日益凸显，一些地方陆续出现了新的合作社。为了保证农业合作的有序健康发展，2006 年，国家正式出台了《合作社法》。

《合作社法》的第一条，就开宗明义地阐明了立法的目的和用意："为了规范农民专业合作社的组织和行为，鼓励、支持、引导农民专业合作社的发展，保护农民专业合作社及其成员的合法权益，推进农业农村现代化，制定本法。"

第二条界定了"农民专业合作社"的概念："本法所称农民专业合作社，是指在农村家庭承包经营基础上，农产品的生产经营者或者农业生产经营服务的提供者、利用者，自愿联合、民主管理的互助性经济组织。"

这里有几个关键词。在农村家庭承包经营基础上，实质上指的是农用地的"承包经营权"，农户对承包的土地拥有使用权利，包括自己使用或者流转给别人使用；合作社的成员可以是实际从事农业的生产者，也可以是生产服务（农机、农资、农技等）的提供者（即龙头企业）；合作社成员是自愿的，实行民主管理；合作社是互助性质的经济组织。这些法律上定义的特点，都与 20 世纪 50 年代的合作社有着鲜明的区别。

在实际运行中，新型合作社同 20 世纪 50 年代合作社最具根本性意义的区别，是其成立往往伴随着农业技术装备的显著更新升级，而在20世纪50年代的合作化运动中，合作社成立前后，技术装备并没有变化（仍然是使用耕牛或者小毛驴）。另外，以前的合作社（尤其是高级社和人民公社）是非自愿的，农民全员参加；而现在完全是自愿的，一个村子里可能只有大部分或者一部分农民加入合作社，其余人不加入，为了使合作社的土地集中连片，需要村委会出面，协调村内不同农户之间进行土地承包经营权的置换。村委会或村集体经济组织在构建农民合作社方面，仍然发挥着极其重要的作用，但只是根据龙头企业和农户的需求，而不是根据上级部门的指令。

正因为有如此种种的不同，本书使用“新型合作社”的概念。

在实际生产中，农民之所以有建立合作社的意愿和积极性，是为了提高收入水平。而提高收入水平，无非是两条途径：采用提高产量、降低成本的新技术新装备，或者生产质量高、附加值高的新产品。这两个途径都需要外部力量的推动，靠农民自己难以解决技术问题和投资问题。这就是为什么运行良好的合作社大都有一个龙头企业的带动。龙头企业不仅能够带来新技术、新投资这些可以看得见的投入，并且能够带来至关重要的人才和高效的管理。

正是由于这样的原因，《合作社法》中设立了专门的条款，来平衡龙头企业和普通农民会员之间的关系。该法第二十条规定：“农民专业合作社的成员中，农民至少应当占成员总数的百分之八十。成员总数二十人以下的，可以有一个企业、事业单位或者社会组织成员；成员总数超过二十人的，企业、事业单位和社会组织成员不得超过成员总数的百分之五。”第二十二条规定：“农民专业合作社成员大会选举和表决，实行一人一票制，成员各享有一票的基本表决权。出资额或者与本社交易量（额）较大的成员按照章程规定，可以享有附加表决权。本社的附加表决权总票数，不得超过本社成员基本表决权总票数的百分之二十。”

现在，有两个方面对建立合作社的需求最为明显。一是在大田种植业方面，如果要生产高附加值的产品，就需要有一定的规模，否则高价值的产品不能卖出高价。这就需要建立合作社，在较大规模的土地面积上种植同一优质品种，采用同一种植管理方式，最后统一加工和打造品牌，进行优质优价的销售。以湖南省的两个水稻生产合作社为例，其中一个由农资公司牵头，另一个由稻米加工企业牵头，所组成的两个合作社高度相似：都是种植优质水稻，采用工厂化育秧、机械化插秧、无人机植保、机械化收割并加工稻米，最后打造品牌销售。普通的杂交稻加工出的大米，每千克只能卖 4 元，而这两个合作社生产的优质香米，每千克能够卖到 20～40 元甚至更高的价格。二是在乡村文旅产业方面，由于利用的是全村的旅游资源，全体村民需要以合作社的方式进行资源整合和文旅活动管理服务等。在有外来资本介入的情况下，就更需要了。所有乡村旅游做得好的地方，都是采用合作社的方式。例如，“两山理论”发源地浙江省安吉县的余村和鲁家村，都是如此。

《合作社法》出台以来，国家为了支持和鼓励农民合作社的发展，采取了一系列优惠政策。具体包括：①税收优惠政策。对农民专业合作社销售本社成员生产的农业产品，视同农业生产者销售自产农业产品，免征增值税；一般纳税人从农民专业合作社购进的免税农产品，可按 13％的扣除率计算抵扣增值税进项税额；对农民专业合作社向本社成员销售的农膜、种子、种苗、化肥、农药、农机，免征增值税等。②金融支持政策。国家将农民专业合作社全部纳入农村信用评定范围；加大信贷支持力度，重点支持产业基础牢、经营规模大、品牌效应高、服务能力强、带动农户多、规范管理好、信用记录良的农民专业合作社等。③财政扶持政策。2003—2010 年，中央财政累计安排专项资金超过 18 亿元，用于扶持农民专业合作社增强服务功能和自我发展能力。农机购置补贴财政专项资金每年对农民专业合作社也会优先予以安排。④涉农项目支持政策。2010 年农业部等七部委决定，对适合农民专业合作社承担的涉农项目，将农民专业合作社纳入申报范围。如园艺作物（蔬菜）标准园创建、畜禽规模化养殖场（小区）创建、水产健康养殖示范场创建、新一轮“菜篮子”工程、粮食高产示范创建、标准化示范项目、国家农业综合开发项目等相关涉农项目。⑤人才支持政策。国家从 2011 年起组织实施现代农业人才支撑计划，每年培养 1 500 名合作社带头人。同时把农民专业合作社人才培训纳入“阳光工程”，重点培训合作社带头人、财会人员和基层合作社辅导员。同时鼓励大学生村官参与、领办合作社，等等。

由于我国在现代农业发展过程中需要通过合作社的途径整合组织小农户的土地资源，未来新型合作社的发展还会继续。那些有内生需要的农民合作社，即便没有以上优惠政策，也会不断发展；而那些为了获得国家优惠政策而挂牌的合作社，则会因为没有内生动力而消亡。

据统计，2022 年我国全年新增合作社 12.15 万家，消亡合作社 10.71 万家。截至 2022 年年底，存续农民合作社总数为 224.36 万家。其中山东、河南两省数量遥遥领先，均超过了 20 万家，两省合计占全国的比例超过 20%。农民合作社中，种植业合作社占 59%。

另外，现在的《合作社法》使用的合作社名称是“农民专业合作社”。2019 年以来的中央文件中已经不再使用“农民专业合作社”的概念，就是“农民合作社”。

5.5 托管服务

农业生产托管是农户等经营主体在不流转土地经营权的条件下，将农业生产中的耕、种、防、收等全部或部分作业环节委托给农业生产性服务组织完成的农业经营方式。

在我国快速发展的过程中，在平原大田作物地区，传统的农户家庭经营模式日益受到突出挑战，难以为继。小农户的那点承包地，面临着不够种、不好种、不会种、不愿种的问题。不够种，是因为每户几亩地十几亩地，规模太小，可以满足基本温饱的需要，但不能够满足持续增收的需要；不好种，是因为农民自己已经没有好办法耕种——靠自己养役畜或买农具设备不划算，更不可能靠人力；不会种，是因为农村的年轻一代早早地就进城务工了，他们同老一代农民工不同，已经不会种地了；不愿种，是因为新生代的农民工绝大部分不愿意再回到农村种地。

在这样的情况下，农业的社会化服务应运而生，一些经营规模较大的农民自己买了农机，不仅种自己的地，也为别人提供农机服务，尤其是翻地、播种、收割等主要生产环节。其中起步最早、最为壮观的是小麦跨区收割：每年的麦收季节，有几十万台收割机浩浩荡荡从南方开向北方，提供跨区域的流动小麦收割服务。每亩小麦利用机器收割的费用，明显低于人工收割成本，并且速度快，能争取农时。这种社会化服务开始时是单项的、独立的、不固定的，然后逐渐演变为耕种收全过程一体化的、长期稳固的服务。这就形成了托管服务模式。

现在的托管服务模式，有全过程的，也有部分环节的，但无论如何，都一定是稳固的、持续的，而不是临时性的。此外，提供托管服务的企业通常也帮助购买种子、肥料等。在现在的科技和农资发展状况下，个体农户独自选择种子和化肥是有困难的。

有土地承包经营权的农户，在采用全过程托管服务后，每年能够获得的收入，就是所收获的产品（通常是粮食）的价值，再减去各种托管服务的费用（包括代买农资的费用）。这种方式的收益，同把土地流转出去相比较，唯一的不同，就是土地流转所获得的地租是确定的，事先知道的，而采取托管服务要自己卖粮食，能卖多少钱，并不很确定。从道理上讲，农民采用托管方式能够获得的收益，通常情况下应该比地租高；不过，如果收获时市场价格走低，则采用托管方式获得的实际收益可能比地租还低。

当农户劳动力都外出务工时，农户家庭收入中来自承包地的部分就会很少，这时，采取托管服务和流转土地之间可能有的收入差别就微不足道了。农户会采取更简便的办法：把土地流转出去，获得地租完事。

在托管服务中，有土地承包经营权的农户是雇主，而提供托管服务的，大多是大型的农业服务公司。一些工商资本进入农业，也是从提供托管服务开始的。

国家是高度支持发展农业托管服务的。这实际上是符合我国国情的农业分工和专业化。2017 年，农业部专门发文《关于大力推进农业生产托管的指导意见》，以支持和指导托管服务的发展。该文件指出发展农业生产托管具有重要意义：一是有利于引领普通农户参与农业现代化进程。发展农业生产托管，可以通过服务组织的专业化服务将先进适用的品种、技术、装备等要素导入农业生产，切实解决小农经济经营方式粗放、生产效率低下等问题。二是有利于促进服务规模经营发展。开展农业生产托管，通过服务组织提供专业化、规模化服务，形成了既不流转土地经营权，又能发展适度规模经营的新路径。三是有利于促进农业节本增效。服务组织可以集中采购农业生产资料，降低农业物化成本；可以采用先进农作技术，充分发挥农业机械装备作业作用，降低生产作业成本；可以采用新品种，实行标准化生产，提高农产品产量和品质，实现农业节本增效。四是有利于推进农业生产绿色发展。专业化的农业生产托管服务组织技术装备先进，统防统治、科学施肥等绿色生产技术的应用推广能力强，可以有效克服部分农户缺乏科学使用农资、绿色防控病虫害等先进技术的困难。

该文件也提出了对托管服务应该支持的重点领域：粮棉油糖等大宗农产品生产，不同地区的不同重点作业环节（如深耕深松、工厂化育秧、烘干仓储、统防统治、秸秆还田、地膜回收等），各地不同的重点托管模式（单环节托管、多环节托管、关键环节综合托管和全程托管等），较大规模的托管服务。

该文件还要求各地农业管理部门强化农业生产托管项目实施，做好农业生产托管统计工作，加强典型示范引领和宣传工作等。

5.6 家庭农场

家庭农场的定义，各国宽严不一，有同有异。联合国粮农组织的定义是有共性、代表性的：主要靠家庭成员的劳动和管理的农场。据估计，美国 90%的农田是由家庭农场使用的，85%的农产品是由家庭农场生产出来的。全球 5.7 亿个农场中，有 5 亿个属于家庭农场。不属于家庭农场的为集体农场、公司化农场等。

按照这样的定义理解，我国改革开放初期的农户家庭经营也是家庭农场。显然，这不是我国现在使用的家庭农场概念。我国官方的家庭农场概念，最早是在 2008 年党的十七届三中全会的报告中提出来的。报告指出："有条件的地方可以发展专业大户、家庭农场、农民专业合作社等规模经营主体。"按照这句话的语义，家庭农场的经营规模是较大的。规模较小的农户家庭经营，不是文件中所说的家庭农场。我国现在说的家庭农场，在国际定义的比较中属于更为严格的，除了家庭成员劳动为主这个共性特点，还要求有一定的经营规模。

对于多大的经营规模才可以算家庭农场，2008 年的中央文件和此后的中央文件都没有明确的说明。由于各地情况不同，所生产的具体农产品不同，很难给出一个明确的标准。

本书按照中央文件的精神，提出这样的标准：家庭农场是指以家庭成员为主要劳动力，每年从事农业生产活动所获得的劳均净收入水平，至少要达到或超过农民工年平均工资收入水平的农场。计算净收入时，不仅流转来的土地地租要扣除，自有土地也要按照同样地租标准扣除。这个定义适用于不同产品的生产，不是以土地规模而是以收入水平为标准，以农民工的平均工资收入水平作参照，是具有实际意义的。此外，还可以考虑采用另外一个收入标准作参照：农场家庭人均收入水平应达到城镇家庭人均收入水平。

2009 年的中央一号文件提出了“逐步加大对专业大户、家庭农场种粮补贴力度”。2013 年的中央一号文件不仅重申了“继续增加农业补贴资金规模，新增补贴向主产区和优势产区集中，向专业大户、家庭农场、农民合作社等新型生产经营主体倾斜”，并且提出“鼓励和支持承包土地向专业大户、家庭农场、农民合作社流转，发展多种形式的适度规模经营”“采取奖励补助等多种办法，扶持联户经营、专业大户、家庭农场……充分利用各类培训资源，加大专业大户、家庭农场经营者培训力度，提高他们的生产技能和经营管理水平”。

此后，历年的中央一号文件都提到了支持家庭农场，提出了“按照自愿原则开展家庭农场登记”“启动家庭农场培育计划”“国家支持家庭农场、农民合作社、供销合作社、邮政快递企业、产业化龙头企业建设产地分拣包装、冷藏保鲜、仓储运输、初加工等设施，对其在农村建设的保鲜仓储设施用电实行农业生产用电价格”“符合条件的家庭农场等新型农业经营主体可按规定享受现行小微企业相关贷款税收减免政策”“支持家庭农场组建农民合作社、合作社根据发展需要办企业，带动小农户合作经营、共同增收”等。

2013 年的中央一号文件还提到了“专业大户”“种粮大户”的概念。不过，在后来的中央一号文件中，没有再使用这种提法。实际上，大户的概念就是指生产规模比普通的农民大，至于大多少，并没有很明确的标准。大户中规模较小的，主要靠家庭劳动力和短期雇工的，可能相当于家庭农场；而规模大的，则相当于农业公司或合作社。例如，受到国家农业部门表彰的种粮大户，土地经营规模可达数千亩乃至上万亩，雇用了各种专业人员进行生产，实际上已经是大型农业公司或者大农场了。

对于家庭农场和大户，各地的地方政府有各种形式的鼓励和奖励措施，包括精神奖励和货币奖励。

5.7 农村“三变”改革

农村“三变”改革，本质上是一种“企业＋合作社”模式。不过，由于其间的机制涉及一套农村产权制度改革的规范模式，因而成为一种特殊的生产组织模式。

“三变”改革，即资源变资产、资金变股金、农民变股东，起源于贵州省六盘水市舍烹村，先后被写入 2017 年、2018 年、2019 年的中央一号文件。

资源变资产。资源，是指集体和农民个人所占有和可以使用的各种有形资源。其中，集体的资源有：自然资源，包括林地与林木、草地、荒山、水域等；建设用地，主要是关停并转所腾退出来的原乡镇企业用地、学校用地、旅游用地、军事用地等，以及这些土地上的房屋和设施等。农民个人的资源主要是两类：农民的承包经营土地和宅基地。这两块地的所有权是集体的，但是土地承包经营权和宅基地使用权是农民的。资源变资产，就是把这些集体和农民的资源，作价折股，形成股权形式的有价资产。

资金变股金。资金包括集体和农民个人两个方面。集体的资金，主要是各种财政支农资金（产业扶贫、设施建设、生态保护等）和村集体创收的资金。农民个人的资金，就是农民自己从各种渠道筹集到的资金。这两部分资金可以直接入股，形成股金。

农民变股东。资源变资产、资金变股金后，农民自然成为股东。农民的股权有两个来源：一是农民自己的土地经营权、宅基地的使用权及其他个人资产资金，折价入股获得股权；二是由集体的各种资源和资金所形成的股权中，农民分到的股权份额。

“三变”的核心，是最终让农民变成股东。“三变”改革，改变的是利益机制，是资源使用机制，是把农村集体和农民个人的资产盘活，是对农村基本经营制度的补充和拓展。

尽管“三变”改革带来了很多变化，但是一些根本性的制度框架并没有变。其中主要是两个方面：一是农村土地“三权”分置的基本制度不变，二是农村土地的用途属性不变。任何一个地方的“三变”改革，不管具体方面怎么变，都是在这两项基本制度的基础上推进的，不能动摇这两项基本制度。

“三变”改革的关键和难点有两个：对外，怎么估值作价，折算多少股；对内，怎么量化内部股权，怎么给农民分股。两个方面，都不容易。对外，需要与外部投资方协商洽谈，找到一个相对合理的、双方都可以接受的方案。而对内，如何在村民之间分配股权，则更为复杂一些，涉及男女老少，涉及按照哪个时间点计算人头，等等。这需要村集体组织内部充分民主协商，找到一个相对公平、绝大部分人都能够接受的兼顾各个方面长期和短期利益的妥协方案。那些已经比较成功地进行了集体产权制度股份化改革的地方，其具体做法可以借鉴参考。在操作上，可以先在内部进行股份分配，找到外部投资方后，再对这些内部股份进行赋值。

“三变”改革能否成功，一方面取决于“三变”改革本身的设计是否合理得当；另一方面，可能是更重要的一个方面，就是“三变”之后能否获得经营上的成功，取得良好的经济效益。事实上，“三变”改革的目的，就是把村集体和农民个人的资源整合起来，利用同样的资源，从事新的项目开发，获得更高的经济收益。在实践中，通常的模式有“三变”＋特色产业（高附加值产业）、“三变”＋乡村文旅等。

第 6 章　农业市场政策

我国习惯上使用农产品流通的说法，指的是农产品生产出来之后销售到消费者手中这一过程。相应地，把与这一过程有关的政策称为农产品流通政策。本书采用农业市场政策和农业贸易政策的表述，分别指与农产品的国内贸易和国际贸易相关的政策。

6.1　历史发展

我国的农业市场政策同农村土地政策一样，在改革开放前后也发生了根本性的变革。这两大改革，是我国农业政策改革中最重要的两个领域。在改革次序上，是农村土地政策改革在先，农业市场政策改革紧随其后。这个改革次序有着内在的逻辑：农村土地政策改革让农民有了生产自主权（种什么自己说了算）和生产积极性（种得好能够多挣钱）；农业市场政策改革为农民提供了土地利用决策方向信号（种什么能够多挣钱）。

新中国成立初期，我国实行的基本上还是市场经济。但是，由于意识形态和供给短缺的双重原因，很快就开始实行计划经济。首先是实行严格的粮食统购统销政策，这是计划经济下农业市场政策（实际上是市场管制政策）的起点和核心。

1953 年 11 月，国家制定并颁布《关于实行粮食的计划收购和计划供应的命令》，开始了对粮食市场流通与价格的国家垄断管制。从文件的题目就可以看出这项政策的刚性。该命令规定："为了保证人民生活和国家建设所需要的粮食，稳定粮价，消灭粮食投机，进一步巩固工农联盟……决定在全国范围内有计划、有步骤地实行粮食的计划收购（简称统购）和计划供应（简称统销）”“所有私营粮商一律不许私自经营粮食，但可在国家严格监督和管理下，由国家粮食部门委托代理销售粮食”。还规定：“农民在缴纳公粮和计划收购粮以外的余粮，可以自由存储和自由使用，可以继续售给国家粮食部门或合作社，或在国家设立的粮食市场进行交易，并可在农村间进行少量的互通有无的交易。”也就是说，农民完成国家收购任务之后的余粮，也不准直接卖给城市消费者。

此后，国家又不断制定了一些新的补充规定，来完善和强化统购统销政策。例如，1955年4月发布了《关于加紧整顿粮食购销工作的指示》，1955年8月发布了《农村粮食统购统销暂行办法》和《市镇粮食定量供应暂行办法》，1956年发布了《关于粮食统购统销的补充规定》，1958年发布了《关于改善粮食管理体制的几项规定》，1971年发布了《关于继续实行粮食征购任务“一定五年”的通知》等。

其中，最为具体的规定是1955年发布的两个暂行办法。一是《农村粮食统购统销暂行办法》，该办法规定了定产、定购、定销的“三定”政策。定产，是指核定正常年景下粮食单位面积产量，这是计算定购的基础。定购，是规定农民自己的用粮标准，再按照核定产量减去自用粮数量，就是余粮数量。再按照余粮的80%～90%计算出粮食的国家统购数量。这个数量一定三年不变。定销，是指确定对农村缺粮农民和经济作物生产者的粮食销售标准，一般按照缺粮农民用粮量低于当地有余粮的农民的用粮标准。二是《市镇粮食定量供应暂行办法》，该办法对城镇居民每月的粮食供应数量标准做了具体规定。其按照居民工作类型和年龄的不同，分为九个供应数量级别。其中，以大米为主食的地区，供应数量最多的是特殊重体力劳动者，每月22.5～27.5千克；机关等单位的脑力劳动者，每月12～14.5千克；最少的是三岁以下的儿童，每月2.5～5千克。而以杂粮和面粉为主食的地区，对应的标准分别为25～30千克、13.5～16千克、3～5.5千克。实际上，这基本也是南方地区和北方地区的划分。

改革开放后，最初是在保持统购统销政策不变的情况下，先提高收购价格。1978年党的十一届三中全会提出：“在今后一个较长时间内，全国粮食征购指标继续稳定在1971年到1975年‘一定五年’的基础上不变，绝对不许购过头粮。为了缩小工农产品交换的差价，全会建议国务院作出决定，粮食统购价格从1979年夏粮上市的时候起提高20%，超购部分在这个基础上再加价50%。”从“在今后一个较长时间内”这句表述看，当时仅仅是大幅度提高收购价格，并没有对征购政策本身进行改革的预期。

20世纪50年代初开始的统购政策，是在粮食短缺的背景下制定的，目的是保证城镇人口的粮食供应。由于这项政策的基本特征是低价格的强制性收购，于是又产生了压抑生产的后果，从而使粮食供求关系更加紧张。

从“大包干”肇始的农村改革，极大地调动了农民的生产积极性，压抑的生产力得到了释放，粮食的产量显著提高，粮食市场的紧缺状况也显著缓解。相应地，尽管没有轻易放开统购政策，但是对计划外粮食市场销售的管制不断放松。对自由市场粮食贸易，从严格禁止，发展到部分许可（允许农民直接零售，禁止长途贩运），再发展到默认。例如，1981年6月，国家粮食部发布《关于夏季粮油征购的报告》，强调：“要重申国务院关于粮食议购议销由国家粮食部门统一经营的决定，其他单位不得插手……严禁买卖粮油品票证。”而到了1983年，中央发布的一号文件则指出：“对农民完成统派购任务后的产品（包括粮食，不包括棉花）和非统购派购产品，应当允许多渠道经营。国营商业要积极开展议购议销业务，参与市场调节。供销社和农村其他合作组织，可以灵活购销。农民私人也可以经营。可以进城，可以出县、出省。”也就是说，对完成国家统购派购任务之后的部分，充分放开市场，允许各类组织和个人自由经营。

20世纪80年代中期，新中国成立后首次出现了粮食的全面过剩现象。为了解决国营粮食部门收购能力不足造成的农民“卖粮难”问题，非国营渠道的粮食经营活动不仅得到许可，并且得到鼓励。粮食过剩给了国家信心，开始改革已经实行了20年的计划收购政策。1985年中央一号文件指出：“粮食、棉花取消统购，改为合同定购。由商业部门在播种季节前与农民协商，签订满购合同。定购的粮食，国家确定按‘倒三七’比例定价（即三成按原统购价，七成按原超购价）。定购以外的粮食可以自由上市”“取消统购派购以后，农产品不再受原来经营分工的限制，实行多渠道直线流通。农产品经营、加工、消费单位都可以直接与农民签订收购合同”，同时“任何单位都不得再向农民下达指令性生产计划”。这标志着粮食流通经营双轨制的开始。

粮食流通经营双轨制的内容包括：①在经营组织方面，国营粮食部门与其他粮食经营机构并存；②在国营粮食部门内部，计划内（定购统销）与计划外（议购议销）并存；③在价格体系方面，计划价格与市场价格并存，即计划内的经营按照计划价格进行，计划外的经营按照市场价格进行。

这个制度有两个突出的问题：一是在价格上，统购价格不断提高，但是统销价格并没有提高，这就有了所谓的“价格倒挂”，即国营粮食部门高价收购，低价销售，形成了亏损；二是在数量上，计划价格收购的数量是固定的，但是计划销售的数量却不断增长，面对其中的缺口，国营粮食部门只能把一部分用市场价格收购进来的粮食按照低的统销价格销售，市场价格比统购价格还高，亏损幅度更大。除了这两个方面的政策性亏损外，数量庞大的国营粮食部门的经营效率低，也形成亏损。这三部分亏损不断增加，使国家财政不堪重负。

原来实行统销政策，主要是因为粮食短缺，所以要进行定量分配。随着市场上粮食供给的丰富，以及国家财政负担的加大，改革统销制度的必要性愈发突出，可行性也日益成熟。所以，1992 年下半年开始，国家就开始了统销制度改革。实际上，就是取消粮食计划供应政策，取消粮票制度。出于财政方面的考虑（取消粮票时要给居民补贴），这次改革是分散决策。改革的具体方案，包括步骤、方式和速度，均由各个地方政府自己决定。到 1993 年，全国各地粮食低价定量供应制度就全部取消了，我国实行了 40 年的城镇居民粮食计划供应制度即粮本粮票制度，全部取消。

与此同时，在收购方面，我国实行了所谓的“保量放价”制度，即仍然保留定购数量，只是收购价格放开，随行就市。但是，这个制度一度又向原来的定购制度回归，只是价格更高一些。最主要的原因，是那时改革时，国家的宏观政策改革严重地受制于国有粮食企业的运营体制。两个方面的各种复杂因素交织在一起，使粮食市场化的改革举步维艰。直到后来，国有粮食企业彻底改革之后，我国的粮食市场才算真正地放开了。

1992 年开始的改革，具有非常重要的标志性意义，其开启了决策的分散化。2015 年 1 月，国家发布了《关于建立健全粮食安全省长责任制的若干意见》，明确了各省级人民政府须承担起保障本地区粮食安全的主体责任。这种决策分散化的做法，表面上看是要求各省更加重视粮食生产和储备等，实际上，其最重要和最终的效果，是导致了粮食市场的全面放开。因为各省份无法通过行政命令手段把自己省内的粮食市场对外省封闭起来，各省份之间的粮食市场是开放的。在开放的市场中，没有哪个省份有足够的财政支付能力去弥补计划经济模式下粮食购销的各种亏损。这一点，应该是决策层出台省长责任制时没有考虑到的，是意外收获。

1996 年我国粮食生产取得了历史性的大丰收，突破了 5 亿吨大关，并且接连 4 年保持在这个高水平上。粮食供给形势明显好转，部分地区出现粮食市场价低于定购价的情况，导致国有粮食部门销售量下降，经营性亏损猛增，粮食财务挂账日趋增多，国家财政不堪重负。这迫使政府不得不对国有粮食部门进行彻底改革。1998 年中央发文，进一步明确了“四分开一完善”（即政企分开、中央与地方责任分开、储备与经营分开、新老粮食财务挂账分开和完善粮食价格机制）的改革原则，并开始推进具体的改革措施。

在加入世贸组织的大背景下，我国粮食市场化的改革进程加快，并且不再走回头路。因此，当 1999—2003 年连续 5 年粮食产量下滑，从 51 230 万吨下降到 43 070 万吨（总降幅达 16%）时，国家没有采用以前的老办法，而是借鉴国外发达国家的做法，采用了创新性思路。国家在 2004 年出台了一系列重大的支农强农惠农政策，包括减免农业税，实行最低收购价格政策和直接补贴政策等，这开启了我国农业市场政策的新阶段。这个阶段一直持续到现在，尽管依然有起伏，有变化，有杂音，但在实际执行层面，已经摆脱了计划经济的系统性影响。

粮食市场政策，是我国农业市场政策的核心重点。棉花的管制措施与粮食大致相同，但是市场化改革的进度更慢，一直到 2001 年，棉花的收购和销售才全面放开，实行市场自由收购和交易。其他产品如蔬菜瓜果、生猪等，国家的管制相对较松，并且在改革开放后很快就放开了自由交易，先是蔬菜水果，然后是畜产品，均远远早于粮食。

6.2　保护价收购政策

保护价收购政策是一个通俗的统称，指的是政府制定一个政策价格，当市场价格低于这个价格时，政府就按照这个价格进行收购。这一政策包括两个部分：定价和收购。通过这样的政策，把市场价格保持在一个较高的水平上。美国早期实行无追索权贷款（non-recourse loan）政策时采用的贷款率（loan rate），就是保护价。欧盟的保护价收购政策叫作市场干预（market intervention）政策，所采用的干预价格（intervention price）也是保护价。当保护价高于市场均衡价格时，就造成过剩。历史上，美国和欧盟当时的保护价都高于市场均衡价格，结果都导致了严重的过剩。

1993年出台的《农业法》在2002年修订后，其中的第三十三条规定："在粮食的市场价格过低时，国务院可以决定对部分粮食品种实行保护价制度。保护价应当根据有利于保护农民利益、稳定粮食生产的原则确定。农民按保护价制度出售粮食，国家委托的收购单位不得拒收。"

我国从2004年开始的粮食最低收购价格和国家收储政策，就属于这类政策。

在没有政府干预市场的情况下，市场供求和利益分配情况如图6-1所示。在价格为5的水平上，供给曲线与需求曲线相交，供给数量与需求数量达到平衡，为500个数量单位。这时，生产者剩余（利润）等于由纵坐标、供给曲线和水平为5的价格线所围成的三角形面积，为1 250个货币单位。消费者剩余为纵坐标、需求曲线和水平为5的价格线所围成的三角形面积，也为1 250个货币单位。在图6-1中，生产者剩余与消费者剩余恰好相等，是图6-1假定条件下的巧合——为阐述原理方便，这里采用了高度简单化的供给曲线和需求曲线形态。现实中，二者通常不会相等，具体取决于供给曲线和需求曲线的实际形态。

图6-1中的生产者剩余，就是生产者的利润，是实在的；而消费者剩余是一种心理感受，是消费者愿意付出的价格与实际价格之差，即消费者心理评价超出实际价格的部分。

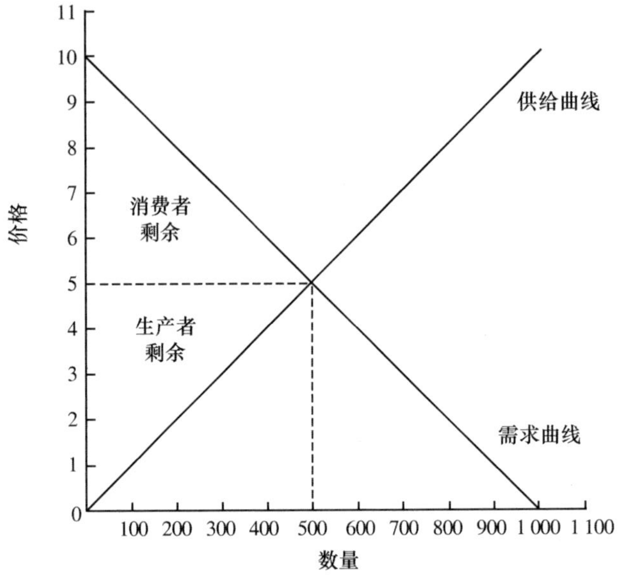

图 6-1 无政府干预的市场供求关系

这是双方自愿基础上的公平交易，买卖双方均获得收益，是双赢。这是正常的市场交换行为中的普遍现象。

在实行保护价收购政策时，市场供求关系和利益分配情况如图 6-2 所示。

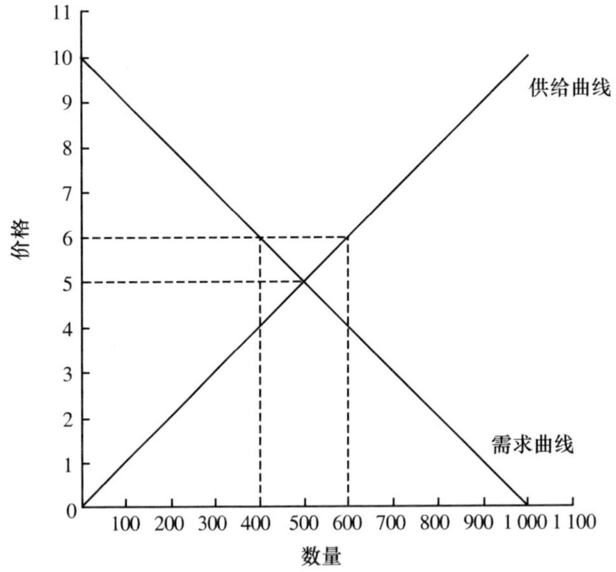

图 6-2 保护价收购政策的原理与效果

在图6-2所示的情况下，保护价定在6的水平上，高于市场均衡价水平（为5）。在6的价格水平上，供给为600个数量单位，需求为400个数量单位。即，出现了供大于求的情况，出现了200个数量单位的过剩产品。这200个数量单位的过剩产品，政府全部收购储藏了。

这时，消费者剩余为纵坐标、需求曲线和水平为6的价格线所构成的三角形面积，比无保护价政策时大为减少。消费者的损失是双重的：消费数量的减少和消费价格的提高。

生产者剩余则大为增加。生产者剩余为纵坐标、供给曲线和水平为6的价格线所构成的三角形面积。生产者剩余（利润）的增加也来自两个方面：数量增加和价格提高。

政府为了维系6的价格水平，收储了200个数量单位的过剩产品，所耗费的财政支出是1 200个货币单位。收储这些过剩产品通常是要亏损的，因为即便按照收购时的同样价格水平出售，也要支付储藏产品的各种成本。况且，想要再次出售，由于储藏过程造成了产品质量下降，价格通常要低一些，这就加大了政府的损失（储藏和再销售方面的损失，以下模拟计算不包括）。

概括地说，实行保护价收购政策，生产者获利，或者说，获得了补贴。生产者所获得的利益或补贴，是以消费者剩余的损失（图6-2中由价格线5、价格线6、纵坐标、需求曲线所构成的直角梯形面积）和政府财政的支出（图6-2中由价格线6、需求曲线、供给曲线所构成的倒三角形面积）为代价的。也可以说，实行保护价收购政策，生产者所获得的补贴是由政府和消费者共同提供的。

从以上分析效果看，保护价收购实际上是一种对农民的补贴政策，是通过市场和价格的渠道实现的。因此，保护价政策也被称为价格补贴（price support）或市场补贴（market support）政策。与此对应的，是直接补贴（direct payment）政策，其不通过市场，而是直接给生产者发钱。

我国在2004年设立了对稻谷和小麦的最低收购价格政策，是因为此前粮食连续5年减产。引入这项政策，出发点和直接目的主要还不是给农民提供市场补贴，而是保护农民的种粮积极性，让农民多生产粮食。出于同样的目的，2007年和2008年先后建立了对玉米和大豆的临时收储政策，不过均只在主产区东北三省和内蒙古实行；2011 年对新疆棉花也开始实行临时收储政策。虽然叫法不同，但在原理上，都属于保护价收购政策。

从图 6-3 可以看出，2008—2014 年，稻谷（早稻）和小麦的最低收购价格大幅度上涨，分别上涨 80％和 57％。造成这种大涨的原因，主要是那个时期城乡收入差距达到了历史最高点，2007—2009 年均超过 3.3 倍，提高农民收入的呼声很高；而恰好那段时间国家财政收入大幅度提高，其中中央财政上涨的幅度更大，2008—2014 年从 3.2 万亿元增加到了 6.4 万亿元，翻了一番。所以，不知不觉中，原本是为了保护农民种粮积极性的最低收购价格政策，变成了以增加农民收入为目标，进而连年提高价格水平，从接近市场均衡水平变为明显超过市场均衡水平。粮食本应卖到市场上去，现在变成了很大部分卖给政府，结果使国家收储的粮食数量暴增，财政支出也暴涨。同时，也造成了市场的混乱：不能形成合理的产销差价、地区差价、季节差价和质量差价。没有合理的产销差价和地区差价，就阻滞了正常的区域间的粮食流通；没有合理的季节差价，就没有正常的商业储备需求，把所有的储备压力全压给国家了；没有合理的质量差价，优质不能优价，大家就都生产最普通的稻麦。

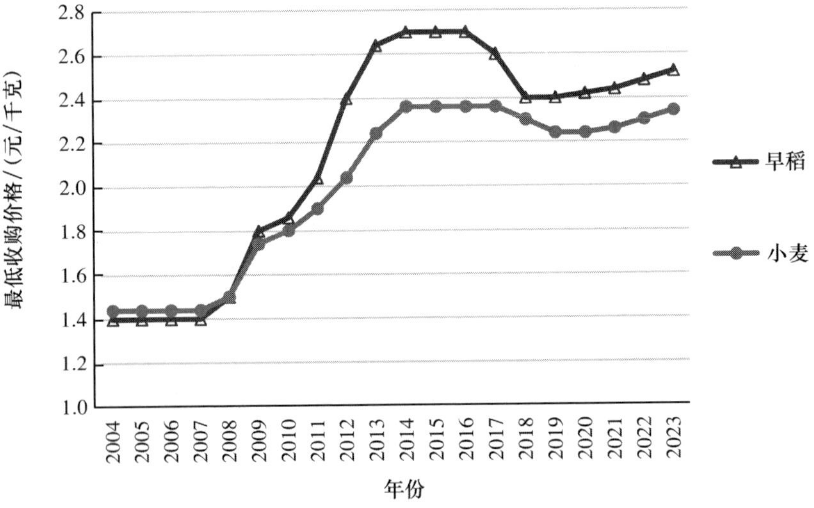

图 6-3　2004—2023 年我国早稻和小麦的最低收购价格变化

资料来源：根据国家发展改革委历年公告数据整理。

面对这些问题，国家不得不考虑改革。2014 年的中央一号文件提出："探索推进农产品价格形成机制与政府补贴脱钩的改革，逐步建立农产品目标价格制度，在市场价格过高时补贴低收入消费者，在市场价格低于目标价格时按差价补贴生产者，切实保证农民收益。2014 年启动东北和内蒙古大豆、新疆棉花目标价格补贴试点，探索粮食、生猪等农产品目标价格保险试点，开展粮食生产规模经营主体营销贷款试点。继续执行稻谷、小麦最低收购价政策和玉米、油菜籽、食糖临时收储政策。"

按照这个文件的表述，是要建立全面的目标价格制度，2014 年先将新疆棉花、东北和内蒙古大豆做试点。由于在试点中发现了突出问题，最后只保留了棉花的目标价格制度，而对玉米和大豆实行直接补贴制度。对于稻谷和小麦，很多专家建议实行与玉米和大豆同样的直接补贴制度，但为了确保口粮安全，严格控制任何可能的风险，最后决定，还是继续执行稻谷和小麦的最低收购价格政策，但降低了收购价格水平。

这样，目前我国主要粮棉产品的市场政策措施，是根据产品的不同，三种特点很不相同的政策并存：最低收购价格政策、目标价格政策和直接补贴政策。这三种政策分别相当于美国和欧盟早期的保护价（美国的贷款率和欧盟的干预价格）政策，美国现在的价格损失保障（price loss coverage）和欧盟现在的脱钩补贴（decoupled payment）。

6.3　目标价格政策

目标价格政策又称目标价格补贴政策，后者是我国的叫法，其在美国已经实行了很多年。美国最早叫作差价补贴（deficiency payment），后来叫反周期补贴（counter-cyclical payment）。2014 年的农业法案中废除了反周期补贴，新设价格损失保障。其实，不过是换了个表述，本质上是一回事。

目标价格补贴的原理是：政府设立一个目标价格，如果市场价格低于目标价格，就按照目标价格与市场价格之差进行补贴；如果市场价格等于或高于目标价格，就没有补贴。美国在具体实施时，还附加了一定的限制条件，主要是限制享受这种补贴的产品数量。

目标价格补贴政策的原理，如图 6-4 所示。

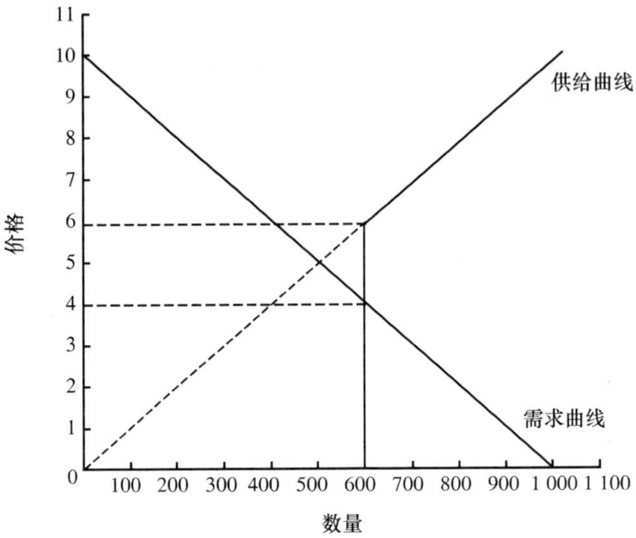

图 6-4　目标价格政策的原理与效果

图 6-4 中，目标价格被确定为 6。那么，这时的供求均衡点和市场价格如何变化呢?

先看供求均衡点。现在的供给曲线已经变成一条折线，折线的分点是目标价格线与原来的供给曲线的相交点，其上的部分保持不变，其下的部分变成一条垂直线。这意味着，当市场价格低于 6 时，无论价格是多少，供给数量都是不变的，即图中所示的 600 个数量单位。因为当市场价格低于 6 时，生产者可以获得两份收入，一份是市场价格，另一份是政府的目标价格补贴，两份收入加到一起总是为 6。而对应 6 的价格（收入），生产者的供给为 600 个数量单位。

需求曲线没有变化，其与新的供给曲线相交的位置，决定了新的市场价格。在这个价格上，需求数量等于供给数量；或者说，一直低到这个价位上，600 个数量单位的产品才能全部卖出给消费者。如图 6-4 所示，新的市场价格为 4。

在实行目标价格政策时，生产者剩余和消费者剩余比起没有补贴（市场均衡价格为 5）时的情况，均有增加。因为生产者享受到的价格（目标价格）从 5 提高到了 6，而消费者享受到的价格（实际市场价格）从 5 降低到了 4。生产者剩余，是由纵坐标、水平为 6 的价格线和原供给曲线组成的三角形的面积；消费者剩余，则是由纵坐标、水平为 4 的价格线和需求曲线组成的三角形的面积。二者均增加了 550 个货币单位。

生产者剩余和消费者剩余的增加不是凭空而来的，而是来自政府的补贴支出。其为目标价格与市场价格之差 2 乘以 600 个数量单位，即 1 200 个货币单位。这 1 200 个货币单位的政府支出，有 1 100 个货币单位转化为生产者剩余的增加和消费者剩余的增加。其余 100 个货币单位是效率的浪费，在图 6-4 中，是新供给曲线、原供给曲线与需求曲线之间的小三角形的面积。这个小三角形的含义是，有 100 个数量单位的供给，供给成本高于消费者的购买欲望（需求价格）。如果没有政府的补贴，这 100 个数量单位的产品不会被生产出来，因为生产成本高于消费者支付的购买价格。

我国 2014 年开始的棉花补贴改革，就是一个从图 6-2 到图 6-4 的过程。2014 年之前，实行的是保护价收购政策（棉花临时收储政策），保护价（临时收储价格）为每吨 20 400 元。2014 年起，实行目标价格补贴，目标价格水平大体参照保护价水平，略低一点，为每吨 19 800 元。这样改革后，棉花市场价格大幅度下降，为每吨 13 000 元左右。这是补贴刺激了生产增加之后的市场价格，低于没有补贴时的市场价格。国内棉花市场价格降低后，显著遏制了棉花进口，减少了库存压力。同时，也使纺织企业的用棉成本大大降低，提高了纺织企业的竞争力。唯一的问题是，国家的财政补贴支出大大增加，远超出决策者的预期。主要原因：一是实行目标价格补贴时，补贴的对象是全部产品；实行保护价收购政策时，补贴只针对过剩产品，而不是全部产品。二是实行目标价格政策时，国家的钱直接给农民了，一分也回收不回来；实行保护价收购政策时，国家支付的只是收购资金，有相应数量的棉花存储在仓库里，这些棉花以后还能卖出去，还能回收大部分财政支出。三是实行目标价格政策时，国家补贴的钱只有一部分补贴给了棉花的生产者，还有一部分补贴给了棉花的使用者（按照图 6-4 的假设条件，各占一半，而实际中通常会不同）；实行保护价收购政策时，国家不仅没有对消费者进行补贴，反而让消费者负担了一部分对生产者的补贴。四是实行目标价格政策时，财政补贴的数额不可控。因为目标价格补贴＝（目标价格－市场价格）×棉花生产总量，目标价格是确定的，补贴的棉花产量也可以限定，但是市场价格无法事先确定。因此，国家的财政补贴额也是事先不确定的。

由于实行目标价格政策的财政负担过重，并且数额不确定，这个政策没有能够按照预期应用到其他产品上。而新疆棉花的目标价格政策在试行之后也不便取消，只好继续维持下去。棉花目标价格能够得到保留，继续执行，还有一个很重要的技术性原因：棉花在销售环节有一个很狭窄的“瓶颈”——棉花加工厂。所有农民生产出来的籽棉，都必须经过棉花加工厂这个环节，这也有利于对农民棉花生产和销售数量的统计，从而使计算补贴的难度相对小些。而像玉米和大豆等产品，则没有这样的销售“瓶颈”，计算补贴的难度极大。

新疆棉花的目标价格政策，在开始实行之初，并没有建立起权威的信息数据采集平台，无法对近百万棉花生产者的生产和销售数量进行准确记录，也无法对交易价格进行准确记录。当时找了个替代办法，即按照种植面积进行推算。但是对种植面积进行统计很不容易。据报道，2014 年在新疆试行棉花目标价格补贴时，新疆的农业、国土、统计等部门为进行棉花种植面积统计核实工作，共抽调了区、地、县、乡、村五级干部及村民代表 2.53 万人，经过 4 个月的统计核查才完成。这样的办法肯定不是个好办法，不能年年用，并且如此统计到的数字，准确性和可靠性也是个问题（根据上述调查，2014 年新疆棉花面积比 2013 年增加了 79%）。

对新疆棉花目标价格补贴的具体操作办法，多年来政府在实践中不断探索、调整和完善。现在，已经建立了专门的新疆棉花政策信息平台，收集生产者出售籽棉的数量和价格信息（由棉花加工厂提供）。针对信息平台采集的数据，国家发展改革委有关司局进行汇总处理，计算出每年的平均市场价格，进而确定单位重量的补贴标准。由于棉花生产者出售给棉花加工厂的是籽棉，交易价格也是籽棉的价格，而棉花目标价格是皮棉价格，因此还要把籽棉价格折算为皮棉价格。相关部门通过平台数据计算出平均市场价格，而平台上又有每个棉花生产者销售的棉花数量，这样，就可以很便利地计算出每个棉花生产者可以得到的补贴额。通过这样的办法，比较好地解决了操作层面的问题。

2023 年 4 月，国家发展改革委、财政部发布了《关于完善棉花目标价格政策实施措施的通知》。主要内容是：现行棉花目标价格政策框架保持不变；稳定目标价格水平，2023—2025 年，新疆棉花目标价格水平为每吨 18 600 元；固定补贴产量，对新疆棉花以固定产量 510 万吨进行补贴；在具体实施方面，新疆维吾尔自治区和生产建设兵团“承担主体责任”，负责完善实施方案和细则。此外，还提出要把目标价格补贴的资金更多地用于对优质棉花的补贴。

新疆维吾尔自治区和生产建设兵团根据要求，分别制定了 2023—2025 年棉花目标价格政策实施方案，主要内容基本相同，包括：到 2025 年，基本实现兵团和地方的补贴标准衔接；中央财政的补贴资金用于交售量补贴、质量补贴和保险试点区域补贴，其中棉花质量补贴占补贴总额的 5% 左右；交售量补贴对象为全区范围内经审核录入信息平台的棉花实际种植者等。兵团和地方的标准衔接，是为了解决兵团和地方标准不一致的问题；而棉花质量补贴则是鼓励生产者提高优质棉花生产的积极性。

6.4　脱钩补贴政策

脱钩补贴政策，是欧盟在 2002 年农业政策改革中做出的决定，从 2005 年起全面实行。所谓“脱钩”，就是补贴与生产什么、产量多少、市场价格高低等，均无关联，不再挂钩；补贴只与基期土地面积多少有关，根据面积进行定额补贴。

实行脱钩补贴政策，相当于生产者多了一份固定收入，这份固定收入对生产情况没有直接影响。补贴的额度，欧盟平均为每公顷 261 欧元。由于欧盟农场的平均规模为 15 公顷左右，平均每个农场每年获得的补贴为 3 900 欧元左右。这种来自政府补贴的 3 900 欧元，与农民买彩票中奖获得了 3 900 欧元效果是一样的，对农业生产没有直接影响。

这种情况下的市场供求平衡关系，与图 6-1 所示相同。

为使生产者的收入与实行目标价格政策时相同，政府需要支付的脱钩补贴额仅为 550 个货币单位，远远少于目标价格补贴时的 1 200 个货币单位。

我国从 2016 年开始，取消了东北三省和内蒙古自治区原来实行的玉米临时收储政策，代之以“玉米生产者补贴制度”。财政部于 2016 年 11 月发布《财政部关于建立玉米生产者补贴制度的实施意见》，其中的主要内容是：实行“市场定价，价补分离”；对东北三省和内蒙古自治区按照基期2014年的玉米面积确定中央财政补贴额度，2016—2018年三年保持不变；各省份可以制定具体实施方案，可有不超过10%的补贴额度用于种植结构调整补贴（当时玉米过剩）。2017年，对东北三省和内蒙古自治区的大豆也实行了同样的生产者补贴制度。

2020年，财政部、国家发展改革委、农业农村部发布了《关于完善玉米和大豆生产者补贴政策的通知》，主要内容是继续在东北三省和内蒙古自治区实施玉米和大豆生产者补贴政策，对各省（区）的玉米补贴面积不超过2014年基期播种面积，大豆补贴面积不超过2019年基期播种面积。按照这样的规定，每年补贴的多少只与基期的情况有关（主要是面积，有的省份还考虑基期的产量），而与后来的价格和产量无关。这与欧洲的脱钩补贴很像，只有一点不同：真正的脱钩补贴不仅与价格、产量无关，也与生产什么产品无关。我国玉米和大豆的补贴只是与价格和产量脱钩了，但还与生产的产品挂钩——至少在原则上如此。

6.5 三种政策比较

三种政策的原理不同，效果也不同。归纳起来，如表6-1所示。

就生产数量而言，其在保护价收购政策或目标价格政策下，都是600个数量单位，都大于市场均衡时的数量（500个数量单位）。说明这两种补贴政策在促进生产方面具有相同的效果。用世贸组织的术语，都有“市场扭曲”作用，都会造成国家之间的不公平竞争。因此，都是要进行约束的。保护价收购政策和目标价格政策都属于黄箱政策。不过，如果实行目标价格政策时还进行产量限制，享受补贴的产量不超过基期（1986—1988年）生产数量的85%，则属于蓝箱政策。实行脱钩补贴政策时，其对于生产数量没有影响，没有“市场扭曲”作用，因此脱钩补贴属于绿箱政策。

表 6-1　三种补贴政策的效果比较

项目	价格情况	生产数量	消费数量	生产者剩余	消费者剩余	政府支出	政府所得
无补贴	市场价格为 5	500	500	1 250	1 250	0	0
保护价收购	保护价为 6	600	400	1 800	800	1 200	200
目标价格补贴	目标价格为 6	600	600	1 800	1 800	1 200	0
脱钩补贴	市场价格为 5	500	500	1 800	1 250	550	0

消费数量方面：在保护价收购政策下，需求受到高价格的抑制，消费数量减少；在目标价格政策下，需求受到低价格的刺激，消费数量增加。我国新疆棉花补贴政策改革就是这样的。改革之后，价格降低，大大刺激了纺织企业对国产棉花的需求，减少了棉花进口。

就对生产者和消费者的福利影响来看，三种补贴政策都增加了生产者剩余，这也是补贴政策的本来目标。但是对消费者的影响很不相同。保护价收购政策使消费者利益受损，目标价格政策使消费者获益。

最后，在政府的财政支出效果方面：为了使生产者达到同样的生产者剩余水平，脱钩补贴的效果最好，政府支出最少，可控程度最强；在目标价格补贴政策下，政府补贴支出额度最大。政府同样的财政支出额度，在保护价收购政策下，可以获得一定数量的产品，出售后还可以弥补部分支出；而在目标价格政策下，政府的支出就是百分之百的支出。这也是为什么当新疆的棉花从保护价补贴改为目标价格补贴后，国家财政部门对财政支出负担的大幅度增加反应十分强烈。

在保护价收购政策和目标价格政策下，政府的财政支出都有损失。在保护价收购政策下，是过剩造成的各种损失，包括储藏费用、资金费用、产品损失等；在目标价格政策下，是过度消费对资源的浪费，表现为生产者剩余增加额与消费者剩余增加额之和，小于政府补贴支出额。不过，这个损失是经济学理论上的，现实生活中感觉不到。

6.6 农业支持保护补贴

农业支持保护补贴，是2016年中央一号文件提出来的："将种粮农民直接补贴、良种补贴、农资综合补贴合并为农业支持保护补贴，重点支持耕地地力保护和粮食产能提升。"

种粮农民直接补贴政策，是2002年在吉林、安徽等地试点，2004年全国全面实行的一项政策，每亩补贴约10元。2015年中央财政安排的此项补贴为140.5亿元。

良种补贴政策与粮食直接补贴政策类似，也是2002年试点、2004年在全国全面实行的，覆盖的产品包括稻谷、小麦、玉米、大豆、棉花、油菜、花生等。不同作物品种补贴标准有所差别，每亩补贴10～15元。2015年中央财政安排的此项补贴为203.5亿元。

农资综合补贴政策，是从2006年开始实施的，目的是减少化肥等农资涨价对农民的不利影响。当年安排的此项补贴为120亿元，后来不断增加，很快就超过1 000亿元，成为"三项补贴"中的最大项（前两项补贴的合计为300亿～400亿元）。具体办法各省份有所不同，大多是按照承包土地面积进行补贴。2015年中央财政安排的此项补贴为1 071亿元。

当初实行"三项补贴"政策时，主要是想促进粮食生产。后来在执行的过程中出现了三个方面的问题：一是三项补贴分头发放的操作太麻烦；二是三项补贴从名义上看，都属于世贸组织定义的扭曲市场的黄箱政策，而按照计算我国黄箱政策已经超出了承诺；三是这三项补贴通常发放给经营承包农户，越来越多租用土地生产粮食的规模化生产组织（大户、农场、企业等）却拿不到补贴。

2015年，财政部、农业部选择安徽、山东、湖南、四川、浙江五个省，由省里选择一部分县市开展农业"三项补贴"改革试点。试点的主要内容是将农业"三项补贴"合并为农业支持保护补贴，政策目标调整为支持耕地地力保护和粮食适度规模经营。具体做法：一是80%的农资综合补贴存量资金加上种粮农民直接补贴和农作物良种补贴资金，用于耕地地力保护，补贴对象为所有拥有耕地承包权的种地农民；二是20%的农资综合补贴存量资金加上种粮大户补贴试点资金和农业“三项补贴”增量资金，用于支持粮食适度规模经营，即补贴给规模化粮食生产者。

2016 年 4 月，财政部、农业部发布的《关于全面推开农业“三项补贴”改革工作的通知》指出：从试点情况看，调整完善农业“三项补贴”政策方向正确，目标明确，操作简便，取得了预期效果。在总结试点经验的基础上，2016 年在全国全面推开农业“三项补贴”改革，即将农业“三项补贴”合并为农业支持保护补贴，政策目标调整为支持耕地地力保护和粮食适度规模经营。

该通知规定：用于耕地地力保护的补贴资金，其补贴对象原则上为拥有耕地承包权的种地农民；补贴依据可以是二轮承包耕地面积、计税耕地面积、确权耕地面积或粮食种植面积等，具体是哪一种类型面积或哪几种类型面积，由省级人民政府结合本地实际自定；补贴标准由地方根据补贴资金总量和确定的补贴依据综合测算确定；对农民提出了保护耕地和提高地力的要求。用于粮食适度规模经营的补贴资金，支持对象重点向种粮大户、家庭农场、农民合作社和农业社会化服务组织等新型经营主体倾斜，体现了“谁多种粮食，就优先支持谁”。

按照这样的规定，“三合一”后形成的农业支持保护补贴政策，以及种粮农民直接补贴、良种补贴和农资综合补贴存量的 80%成为对农民收入的脱钩直接补贴，变成了绿箱政策；而农资综合补贴存量的 20%及此后新增的部分，用于对较大规模粮食生产者的支持，仍然属于黄箱政策。

6.7　农机购置补贴

农机购置补贴政策于 2004 年出台。2004 年的中央一号文件提出：“提高农业机械化水平，对农民个人、农场职工、农机专业户和直接从事农业生产的农机服务组织购置和更新大型农机具给予一定补贴。”同年出台的《中华人民共和国农业机械化促进法》第二十七条规定：“中央财政、省级财政应当分别安排专项资金，对农民和农业生产经营组织购买国家支持推广的先进适用的农业机械给予补贴。”

2004 年农机购置补贴政策启动时，当年安排了 0.7 亿元补贴资金在 66

个县实施。农业机械购置补贴对象为农民个人和直接从事农业生产的农机服务组织。补贴资金标准不超过机具价格的30%，补贴额不超过3万元。

此后，中央财政不断加大投入力度，补贴资金数量连年大幅度增长，2023年已经超过200亿元；实施范围扩大到全国，补贴对象也拓展到所有生产者（补贴对象为从事农业生产的个人和农业生产经营组织，其中农业生产经营组织包括农村集体经济组织、农民专业合作经济组织、农业企业和其他从事农业生产经营的组织），可以申请补贴的农机具种类覆盖范围也扩大，补贴额和补贴幅度也有所提高。国家定期发布农业机械中央财政资金最高补贴额一览表。例如，根据《2021—2023年全国通用类农业机械中央财政资金最高补贴额一览表》，大型农机可以获得的最高补贴为：玉米联合收割机7.21万元，青饲料收获机11.72万元，拖拉机10.26万元，挤奶机12万元。

我国农机购置补贴每年的财政投入额，相对而言并不算多，但是在推进我国农业机械化率和现代农业装备应用方面，发挥了非常关键的积极作用。

在具体实施操作流程方面，农业农村部、财政部出台的《2021—2023年农机购置补贴实施指导意见》中明确规定，农机购置补贴政策按照“自主购机、定额补贴、先购后补、县级结算、直补到卡（户）”方式实施。

6.8 期货市场

允许并推动建立期货市场，也是一项重要的农业市场政策。这是一项帮助生产者减少市场风险的政策。在我国，允许和推动建立期货市场，这是一项具有历史突破性意义的市场化改革。

1990年7月27日，国务院发出《国务院批转商业部等八部门关于试办郑州粮食批发市场报告的通知》，文件指出：“在郑州粮食批发市场现货批发的基础上，根据市场交易章程，允许远期交易合同在场内转让，但必须同现货交易严格区分。”远期合同的转让，其实就是期货交易。

1993年3月1日，郑州粮食批发市场启用“中国郑州商品交易所”的名称，同年5月28日，成功推出标准化期货合约，实现了由现货交易起步向期货市场发展的目标。这是新中国真正意义上的期货市场起点，郑州商品交易所也由此成为我国第一家期货交易所。

普通人眼中的期货市场，是投机行为，买空卖空。而经济学家眼中的期货市场，是通过一部分人的投机行为，为另一部分人提供套期保值的机会。期货市场上的投机被定义为：以获取利润为唯一目的，以正确预测市场行情为手段的买空卖空行为。期货市场、投机行为和买空卖空的关系是：期货市场的存在完全依赖于套期保值，投机行为的存在促进和便利了套期保值，而套期保值可以帮助生产者有效避免价格波动风险。

套期保值的避险原理很简单。例如，4月时，一个小麦农场主看到7月交割的小麦期货价格（如每吨3 000元）合适，就在期货市场上把自己还没有成熟收获的小麦卖出去。到了7月，无论实际市场价格如何，都可以保证每吨小麦3 000元的收益。如果7月的小麦价格降低为每吨2 800元，他在现货市场上只能卖出这个价钱，但是在期货市场上他每吨可获利200元（把4月以3 000元/吨卖出去的小麦以2 800元/吨买回来），现货市场和期货市场的收益合计为每吨3 000元。如果情况相反，7月的小麦价格上涨到3 200元，那么他在现货市场上每吨小麦可获得3 200元收益，但是在期货市场上每吨亏损200元（把4月以3 000元/吨卖出去的小麦以3 200元/吨买回来），相抵后，每吨小麦的收益还是3 000元。当然，这只是个最简化的模型案例。

我国现在从事农产品交易的商品交易所有两个：郑州商品交易所和大连商品交易所。

郑州商品交易所现在从事的农产品期货交易品种有：棉花、普麦（普通小麦）、强麦（强筋小麦）、早籼稻、晚籼稻、粳稻、菜籽粕、油菜籽、菜籽油、苹果、红枣、花生、白糖、棉纱等14种农产品，以及动力煤、甲醇、玻璃、尿素、纯碱等11种非农产品。

大连商品交易所成立于1993年2月28日，已上市的农产品品种有玉米、玉米淀粉、黄大豆1号（转基因）、黄大豆2号（非转基因）、豆粕、豆油、棕榈油、鸡蛋、粳米、生猪等农业品，以及聚氯乙烯、聚丙烯、焦炭、焦煤、铁矿石等工业品。

第7章　农业贸易政策

我国的农产品贸易，在很长一段时期内一直处于国家的严格控制之下。农业贸易政策的改革，远远落后于国内市场政策的改革。事实上，一直到加入世贸组织之前，我国在农产品贸易方面的主要特点是政策欠透明，数据不公开。

2001年年底，我国正式加入世贸组织后，这种情况有了根本性的改变。世贸组织于1995年正式成立，其前身是关税与贸易总协定（General Agreement on Tariffs and Trade，GATT）。世贸组织的核心是各成员签订的世贸组织协定，官方正式名称为《乌拉圭回合多边贸易谈判结果：法律文本》。截至2023年，世贸组织有正式成员164个，观察员25个。

世贸组织的宗旨主要包括：促进公平竞争和自由贸易；促进贸易规则的透明度；提供贸易谈判的场所；解决贸易争端。乌拉圭回合谈判第一次将农产品纳入了谈判内容。由于谈判时欧美日等发达国家都对农产品实行高保护措施，农产品贸易谈判一度是焦点问题和难点之一。最后能够达成协议，是各个方面都做了种种妥协。

在我国加入世贸组织的谈判过程中，农产品也是非常重要的谈判领域。世贸组织对于农产品贸易方面的规范，不仅仅限于进出口贸易政策，也涉及国内的支持补贴政策。我国现在的农业贸易政策，遵循了世贸组织的有关规则和我国加入世贸组织时的承诺。

世贸组织的大部分协议都与农业有关，其中专门针对农业的是《农业协定》（*Agreement on Agriculture*）。该协定中包括三大部分：市场准入、国内支持和出口补贴。这三大领域也被称为《农业协定》的三大支柱。另外，《实施卫生和动植物检疫措施协定》也直接涉及农产品的进出口壁垒问题。

7.1　市场准入

市场准入是关于别国产品和服务进入本国市场的规定，指在多大程度上允许别国商品和服务的进入，也就是开放市场问题。

为了保护国内企业的生产免受进口商品的冲击，多数国家都对在国际市场上没有竞争力的本国产品或行业进行保护，不让外国商品无限制地进入本国。这些措施主要有两类：一是征收关税；二是采取各种非关税措施（即非关税壁垒），包括进口数量限制、差价税、进口禁令、技术性壁垒、最低进口价格、任意性进口许可证、通过国营贸易维持的非关税措施、自愿出口控制等。比如，进口配额就是一种非关税壁垒措施；又如，对进口商品提出不合理的质量标准要求，也属于非关税措施。

世贸组织的主要目标是促进自由贸易，因此，市场准入问题是最重要的问题之一。《农业协定》中的“市场准入”规定，主要涉及非关税壁垒的关税化、关税减让、关税配额及关税化的例外等。

7.1.1　关税化

关税化，就是把所有各种非关税措施转化为保护程度相等的关税措施。从理论上说，关税化之后，贸易保护的程度并没有发生变化，但是却大大提高了贸易保护的透明度。在采用非关税措施时，实际的贸易保护程度到底多高，是不透明的，也不规范，有任意性。而关税化之后，贸易保护完全表现为关税的高低，除关税之外，再无别的限制，一目了然。这可以为降低贸易壁垒提供一个很好的基础。

乌拉圭回合在农产品市场准入谈判方面最显著的成果，就是贸易保护措施的关税化。《农业协定》要求把关税作为限制农产品进口的唯一手段，即各成员只能用关税措施来控制农产品进出口。原有的非关税措施，如前面提到的进口数量限制、进口禁令、最低进口价格、任意性进口许可证、通过国营贸易维持的非关税措施、自愿出口控制等，都应转化为关税。

关税化的计算方法是：某产品关税化后的关税额等于国内市场平均价格与国际市场平均价格之差，利用关税额可以确定关税率。实行关税化后的关税率作为今后关税减让的基础税率。

非关税措施的关税化有几种例外情况：一个成员的国际收支严重失衡时，可以暂时不采用关税化；根据世贸组织协定一般保障措施和例外规定可以采取的非关税措施；根据世贸组织其他协定采取的，特别是与农业无关的非关税措施不必关税化；成员可自愿选择继续暂时维持非关税措施，但与此同时要向其他成员提供一个最低的市场准入机会。另外，关税化并不完全适用于发展中国家。在实际谈判中，发展中国家通常在取消非关税措施后，以自己提出的较高的上限约束税率替代关税化。

7.1.2 关税减让

关税减让是根据《农业协定》及相关规定，各成员承诺在议定的实施期限内，将各自的全部农产品关税（包括关税化过程所产生的关税）削减到一定水平。

具体情况为：从 1995 年开始，分年度进行关税减让。包括以 1986—1988 年为基期，按简单算术平均法计算，发达国家的平均税率削减 36%，发展中国家削减 24%；每项产品的平均关税税率至少削减 15%（发达国家至少削减 24%，发展中国家削减 10%）；约束所有关税（包括关税化后的关税），即各成员的任何一项农产品进口关税，均不得超出其所承诺的减让水平。关税减让的实施期限（从 1995 年开始计算）是：发达国家在 6 年内完成，发展中国家在 10 年内完成，最不发达国家不需要进行削减。

在关税减让方面，关税与贸易总协定多边贸易谈判取得了很大成绩。世界进口关税的平均水平 1948 年为 40%，我国加入世贸组织时，该水平已经大幅度降低，发达国家为 3.6%左右，发展中国家不到 12%。但农产品的平均关税水平远远超过这个平均水平。这也是《农业协定》中将削减关税作为一个重要目标的原因。

7.1.3 最低市场准入

由于一些成员在实施非关税措施关税化方面存在困难，《农业协定》

允许一些成员保留某些产品的非关税措施，但同时规定必须确定最低市场准入量，以促进农产品贸易自由化。只有满足以下条件，才可以暂不实行关税化，而采取最低市场准入：以1986—1988年为基期，在该时期内，某产品的进口数量不足国内消费量的3%；从1986年起不对该产品进行出口补贴，若该产品为初级产品，则需要对其实行有效的生产限制措施。

根据上述条件，发达国家可对初级农产品或加工农产品实施最低市场准入。自实施期第一年起，最低市场准入水平不得低于基期（1986—1988年）国内消费量的4%，此后在实施期内其余各年，每年以基期内相应国内消费量的0.8%比例增长。对于发展中国家成员，也可使用该规定，但仅限于初级农产品。最初水平为基期国内消费量的1%，在实施期第5年和第6年达到2%，在第10年达到国内消费水平的4%。最低市场准入的实施一般通过关税配额的方式进行。

7.1.4　关税配额

最低市场准入是由于一些成员在实施关税化方面存在困难而规定的。与此相类似，由于主要发达国家成员对部分农产品一直给予较高的保护，在关税化以后，即使进行了关税减让，关税率仍然很高。例如，关税化后，一些成员的某些农产品关税率仍可高达300%以上，按照这样高的关税是无法进口的。为解决这一问题，《农业协定》规定了这些成员必须以相对较低的关税进口一定数量农产品。对规定数量内的进口产品征收较低关税，一般关税率为1%～3%。对超过规定数量部分的进口产品则征收较高关税，关税率可高到100%以上。这种数量规定即关税配额。这是一种有限的数量管制制度。之所以叫关税配额，正是如上所述，是与关税有关的配额。

关税配额准入量至少要保持在现行实际市场准入水平，具体为不低于最近3年的平均进口量；如果这一进口量不到国内近3年平均消费量的3%，则应以消费量的3%确定配额量，并承诺一定的增量，到实施期末时达到国内消费量的5%。例如，日本和韩国的大米市场就是这种情况，其以前是不准大米进口的，后来实行最低市场准入，进口配额达到消费量的5%。

关税配额规定的数量并不是实际进口量或义务，只是一种市场机会的承诺。实际进口量如何，即配额的实际使用情况如何，由进口国国内市场需求和国内外市场价格的比较关系决定。如果国内市场价格始终高于国际市场价格，这时，进口是有利可图的，关税配额就会得到充分的使用。如果国内市场价格低于国际市场价格，进口是无利可图的，则关税配额就不会得到使用。这两种情况都符合世贸组织的规定。

7.1.5 特殊保障措施

《农业协定》规定，各成员可以采取特殊保障措施，对那些已经遵守关税化的产品限制进口，以防止进口量激增和进口价格大幅度下降。使用特别保障措施，必须满足以下三个条件：该产品已经完成了关税化过程；必须是一国关税减让表中注明可使用特殊保障措施的产品；必须达到以价格或数量为基础的触发标准。该协定还规定，特殊保障措施可以采取征收附加关税的形式。

可以采取特别保障机制的情况有两种：一是进口数量剧增时的“数量触发”，二是进口价格大幅度下降时的“价格触发”。触发方式不同，征收的附加关税方式和水平也不同。《农业协定》中规定了具体的“数量触发”和“价格触发”门槛条件。

特殊保障措施的运用要以透明的方式进行。事先要通知世贸组织农业委员会，并与有利害关系的成员进行磋商。需要指出的是，实施特殊保障措施磋商不需要进行补偿。这是与保障措施的重大不同。在达成新一轮谈判协定之前，特殊保障条款保持有效。

7.2 国内支持

国内支持是指政府通过各种国内政策，以农业和农民为扶持资助对象所进行的各种财政支出措施。国内支持在含义上非常广泛，只要政府的支出是与农业和农民有关系的，都属于国内支持措施，包括对农产品的价格支持、对农业投入品的补贴、对农民的直接补贴，乃至政府用于农业科研推广培训、基础设施建设、扶贫、生态环境建设等方面的支出，等等。

在国内支持方面，世贸组织对非农业部门的限制是较为严格的，制定了专门的《补贴与反补贴协定》，来严格限制国内补贴等措施的使用。这是为了保证国际间贸易竞争的公平性。

在农业和农产品方面，则采取了特殊对待。主要原因有两个：一是各成员尤其是发达国家在农业方面一直采取较高的国内支持，很难一下子取消；二是农业确实有一些特殊性，民以食为天，农业不仅直接关系到人们的粮食安全问题，而且也影响到一国的生产结构、就业乃至社会政治稳定，因此政府对农业的国内支持是必要的。

但是，经过几十年的实践，许多国内支持措施越来越不适应世界经济贸易自由化的发展，高补贴造成了严重的贸易扭曲，形成了不公平竞争。此外，不适当的补贴方式也给成员自己造成了很多问题。例如，欧盟对小麦、糖和牛奶等农产品的国内价格支持措施，导致这些农产品大量过剩。欧盟不得不通过出口补贴在世界市场上消化这些剩余产品，这既造成了欧盟用于农业补贴的支出大幅度增加，也使农产品国际贸易发生了严重扭曲，对其他国家的出口者和生产者产生了不利影响。

基于这样的背景，在乌拉圭回合谈判中，各方面都同意对国内支持措施进行限制和削减。国内支持措施种类很多，不同措施的作用是很不相同的，因此采取了区别对待的办法，将所有国内支持措施，按照对生产和贸易影响的不同，划分为不同类别，并做出了不同的规定。

后来，人们出于简便，将这些不同类别的国内支持政策形象地称为绿箱政策、黄箱政策和蓝箱政策（《农业协定》文本中并没有这些通俗性叫法）。概括地说，绿箱政策是指那些对生产和贸易没有影响或者影响非常微弱的政策，《农业协定》既不要求削减这些政策，也不限制将来扩大和强化使用这些政策。黄箱政策是指对生产和贸易有直接扭曲作用的政策，例如保护价政策，需要限制和逐步削减。蓝箱政策是黄箱政策中的特例，指在实行价格支持措施的同时，还限制生产面积、牲畜头数和产品产量。蓝箱政策也没有被列入削减计算。乌拉圭回合谈判时，实行蓝箱政策的只有欧盟，后来，美国也实行了类似政策。

7.2.1　绿箱政策

《农业协定》附件 2 中列出了对绿箱政策的一般要求和具体范围。其中规定了两条基本标准：一是该项支持应当通过政府公共政策（包括政府税收减免）提供，而不是来自消费者的转移。因为消费者转移意味着价格扭曲和贸易扭曲。二是该支持不能具有或产生与价格支持相同的效果。因为价格支持具有直接的贸易扭曲效果。

绿箱政策的共同特点有四点：一是要有透明性，即事先有明确规定和标准，不能是随意的；二是不能与产品种类和产量高低挂钩；三是不能与价格有关；四是属于补偿类型的补贴不能过高，不能超过实际损失。

绿箱政策具体包括以下几个方面：

政府的一般服务。实际上是指政府通过一些机构向农业或农村社区提供有关服务时所付出的财政支出，这些钱是为了提供这些服务而花费的，不得直接将这些钱支付给生产者或者加工者。如研究、病虫害防治、培训服务、推广和咨询服务、检验服务、营销和促销服务、基础设施服务等。

粮食安全储备，既包括政府机构直接进行粮食安全储备的支出（或者税收减免），也包括为此目的向私营企业储备提供的政府资助。限定条件是：享受补贴的库存数量应当合理，即与粮食安全目标数量相符；这些库存品的采购和释放过程在财务上应当是公开透明的；政府的采购和销售均应按照当时的市场价格执行。

国内食物援助，包括政府为了提供国内食物援助所花费的支出或者减少的税收。限定条件是：受援对象应当按营养目标标准明确界定；可以直接免费提供食物，或者采取别的方法使受援对象按市场价格或者补贴低价购买食物；政府与此相关的采购应当按照市场价格，提供援助的方式应当透明。

脱钩收入补贴。传统的价格支持政策与产品种类、生产数量和价格情况直接挂钩，而脱钩补贴则是按照一个基期的生产情况确定的，一经确定，便不再与生产的产品种类、生产数量和价格情况有任何关联。

收入保险方面的直接补贴。规定的条件是：收入损失程度超过前三年（或者前五年中的居中三年）平均值的30%以上；补贴支付的数量不能超过损失额的70%；仅与收入有关，而不得与产量、价格和生产要素直接相关；如果同一生产者同年还接受自然灾害救济，则接受的补贴总额不得超过总损失的100%。

自然灾害救济补贴，包括政府直接补贴或者通过作物保险费补贴。规定的条件是：收入损失程度超过前三年（或者前五年中的居中三年）平均值的 30%以上；灾害发生后的补贴仅适用于补偿自然灾害造成的收入、牲畜（包括治疗费）、土地或者其他生产要素的损失；补偿幅度不得超过总损失，且不得规定将来的生产类型和产量；灾害发生时的补贴支付不得超过预防和减轻进一步的灾害所需要的水平；如果同一生产者同年还接受收入保险补偿，则接受的补贴总额不得超过总损失的 100%。

对生产者退休计划的结构调整补贴，即对提前退休的农民生产者所进行的补贴。规定的条件是：明确补贴对象是从事商品农产品生产的人，鼓励其退休或者转入非农业生产活动；接受此项资助的人应当完全并且永久性地退出商品农产品生产。

资源停用计划的结构调整补贴，主要是指休耕补贴和减少产品畜数量的补贴。规定的条件是：明确补贴对象是退出商品农产品生产的土地和牲畜等其他资源；土地休耕至少应当在三年以上，对于牲畜（产品畜）而言，以被屠宰为条件；对于停用的土地或其他资源，不得要求进行其他商品农产品生产；此类补贴不得与利用休耕之外余留的土地或者其他资源生产的产品数量或者该产品的价格相关（一般而言，一个农场只有部分土地参加休耕，而休耕补贴不得与该农场未休耕土地的生产有任何关系）。

对结构调整提供的投资补贴。在进行结构调整时，农民生产者可能会遇到一些不利因素，政府可以在投资方面给予一定的资助。但是，同样要事先制定出明确的标准。在对土地重新进行私有化时，也可以提供此类补贴。这类补贴的要求是：不得与以后的生产种类和产量多少有关；不得与国内外价格有关；只能在进行投资的时间内给予，即不能在投资活动已经进行完之后继续给予；不得要求生产者必须生产某种产品，但可以要求生产者不得生产某种产品（意指停止种植非法作物）；资助强度不能超出为补偿结构调整缺陷所必需的数额。

为保护环境所提供的补贴。应当按照明确的政府环境保护计划进行，并以完成环境保护目标为条件，包括为了保护环境采取特定的生产方法或者控制特定生产要素的使用。此类补贴的强度应不大于为了完成政府环境保护目标所额外支出的费用，或者由此造成的生产损失。

地区性援助，即对贫困地区的扶助，对象是按照客观标准明确界定的连片贫困地区中的生产者。规定的条件是：此类补贴不得与生产的类型和产量有关，即不得要求生产什么，但是可以要求不生产什么；不得与国内外价格有关；此类补贴只能补给划定的贫困地区的生产者，在这些区域内的生产者均有资格获得此类补贴；如果补贴与生产要素投入有关，那么在要素投入超过一定的临界水平后，补贴幅度随要素投入的增加递减，即补贴不能与要素投入的数量成正比，而应当成递减关系（目的是减少补贴生产的刺激作用）；此类补贴的数额应当约束在适当的范围之内，即不超过在该地区从事农业生产所造成的额外费用或者收入损失（在发达国家，实行地区资助的目的是使这些地方的农民不离开当地，而离开这些地区将会获得较高一些的工作收入）。

7.2.2 黄箱政策

《农业协定》将那些对生产和贸易产生扭曲作用的政策称为黄箱政策，要求各成员对它们进行削减。黄箱政策主要包括以下政策措施：价格支持；营销贷款；按产品种植面积补贴；按牲畜数量补贴；种子、肥料、灌溉等投入补贴；对贷款的补贴。

7.2.3 蓝箱政策

蓝箱政策措施是价格支持的特例，是指在实行各种黄箱政策时，以农民控制生产数量为前提。蓝箱政策措施可以免于削减义务，但它必须满足下列要求之一：是按固定面积或产量提供的补贴；享受补贴的产品数量不超过基期（即1986—1988年）平均生产水平的85%；按固定的牲畜头数（主要是产品畜，如奶牛或绵毛羊）所提供的补贴。

7.2.4 综合支持量

根据《农业协定》定义，综合支持量（aggregate measurement of support，AMS）是指给基本农产品生产者生产某种特定农产品提供的，或者给全体农业生产者生产非特定农产品提供的年度支持措施的货币价值，但不包括《农业协定》附录2中列出的豁免项目（即前述绿箱政策）。

总综合支持量（total AMS）是各项综合量之和。在计算上，既包括对单项农产品（如小麦、棉花等）的补贴，也包括对农产品总体（如农机、化肥等）的补贴；既计算总量，也计算占产值的比例。作为衡量一国国内支持的尺度或标准，综合支持量等于农产品的国内价格与世界市场价格的差额乘以符合支持标准的商品量，再加上不按产量或价格提供的国内补贴的总和。

《农业协定》附件中对计算方法做了规定。综合支持量在范围上既包括国家用于国内支持的财政支出，也包括国家的税收减免；既包括中央政府的支持，也包括地方各级政府的支持。绿箱政策、蓝箱政策和发展中国家的一些支持不纳入计算。

《农业协定》规定，国内支持要以总综合支持量为基础进行削减。

7.2.5　微量允许

所谓微量允许（de minimis），是指如果国内支持量很少，则不需要纳入计算和削减。其包含三层内容：第一，对于某一特定产品本应削减的国内支持，如果不超过该国该年该产品总产值的 5%，则不需要纳入计算和削减。理解这个条款的关键是对两个概念的准确把握。一是某一特定产品。实际上是指一个单项产品直接享受到国内支持，是按照单项产品可以明确划清的政府补贴措施。也就是说，5%计算的分子是那些专门针对该具体产品的国内支持。例如，一个国家对各种农产品均实行价格补贴，但是对某种产品如大麦的国内支持仅占该国该年大麦总产值的 4%，则在该国该年的国内支持计算中，可不包括用于大麦的国内支持。二是 5%计算的分母是该产品的总产值。第二，对那些本应纳入削减计算，而不是专门针对某一特定产品的国内支持，如果不超过该国农业总产值的 5%，则不需要纳入计算和削减。与前一种情况不同，这里 5%计算的分子和分母都不是某一单项产品，而是农产品总体。第三，发展中国家的微量允许为 10%。

7.3　出口补贴

《农业协定》规定，出口补贴是指根据农产品出口实绩提供的补贴。

出口补贴与国内支持不同。国内支持是成员政府向农业生产者提供的各种支持和援助，如政府提供的农业投入补贴、农民收入支持等。其虽然对农产品国际贸易有影响，但大多是间接的。而出口补贴是直接对农产品出口进行的补贴，相比而言，是直接产生不公平竞争贸易的政策措施。

乌拉圭回合之前的各轮谈判对工业品出口补贴进行了比较成功的限制，完全禁止了对工业品的出口补贴。到乌拉圭回合谈判时，农产品出口补贴的削减真正取得了实质性进展，最重要的成果是达成了以减让基期的出口补贴为尺度，在一定的实施期内逐步削减出口补贴的《农业协定》。

《农业协定》宣称，除符合本协定和该成员减让表列明的承诺外，每一成员保证不以其他方式提供出口补贴，从而将成员的农产品出口补贴问题纳入规范的轨道。

根据《农业协定》，各成员必须对下列出口补贴做出削减承诺：政府或其代理机构视出口实绩向企业、行业、农产品生产者、农产品生产者合作社或其他协会或向销售部提供的各种直接补贴，包括实物支付；政府或其代理机构以低于市场价格的低价出售非商业性的农产品库存以供出口；政府资助农产品的出口，包括出口退税行为；为减少农产品出口的营销成本而提供的补贴（可普遍获得的出口促销和咨询服务除外），包括处理、升级和其他加工成本补贴，以及国际运输成本和运费补贴等；政府提供或授权提供的出口装运货物的国内运输和装货费用，条件比国内装运货物更加优惠；视出口产品中所含农产品的情况而对该产品提供的补贴。

7.4 和平条款

为减少出现有关农产品国内支持和补贴方面的争端和问题，避免世贸组织成员之间单方面采取报复或反报复措施，《农业协定》特别在第 13 条规定了各成员的克制义务，即在某成员采取有关的国内支持措施时，其他成员应保持适当的克制，因此也被称为“和平条款”。

“和平条款”规定，在实施期内，虽然有 GATT 1994 和《反补贴协定》的规定，但是，符合《农业协定》规定的各项补贴措施免于反补贴起诉。免于起诉的补贴措施具体包括：所有绿箱政策措施；发展中国家免于削减的三项措施，即普惠性的投资补贴、低收入或资源贫乏地区的农业投入补贴和停种非法麻醉作物补贴；国内支持中的微量许可、蓝箱措施及反映在减让表中的直接支付，只要不超过 1992 年的水平；符合《农业协定》规定的出口补贴。简而言之，只要遵守了《农业协定》的要求，就免于反补贴起诉。

7.5　检疫协定

在世贸组织规则中，除《农业协定》外，还有几个协定与农业有着非常密切的关系。其中，关系最密切的是《实施卫生和植物卫生措施协定》。

世贸组织在进出口检疫方面制定了《实施卫生和植物卫生措施协定》，其与《农业协定》紧密联系在一起，是出于对人类、动物和植物的生命或健康的保护而制定的。

根据该协定，如果因为进口别国产品而使本国的人类、动物或植物的生命或健康受到威胁，则政府可以对贸易进行限制，这是符合世贸组织规定的。协定同时规定，采取这种限制措施的条件是科学根据和无歧视原则。

《实施卫生和植物卫生措施协定》的目的，是保证食品安全和保护动植物健康。协定包含以下措施：保护动植物免遭病虫害的措施，保护人类和动物免遭食品和饲料带来的风险（如毒素和杀虫剂的残留成分）的措施，以及保护人类免遭动物携带的疾病（如炭疽、狂犬病）的措施。协定允许政府为此目的而采取必要的措施。然而这些措施只能用到保护生命和健康方面，必须建立在科学根据的基础上，若缺乏科学根据则不得使用。这就意味着，卫生和植物卫生措施的实施必须经过详细的实验检验和分析，并确定真正会影响食品安全或严重威胁动植物健康后才能使用。不过，在得出充分的科学结论之前，政府可以采取临时的预防性限制。

实施卫生和植物卫生措施的标准，可有两种选择：一是采用现有的有关国际技术组织的标准、指导和建议，包括联合国粮农组织与世界卫生组织食品法典，国际兽疫组织的标准和国际植物保护公约的标准。二是可以采用一种更高程度的保护措施，条件是存在科学根据，或按协定中的标准估计风险确实需要这样的恰当保护。

在执行卫生与植物卫生措施时，必须遵守无歧视原则，即对进口产品与国产产品采取同等标准。

7.6 发展中国家优惠

在《农业协定》中，对发展中国家的特殊和差别待遇是其中的一个有机组成部分。主要体现在以下几个方面：

国内支持削减承诺。发展中国家只需削减13%的综合支持量，且实施期限增加到10年；发达国家需削减20%，实施期限为6年。发展中国家的某些黄箱政策措施也被列入免于削减的范围，如农业生产者可普遍获得的投资补贴、低收入或资源贫乏生产者可普遍获得的农业投入补贴、为鼓励生产者不生产违禁麻醉品作物而提供的国内支持等。另外，在计算发展中国家成员的现行综合支持量时，只要其特定农产品综合支持量不超过该年度其基本农产品总产值的10%，或非特定农产品综合支持量不超过该年度农业总产值的10%，就可以不计入总综合支持量中，可以免于减让。

出口补贴削减。对有补贴农产品的出口数量，发展中国家只需削减1986—1990年平均水平的14%（发达国家为21%）；对出口补贴的支出金额，只需削减1986—1990年平均水平的24%（发达国家为36%）。同时，该协定允许发展中国家实施市场营销与国内运输方面的补贴措施，但这些补贴不得以规避出口补贴削减义务的方式实施。发展中国家削减出口补贴的实施期限为10年（发达国家为6年）。

出口禁止和限制的纪律不适用于发展中国家。《农业协定》的出口禁止和限制纪律规定，如果一成员采取禁止或限制食品出口的措施，则其必须遵守以下规定：应充分考虑这一禁止或限制措施对进口成员粮食安全的影响；应尽量提前以书面形式通知农业委员会，通知内容应包括该措施的性质及实施期限等；该成员还应根据受此措施影响的利害关系方的请求与之进行磋商，并向对方提供必要的材料。该协定同时规定，本条规定不适用于发展中国家成员，但如果该成员是有关特定食品的净出口国，则它应受本规定约束。

此外，对所有最不发达国家成员不要求承担任何减让义务。

7.7 我国的承诺

7.7.1 市场准入

首先是普遍降低关税。有关产品的关税减让承诺如表 7-1 所示。2004 年的关税标准一直适用到现在。

表 7-1　2000 年和 2004 年我国的几种农产品进口关税减让承诺　　%

产品	2000 年	2004 年
牛肉	45	12
猪肉和禽肉	20	12
柑橘与葡萄	40	12
苹果	30	10
葡萄酒	65	20
奶酪	50	12
冰淇淋	45	19

资料来源：《中国加入世界贸易组织法律文件》，法律出版社，2002。

对于几种特别重要的农产品，包括小麦、玉米、大米、棉花、植物油（豆油、棕榈油、菜籽油）、糖、羊毛和毛条，我国实行了配额管理制度。各种产品的配额数量从 2002 年开始，增加到 2004 年后保持不变；配额外的关税则相应地从 2002 年开始减少，到 2004 年后保持不变。这相当于有三年的缓冲过渡期。

表 7-2 展示了三年过渡期之后的情况（即现在的情况）。其中，植物油的进口从 2006 年开始，配额外关税降低到配额内关税的水平，相当于取消了配额管理。对实施配额管理的产品，还规定了其中应该分配给非国营贸易机构的最低配额比例。大麦、高粱、大豆等不实行配额管理，实行单一的关税制度，进口关税为 3%。

表 7-2　我国实行关税配额的农产品的承诺

项目	小麦	玉米	大米	棉花	植物油	糖	羊毛	毛条
配额数量（2004年起）/万吨	963.6	720	532	89.4	799.81	194.5	28.7	8
配额内关税/%	1	1	1	1	9	15	1	3
配额外关税/%（2004年起）	65	65	65	40	9	65	38	38

资料来源：《中国加入世界贸易组织法律文件》，法律出版社，2002。

7.7.2　出口补贴

我国在1994年对贸易体制进行过一次重大改革，当时政府已经决定停止使用出口补贴。在入世谈判中，我国曾于1997年郑重地向世贸组织做出承诺，将在入世后停止使用农产品出口补贴措施。不过，从1997年开始，国内市场上出现了严重的农产品过剩现象，我国曾对玉米等个别产品的出口进行了一定的政策扶持。在以后的双边和多边谈判中，农产品出口补贴继续成为入世谈判中的热点问题之一。在最终达成的入世议定书中，我国重申入世后对农产品出口不实行补贴。

7.7.3　国内支持

入世谈判的焦点是我国入世后的综合支持量允许幅度。美国谈判方要求中国接受适用于发达国家的微量允许标准，即农业总产值的5%。我国政府则坚持要求获得适用于发展中国家的10%这一微量允许标准。经过多轮艰难谈判，最后达成妥协，采用了比发展中国家略低一些的微量允许标准，为8.5%。

7.8　我国的执行

在市场准入方面，我国完全按照《农业协定》执行。对关税和配额关税，有的情况下做得比承诺更多，如2021年猪肉紧张时，猪肉进口关税降低到8%；棉花的配额外关税也不是承诺的40%，而是采取滑动税率(1%～40%)。这样做的主要原因是：满足国内消费需要的意义比保护国内生产的意义更加突出。

在国内支持方面，由于我国自 2004 年以来采取了一系列补贴措施，引起了有关世贸组织成员的关注。如何对我国的各种农业支持措施进行准确的评估和分类，是比较复杂的，出现过争议。例如，2016 年 9 月，美国贸易代表办公室向世贸组织提出起诉，称中国 2012—2015 年间向农民支付的补贴比世贸规则允许的金额多出近 1 000 亿美元。世贸组织争端处理委员会经审定后，认同美国对于我国稻谷和小麦补贴的申诉，即中国对小麦、籼稻和粳稻种植户提供了过多补贴，而驳回了美方关于玉米补贴政策的诉请。中国商务部有关负责人对世贸组织裁决的表态是：对专家组驳回了美方对我国玉米补贴政策的诉请表示欢迎，对专家组未能支持中方关于小麦、稻谷最低收购价政策补贴水平计算的主张表示遗憾。

第 8 章　食品安全政策

在改革开放前及改革开放后的一段时间内，食品安全政策尽管也有，但是普通大众的关注度并不高。在吃得饱需求还没有获得充分保障的情况下，人们对安全性的关注相对不足。2008 年的三聚氰胺婴儿奶粉事件，是我国食品安全问题的历史性标志事件。此次事件以后，一直到现在，国人对食品安全的关注达到了极高程度。

食品不安全事件的产生，来源无非是两个环节：农业生产环节和产后的加工流通消费环节。

食品不安全事件的产生，原因无非是两个方面：一是主观故意，受利益驱动，明知不该做，仍然心存侥幸，铤而走险；二是非主观故意，同样是受利益驱动，忽视隐患，疏于管控，导致过失。

避免食品不安全事件的发生，需要两心：农产品生产与加工流通从业人员的良心和敬畏心。当然，这主要针对防范和治理人为因素导致的食品不安全事件。

食品安全政策的目标，就是针对这两个环节，强化这两心，以德治提升良知，以法治强化敬畏心理，强化责任，惩戒食品不安全事件的责任者，消减主观故意和非主观故意导致的食品不安全事件风险。当然，还需要针对非人为的食品不安全风险加强科技创新和科普工作。

8.1　婴儿奶粉事件

事件发生在 2008 年。事件起因是很多食用三鹿集团奶粉的婴儿被发现患有肾结石，随后有关机构在其奶粉中检测出化工原料三聚氰胺。共有

294 000 名食用三鹿奶粉的婴幼儿被诊断出患泌尿系统结石，超过 5 万名婴幼儿住院，其中 6 人死亡。如此大的伤害面和严重后果，不仅令全国上下极为愤慨，也造成了广泛的国际影响。

三鹿奶粉出现问题后，国家质验部门对全国 109 家婴幼儿奶粉生产企业的婴幼儿奶粉进行检查，共检测了 491 批次产品。结果显示，共有 69 批次产品被检出有不同含量的三聚氰胺，涉及 22 家婴幼儿奶粉生产企业。

不法分子往奶粉中添加三聚氰胺的动机是提高检测时牛奶中的蛋白质含量。通用的蛋白质测试方法是通过检测含氮量来估算蛋白质含量，三聚氰胺的含氮量高达 66%左右，并且没有什么特殊气味，本身价格低廉，添加三聚氰胺能够使本来蛋白质含量不达标的低劣产品在检测时达到标准乃至达到高标准。

从三聚氰胺事件中最终被判刑最重的三个人的罪名上，可以推断出事件是如何发生的：

奶贩张某某以三聚氰胺和麦芽糊精为原料配制出专供在原奶中添加、以提高原奶蛋白质检测含量、含有三聚氰胺的混合物（俗称“蛋白粉”），累计销售 600 余吨，“蛋白粉”又被销售给三鹿集团等奶制品生产企业，最终其被判以危险方法危害公共安全罪，被判处死刑；原奶收购商耿某某将三聚氰胺蛋白粉混入原奶中，销售给三鹿集团，也被判处死刑，罪名是生产、销售有毒食品罪；三鹿集团的董事长田某某明知原奶含有三聚氰胺仍收购并生产奶粉和销售，法院认定其犯生产、销售伪劣产品罪，判无期徒刑。此外，三鹿集团所在地石家庄市的党政主要领导和分管领导被免职，国家质检总局局长也引咎辞职。

事发前，三鹿集团是国内最知名的乳品企业之一，曾经获评为“中国顶尖企业百强”乳品行业第一名。2008 年 1 月，三鹿集团获得了我国乳业界的首个国家科技进步大奖，内容是“新一代婴幼儿配方奶粉研究及其配套技术的创新与集成项目”，中国品牌资产评价中心评定的三鹿品牌价值达 149.07 亿元。事发后，三鹿集团于 2009 年年初宣布破产，其资产以拍卖方式被北京三元集团收购。

三聚氰胺婴儿奶粉事件为全国人民敲响了食品安全的警钟，而三鹿集团和那些利欲熏心危害食品安全的个人，已经成为我国食品安全历史上最耻辱的一页。

8.2 重点问题领域

食品安全的问题领域，主要有三个方面：食源性疾病、食品化学污染、假冒伪劣食品（掺假或欺诈）。

食源性疾病是世界卫生组织于1984年正式采用的专业术语，以代替历史上使用的“食物中毒”一词。食源性疾病是指食品中致病因素进入人体引起的感染性、中毒性等疾病，包括常见的食物中毒、肠道传染病、人畜共患传染病、寄生虫病，以及化学性有毒有害物质引起的疾病。这是显性最强、为害反应最快的食品不安全问题。其中，人畜共患传染病是与农业生产直接相关的。其他方面，主要是食品加工和消费环节的问题。

食品化学污染方面，包括粮食和蔬菜中的重金属（铅、镉）污染、畜禽水产养殖中非法使用药物、蔬菜和茶叶种植中非法使用农药等。这个方面是与农业生产相关的最主要的问题领域，其中人为因素居多。包括：使用非法添加物，如三聚氰胺奶粉事件；使用非法药物，尤其是以前允许使用而现在不再允许使用的药物，如2006年和2008年国家有关部门先后发文全面禁止甲胺磷等五种高毒有机磷农药在农业上的使用；使用合法药物，但是使用方法不当，出现超剂量、超次数、超过安全隔离期使用，从而造成药物残留超过许可的标准。类似地，在兽药使用方面，食品安全的隐患也是来源于非法使用药物（如瘦肉精）、超量用药、违反休药期（屠宰前一定期限内不得使用）等。

假冒伪劣食品通常不一定对消费者健康造成危害，但是，严重影响了消费者对食品安全的信心。与其他国家相比，我国消费者对食品安全的过度担心十分突出。

8.3 食品安全标准

食品安全不安全，首先要有一个科学的判定标准，这就需要制定出各种食品类别的食品安全标准。

截至2022年，我国已发布食品安全国家标准1 455项，包含2万多项指标，覆盖我国居民消费的340余种食品类别，覆盖影响我国居民健康的主要危害因素，覆盖从生产到消费全链条，覆盖从一般到特殊全人群。

《中华人民共和国食品安全法》（以下简称《食品安全法》）第三章专门就食品安全标准做出了规定。首先指出食品安全标准是强制执行的标准。除食品安全标准外，不得制定其他食品强制性标准。规定食品安全标准应当包括下列内容："（一）食品、食品添加剂、食品相关产品中的致病性微生物，农药残留、兽药残留、生物毒素、重金属等污染物质以及其他危害人体健康物质的限量规定；（二）食品添加剂的品种、使用范围、用量；（三）专供婴幼儿和其他特定人群的主辅食品的营养成分要求；（四）对与卫生、营养等食品安全要求有关的标签、标志、说明书的要求；（五）食品生产经营过程的卫生要求；（六）与食品安全有关的质量要求；（七）与食品安全有关的食品检验方法与规程；（八）其他需要制定为食品安全标准的内容。"

8.4　食品安全法律法规

我国的食品安全法律法规历史不长。最早的法律是改革开放后于1982年颁布的《中华人民共和国食品卫生法（试行）》，自1983年7月1日起试行。1995年10月30日，《中华人民共和国食品卫生法》（以下简称《食品卫生法》）正式公布施行。2009年6月1日起，《食品安全法》正式实施，取代了原来的《食品卫生法》。

《食品安全法》是我国食品安全的上位法。该法出台后，先后在2015年和2021年做过两次修正。两次修正间隔的时间较短，说明了食品安全问题的复杂性和国家对食品安全的高度重视，也说明了我国食品安全法制化建设的不断进步。

最新的《食品安全法》共十章。第一章《总则》第二条规定："在中华人民共和国境内从事下列活动，应当遵守本法：（一）食品生产和加工（以下称食品生产），食品销售和餐饮服务（以下称食品经营）；（二）食品添加剂的生产经营；（三）用于食品的包装材料、容器、洗涤剂、消毒剂和用于食品生产经营的工具、设备（以下称食品相关产品）的生产经营；（四）食品生产经营者使用食品添加剂、食品相关产品；（五）食品的贮存和运输；（六）对食品、食品添加剂、食品相关产品的安全管理。”

这一条特别规定：“供食用的源于农业的初级产品（以下称食用农产品）的质量安全管理，遵守《中华人民共和国农产品质量安全法》（以下简称《农产品质量安全法》）的规定。但是，食用农产品的市场销售、有关质量安全标准的制定、有关安全信息的公布和本法对农业投入品作出规定的，应当遵守本法的规定。”也就是说，对于农业生产环节中的农产品质量安全保障，《食品安全法》没有直接涉及，而是由《农产品质量安全法》进行规定；而农产品生产出来进入加工和流通环节之后的食品安全保障，《食品安全法》中有详尽的规定。

该法第二章是关于食品安全风险监测和评估的。及时发现隐患和问题，是食品安全保障的第一道关口。第十八条规定了应该进行食品风险评估的情形：“（一）通过食品安全风险监测或者接到举报发现食品、食品添加剂、食品相关产品可能存在安全隐患的；（二）为制定或者修订食品安全国家标准提供科学依据需要进行风险评估的；（三）为确定监督管理的重点领域、重点品种需要进行风险评估的；（四）发现新的可能危害食品安全因素的；（五）需要判断某一因素是否构成食品安全隐患的；（六）国务院卫生行政部门认为需要进行风险评估的其他情形。”而通过检测进行风险判断的标准，则应依据该法第三章中规定制定的食品安全标准。

该法第四章对食品生产经营各个环节的食品安全要求进行了详尽具体的规定，包括环境卫生、添加剂使用、可追溯制度、从业人员健康管理、农药兽药使用、餐饮服务卫生、食品召回制度、包装标签规范、保健和婴幼儿食品等。

该法第五章是食品检验，第六章是食品进出口，第七章是食品安全事故处置，第八章是监督管理，第九章是法律责任，第十章是附则。

同其他法律比较，《食品安全法》的附则内容要丰富得多。尤其是包括了一些重要术语的解释。如：食品安全，指食品无毒、无害，符合应当有的营养要求，对人体健康不造成任何急性、亚急性或者慢性危害；食源性疾病，指食品中致病因素进入人体引起的感染性、中毒性等疾病，包括食物中毒；食品安全事故，指食源性疾病、食品污染等源于食品，对人体健康有危害或者可能有危害的事故；等等。这也是本书所遵循的语义。

与《食品安全法》相配套的条例有两个：《中华人民共和国食品安全法实施条例》《最高人民法院 最高人民检察院关于办理危害食品安全刑事案件适用法律若干问题的解释》。前者是对落实《食品安全法》的一些具体情况提出具体要求，后者是对危害食品安全刑事案件的量刑标准。

《农产品质量安全法》于 2006 年颁布实施，后于 2018 年修正、2022 年修订。修正是对法律的部分条款进行修改，是局部的或者个别的修改；修订则是对法律进行全面的修改，是整体的修改。本书涉及的法律几乎都在出台后做过修正，而《农产品质量安全法》不仅做过修正，还在最近进行了修订，说明国家对农产品质量安全的认识近年来有了很大的提升。

《农产品质量安全法》在总则第三条中提出了该法的适用范围和与《食品安全法》的关系："与农产品质量安全有关的农产品生产经营及其监督管理活动，适用本法。《中华人民共和国食品安全法》对食用农产品的市场销售、有关质量安全标准的制定、有关安全信息的公布和农业投入品已经作出规定的，应当遵守其规定。"

该法的第二章为农产品质量安全风险管理和标准制定。其中的第十六条规定："国家建立健全农产品质量安全标准体系，确保严格实施。农产品质量安全标准是强制执行的标准，包括以下与农产品质量安全有关的要求：（一）农业投入品质量要求、使用范围、用法、用量、安全间隔期和休药期规定；（二）农产品产地环境、生产过程管控、储存、运输要求；（三）农产品关键成分指标等要求；（四）与屠宰畜禽有关的检验规程；（五）其他与农产品质量安全有关的强制性要求。《中华人民共和国食品安全法》对食用农产品的有关质量安全标准作出规定的，依照其规定执行。"

该法第三章是对农产品产地环境的规定要求，第四章是对农产品生产过程的规定要求。

第五章是对农产品销售的规定要求。其中第三十六条规定："有下列情形之一的农产品，不得销售：（一）含有国家禁止使用的农药、兽药或者其他化合物；（二）农药、兽药等化学物质残留或者含有的重金属等有毒有害物质不符合农产品质量安全标准；（三）含有的致病性寄生虫、微生物或者生物毒素不符合农产品质量安全标准；（四）未按照国家有关强制性标准以及其他农产品质量安全规定使用保鲜剂、防腐剂、添加剂、包装材料等，或者使用的保鲜剂、防腐剂、添加剂、包装材料等不符合国家有关强制性标准以及其他质量安全规定；（五）病死、毒死或者死因不明的动物及其产品；（六）其他不符合农产品质量安全标准的情形。对前款规定不得销售的农产品，应当依照法律、法规的规定进行处置。”

该法第五章第三十九条，是对农业部门建立农产品合格证制度的认可，非常重要。该条规定：“农产品生产企业、农民专业合作社应当执行法律、法规的规定和国家有关强制性标准，保证其销售的农产品符合农产品质量安全标准，并根据质量安全控制、检测结果等开具承诺达标合格证，承诺不使用禁用的农药、兽药及其他化合物且使用的常规农药、兽药残留不超标等。鼓励和支持农户销售农产品时开具承诺达标合格证。法律、行政法规对畜禽产品的质量安全合格证明有特别规定的，应当遵守其规定。”2016 年农业部颁发《食用农产品合格证管理办法（试行）》，在河北、黑龙江、浙江、山东、湖南、陕西等省份先行开展主要食用农产品合格证管理试点工作。2019 年年底，农业农村部发布《全国试行食用农产品合格证制度实施方案》，决定在全国范围内，农产品生产企业、农民专业合作社、家庭农场在蔬菜、水果、畜禽、禽蛋、养殖水产品上市时要出具合格证。鼓励小农户参与试行。同时，制定了食用农产品合格证基本样式。出具合格证的生产者承诺对产品质量安全及合格证真实性负责，承诺的内容包括：不使用禁限用农药兽药，不使用非法添加物，遵守农药安全间隔期、兽药休药期规定，销售的食用农产品符合农药兽药残留食品安全国家标准。

《农产品质量安全法》第六章是监督管理，第七章是法律责任，第八章是附则。附则中指出：粮食收购、储存、运输环节的质量安全管理，依照有关粮食管理的法律、行政法规执行。

在一些具体产品和环节问题上，国务院和有关部门也出台了一系列具体的法规条例，如《乳品质量安全管理条例》《生猪屠宰管理条例》等，以及有关农药、兽药、饲料等投入品和食盐、食品添加剂、保健食品等方面的法规制度。

此外，《中华人民共和国动物防疫法》和《中华人民共和国进出境动物植物检疫法》也与食品安全问题有关。前者主要通过实施严格的检疫，防止检疫不合格的动物和动物产品对人体健康造成不利影响；后者主要通过实施严格的入境检疫，防止检疫不合格的动物和植物产品进入国内，对人体健康造成不利影响。

8.5　政府监管部门

2009年出台的《食品安全法》明确了实施分段管理体制。该法2009年版本第四条规定："国务院设立食品安全委员会，其工作职责由国务院规定。国务院卫生行政部门承担食品安全综合协调职责，负责食品安全风险评估、食品安全标准制定、食品安全信息公布、食品检验机构的资质认定条件和检验规范的制定，组织查处食品安全重大事故。国务院质量监督、工商行政管理和国家食品药品监督管理部门依照本法和国务院规定的职责，分别对食品生产、食品流通、餐饮服务活动实施监督管理。"

《食品安全法》2021年版本第五条规定："国务院设立食品安全委员会，其职责由国务院规定。国务院食品药品监督管理部门依照本法和国务院规定的职责，对食品生产经营活动实施监督管理。国务院卫生行政部门依照本法和国务院规定的职责，组织开展食品药品风险监测和风险评估，会同国务院食品药品监督管理部门制定并公布食品安全国家标准。国务院其他有关部门依照本法和国务院规定的职责，承担有关食品安全工作。"

其中，农业管理部门的职责在《农产品质量安全法》中有明确规定。该法第三条规定："与农产品质量安全有关的农产品生产经营及其监督管理活动，适用本法。"该法第五条规定："国务院农业农村主管部门、市场监督管理部门依照本法和规定的职责，对农产品质量安全实施监督管理。"

另外，食品安全实行政府分级管理体制。《食品安全法》第七条规定："县级以上地方人民政府实行食品安全监督管理责任制。上级人民政府负责对下一级人民政府的食品安全监督管理工作进行评议、考核。县级以上地方人民政府负责对本级食品药品监督管理部门和其他有关部门的食品安全监督管理工作进行评议、考核。"

8.6 食品安全科普

我国消费者在食品安全方面存在很多误区，包括“正面”误区和“负面”误区。前者如有机食品和绿色食品，后者如转基因食品和所谓的“速生鸡”等。无论是“正面”误区还是“负面”误区，本质上都是相同的，即，对食品安全的认知，都是看生产过程，而不是看产品本身的安全性，都是对传统生产方式的肯定，对现代技术方式的否定。尽管农业科学家们做了很多科普宣讲宣传，但是，很多人出于种种原因，仍然深陷于认知误区中。

8.6.1 有机食品

生活中，绝大部分人把这类产品当作最安全的产品。而在本质上，有机食品只是生产环境、生产过程和生产方式标准，并不是产品本身的质量安全标准。

有机食品产生于有机农业。有机农业概念的提出，始于20世纪30—40年代的欧洲，主要针对大量使用化肥所产生的土壤板结、水土流失和土壤肥力下降的情况。

关于有机农业的理解和表述有很多种。1972年成立的国际有机农业联盟（International Federation of Organic Agriculture Movements，IFOAM）提出的定义是：有机农业是一个保持土壤、生态系统和人的健康的一种生产体系，其依赖于适应当地条件的生态过程、生物多样性和循环圈，而不使用有不良作用的投入品，把传统、创新和科学结合起来，以利于共享的环境，促进所有参与者的公平关系和良好的生命质量。

联合国粮农组织也有一个关于有机农业的定义，也是强调促进和强化农业生态系统，包括生物多样性、生物循环、土壤生态活动，不使用来自农业外部的投入品。

通俗地说，有机农业是一种生产方式，其不使用任何化学投入品，包括化学农药、种衣剂、化肥、抗生素、生长激素等，也不用转基因种子，并且农田三年内没有使用过这些化学品，不能有农药等残留。如果是生产有机肉禽蛋奶和水产品，其饲料必须是有机产品。

这种生产方法，本质上就是 100 多年前我们的老祖宗所采用的方法。当然，现在的有机农业在技术上还是有所进步的。例如，在除虫方面，发明了物理灭虫方法，包括灯光和黄板诱捕。在生物技术方面，也有不需要转基因的技术。例如，通过生物技术分析，发现有的水稻品种含有特殊的基因，种植这种水稻，不打农药也不会发生稻瘟病。

有机农业经过几十年的实践有了一定的发展，但在整个农业中所占的份额仍然非常有限。根据国际有机农业联盟 2020 年的统计，全球共有 186 个国家，280 万农民，在 7 150 万公顷的土地上从事有机农业生产。其中，2/3 为畜牧业用地，1/5 为大田作物，其余为多年生的果树等。

全球有机农业占用农地和耕地的比例，均为 1%左右。列支敦士登最高，达 39%，奥地利为 20%，瑞典为 17%，瑞士为 13%，欧盟平均为 6.2%，美国为 0.6%。人均有机食品消费额最高的国家是瑞士和丹麦，为 312 欧元。根据统计数据，截至 2022 年年底，我国有机农业生产面积达 220 万公顷，占全国耕地面积的 1.7%。

推动有机农业发展的力量，来自三个方面：首先是生产者，有机农业的倡导者认为，过度使用化肥和农药不利于农业本身的可持续发展，主张保持传统农业的生态循环特点，把农场当作一个有生命的有机体；其次是政府，有机农业不使用化学投入品，能够减少对土壤和水体的污染，有利于保护生态环境；最后是消费者，没有消费者的认可，有机农业就无法存在和发展。消费者愿意购买高价格的有机产品，主要原因有三点：一是认为有机产品更安全，二是认为有机产品更有营养，三是认为有机产品更好吃。

国际有机农业联盟和联合国粮农组织的有机农业定义中，并没有明确涉及有机产品的安全和质量问题。推崇有机农业的人，是从有机农业的生产方式推断出有机产品更好的结论的。

有机农业产量低、成本高，因此，必须卖出高价。如果不能认定有机产品更安全或质量更好，就卖不出高价。有机农业能够存在和发展，证明了一些消费者相信有机产品更好；而有机农业迄今只覆盖了 1%左右的农地，则说明大部分消费者可能还是觉得有机产品价格太高，物非所值；也有一些理性的消费者，不相信有机产品的质量比合格的常规产品质量更好，尤其是在欧美国家。

有机产品的质量到底如何？发达国家学者进行了很多研究，基本结论是，无法得出可靠结论。在口味方面，只有个别产品，如有些有机水果，比常规水果含水量更少一些，味道更浓一些。

在我国，对于有机产品的追崇，主要源自对农药和添加剂的惧怕。尽管根据现有检测情况，只要生产者严格遵守规定，常规产品与有机产品具有同等的安全性，但消费者还是更相信天然的产品。

在口味方面，认为有机产品的口味更好，也不准确。决定农产品口味的关键因素，对于作物产品来说是品种和自然条件，对于畜禽产品来说是品种和养殖时间长短。例如，五常大米好吃，原因是稻花香品种好，当地自然条件合适；“土鸡”肉好吃，是长得慢，饲养时间长，使得肌肉纤维粗、肌间脂肪和芳香性物质积累较多。

从长远的角度看，减少化学品的投入，最有效的出路是通过生物技术，研发出有特殊优良品质的种子，能够抗虫抗病，能够提高肥效。如果这个思路能够为有机农业所接受，那么，有机农业的发展前景会更广阔得多。

根据过去几十年有机农业的发展情况，未来相当长时期内，有机农业产量低、成本高的特点难以有根本性变化，有机农业的发展仍然非常有限。

不过，有机农业（也是传统农业）的好做法，例如秸秆还田、有机肥料、轮作休耕、稻虾共作等，完全可以为现代农业所用，作为现代农业技术的补充和部分替代。

农业农村部下属的中国绿色食品发展中心，是负责有机农产品认证和绿色食品标志许可的专门机构。

8.6.2 绿色食品

按照我国公众比较普遍的说法，绿色食品泛指安全的食品/农产品，通常意味着在良好的生态环境中用传统的方法生产出来。有些人经常把绿色与有机两个字连起来使用，称为“绿色有机”产品。按照中国绿色食品发展中心现行的定义：“绿色食品是指产自优良生态环境、按照绿色食品标准生产、实行全程质量控制并获得绿色食品标志使用权的安全、优质食用农产品及相关产品。”生产绿色食品可以使用化肥、农药等，但有严格的“使用准则”。中国绿色食品发展中心列出的生产技术 10 项标准中，就包括农药使用准则、化肥使用准则、兽药使用准则等。

就其定义和本质来看，绿色食品和有机食品一样，都是生产环境、生产过程和生产方式标准，而不是产品本身的质量安全标准（绿色食品标准体系中有产品标准，但无法看出与合格农产品在安全性上有何显著区别）。不过，对于动植物产品最有可能产生的药物残留问题，有机食品和绿色食品的安全有较好保障：有机食品不会有药物残留；绿色食品即便有，也会低于允许的药物残留标准。再者，不使用或者少使用药物，在避免药物残留风险的同时也会产生别的安全隐患，如产生有关病虫害和霉变（如致癌物黄曲霉素）等，进而影响到产品的安全性。

8.6.3　无公害食品

无公害食品的说法，最早出现在我国 20 世纪 80 年代。当时主要指没有受到工业“三废”污染的农产品。无公害食品的正式提出始于 2001 年，农业部发布了首批 73 项无公害食品行业标准，并启动了无公害食品的认证。对于无公害食品的说法，一直有争议。这种说法是负面的定义，听起来让人并不很放心；同时，也意味着那些没有认证的产品都是有问题的。其实，无公害食品的本意就是安全性达标的产品。

2018 年 11 月起，农业部停止无公害产品认证，在全国启动食用农产品合格证制度。食用农产品合格证不是第三方机构认证的，而是生产者自己对所销售的食用农产品自行开具并出具的质量安全合格承诺证。

食用农产品合格证制度，是一项极为重要的食品生产源头治理的有效有力措施。随着农业生产组织化程度的大大提高及信息化技术的广泛应用，我国正在建立普遍的食品安全可追溯制度。食品安全可追溯制度与食用农产品合格证制度的普遍建立，将极为有力地促进我国食品安全的源头控制治理。

8.6.4　转基因食品

在所有食品安全问题中，转基因食品是误解最深、最广泛、最持久的问题。

转基因食品指的是利用转基因生物技术获得的转基因生物品系，以该转基因生物为直接食品或为原料加工生产的食品。所有上市的转基因食品都是经过政府批准的，都经过了系统的、规范的食品安全检验的验证，对人体的健康是安全的。更准确地说，转基因食品的安全性与非转基因食品是一样的（实质等效）。例如，有人对吃大豆过敏，那么，不管吃的是转基因大豆还是非转基因大豆，都同样过敏——这只与大豆有关，而与转基因无关。

世界卫生组织、联合国粮农组织及美国、日本和欧洲国家的食品安全监管部门、各国科学家组织等，均对经过政府批准上市的转基因食品的安全性无异议。

世界上第一例进入商品化生产的转基因食品是1994年美国批准投放市场的可延缓成熟的转基因番茄。美国是世界上种植和食用转基因食品时间最长、数量最多的国家。美国的大豆、玉米、油菜、甜菜种植中，转基因品种均占95%左右，从来没有发生过转基因食品不安全的事件。其他国家也没有。

欧盟成员国和日本等很多国家实行转基因食品的标识制度。这是给消费者知情权和选择权，是对民意的妥协，与安全性无关。

2022年，全球转基因作物种植面积达到2.022亿公顷，创下了新纪录。27个国家种植了11种不同的转基因作物。其中种植面积较大的国家有：美国7 470万公顷，巴西6 320万公顷，阿根廷2 350万公顷，印度1 240万公顷，加拿大1 130万公顷。按照产品计算，种植面积较大的作物有：大豆9 890万公顷，玉米6 620万公顷，棉花2 540万公顷，油菜990万公顷。

转基因技术作为一项现代生物技术，对于农产品增加产量、提升质量、降低生产成本，具有非常大的潜力。现在已经应用且效果非常显著的，主要是具有抗虫和抗除草剂性能的转基因品种。这大大减少了虫害损失和农药投入，有助于生态环境保护，也显著降低了生产成本。

普通老百姓对转基因问题有疑虑有担心，是正常现象。转基因的科普工作很难。生物学方面的科学道理很是艰涩，科学家能够说得很清楚，但老百姓却无法听懂；那些转基因有害的谣言却通俗易懂。近几年，人们对转基因问题的认识已经有了很大进步，越来越多的人能够理性地正确地对待这个问题。

我国的转基因政策非常严格。早在2001年，国家就制定了《农业转基因生物安全管理条例》，2002年发布了《转基因食品卫生管理办法》《农业转基因生物进口安全管理办法》和《农业转基因生物标识管理办法》。

《农业转基因生物安全管理条例》对从事农业转基因生物的研究、试验、生产、加工、经营、进口和出口活动进行了严格的规定。条例规定："农业转基因生物试验，一般应当经过中间试验、环境释放和生产性试验三个阶段""试验结束后，可以向国务院农业行政主管部门申请领取农业转基因生物安全证书""生产转基因植物种子、种畜禽、水产苗种，应当取得国务院农业行政主管部门颁发的种子、种畜禽、水产苗种生产许可证"。我国在棉花、番木瓜、水稻、玉米等产品方面已经发放了农业转基因生物安全证书，但是长期以来发放生产许可证的只有转基因棉花和番木瓜。2023年12月，农业农村部发布公告，37个转基因玉米品种、14个转基因大豆品种，经国家农作物品种审定委员会审定通过。这标志着我国的转基因玉米和大豆正式被批准进行商业化生产。

《转基因食品卫生管理办法》（2007年废止）规定："转基因食品作为一类新资源食品，须经卫生部审查批准后方可生产或者进口。未经卫生部审查批准的转基因食品不得生产或者进口，也不得用作食品或食品原料。"目前，批准可以生产和进口的食品（可以直接食用的），只有番木瓜。2009年颁布的《食品安全法》中对转基因食品规定："生产经营转基因食品应当按照规定显著标示""转基因食品和食盐的食品安全管理，本法未作规定的，适用其他法律、行政法规的规定"。事实上，符合《农业转基因生物安全管理条例》各项规定的转基因产品，就是符合食用安全的产品。

《农业转基因生物进口安全管理办法》规定了"用于研究和试验的、用于生产的以及用作加工原料的三种用途"转基因生物的进口安全管理办法。其中最主要的要求是进口的转基因生物在国外已经进行了相应的研究并投放到市场。

《农业转基因生物标识管理办法》规定："凡是列入标识管理目录并用于销售的农业转基因生物，应当进行标识；未标识和不按规定标识的，不得进口或销售。"标识的方法有三种：转基因动植物的原产品直接标注为"转基因××"；转基因农产品的直接加工品标注为"转基因××加工品（制成品）"或者"加工原料为转基因××"；以转基因产品为原料但最终产品中不再含有转基因成分的加工品标注为"本产品为转基因××加工制成"或者标注为"本产品加工原料中有转基因××"。

《农业转基因生物标识管理办法》于2023年进行了修改。主要修改是增加了两处内容。一处修改是增加了"对我国未批准农业转基因生物安全证书的生物，其产品标签、说明书上不得标注'非转基因'字样"。这句话的含义是：对于我国市场上已经有了获批转基因的产品类别，如玉米和大豆，属于转基因的，要标注"转基因"，不是转基因的，可以标注为"非转基因"；对于我国市场上尚无获批转基因的产品类别，如小麦、西红柿等，不得标注"非转基因"，因为这类产品尚无转基因的，都是非转基因的，这时标注"非转基因"对消费者有误导作用。

另一处修改是调整了实行标识管理的转基因生物目录，并增加了3%的标识阈值，具体为：实施标识管理的农业转基因生物目录是大豆、大豆粉、大豆油、豆粕、大豆蛋白、豆渣，玉米、玉米油、玉米粉、玉米渣、玉米粕，油菜籽、油菜籽油、油菜籽粕，棉籽油、棉籽粕，苜蓿草和番木瓜。"上述产品中，单一作物转基因成分含量超过产品3%时应当标识""大豆种子、玉米种子、棉花种子、番木瓜种苗应标注'转基因'字样"。

在转基因标识方面，欧盟规定的阈值是0.9%，日本规定的阈值是5%。我国以前没有规定阈值，即只要有，就要标识；现在确定了3%的阈值，是一种进步。

8.6.5 "速生鸡"

所谓"速生鸡"或"速成鸡"，也是诸多利用现代技术生产出的产品中经常被"黑"的产品。"速生鸡"指的是白羽肉鸡。

普通消费者对"速生鸡"的食品安全有疑虑，主要是认为鸡长得快，是吃了大量生长激素的原因。其实，这都是误解和谣言。主要原因是，激素价格昂贵，而且研究表明，添加使用生长激素对于促进鸡肉生长其实并无效果，还会增加肉鸡患心脏疾病、腹水等疾病的风险。更不要说，添加使用激素在我国和世界其他国家都是明令禁止的。

我国的白羽肉鸡饲养的技术指标情况，与发达国家大体是一致的。白羽肉鸡长得快，是品种、饲料、圈舍条件和饲养管理四大因素共同作用的结果。

品种方面，白羽肉鸡有着优良基因及稳定的遗传性能，经过几十年的选育，料肉比可以达到（1.6～1.8）：1，甚至更高。42天或更短时间出栏，体重达到2.5千克以上。

饲料方面，白羽肉鸡吃的是营养均衡的全价配合饲料。饲料经过高温调制成颗粒料后，既方便鸡啄食，也有利于消化，且营养成分合理。全价配合饲料根据肉鸡不同生长阶段营养需求，将玉米、豆粕、油脂、维生素、氨基酸、矿物质等原料进行不同的科学配比，能够最佳满足不同生长阶段鸡的营养需要。

圈舍方面，现代化饲养场通常在温度、湿度和通风控制方面均较好，提供了舒适的饲养环境，有利于提高摄入营养成分的利用率，有助于鸡长得快。

管理方面，生物安全防控程度高，防疫水平高，管理方面更为精细化。

白羽肉鸡作为重要的动物蛋白来源，具有很多优点。首先，在各种肉类中，鸡肉的营养和健康价值更高。鸡肉蛋白质含量约为20%，猪肉平均为13%左右；鸡肉脂肪含量在9%左右，而猪肉平均为18%；鸡肉脂肪中的不饱和脂肪酸含量高，而猪肉则以饱和脂肪酸为主。其次，白羽肉鸡的饲料转化率很高，为（1.6～1.8）：1，而生猪为3：1左右。饲料转化率高，意味着生产成本低，肉的价格便宜。因此，白羽肉鸡及其他禽肉是物美价廉的动物蛋白产品。正因为如此，世界肉类生产中，以白羽肉鸡为主的禽肉生产数量快速增加，已经超过其他肉类，成为产量最多的肉类，占肉类生产总量的近40%。在美国和日本的肉类消费中，禽肉均占第一位。

白羽肉鸡也有不足之处，为消费者所普遍诟病，这就是口感一般，不像以前的鸡肉那样香了。这一点倒是真实的。主要原因是生产周期短，脂肪少，芳香物质积累不足。这方面的缺点，靠好的烹饪技术可以适当弥补。现在也有不少“土鸡”，通常是在野外山坡林地中放养，生长的时间更长一些，口感更好。只是这些“土鸡”的价格很高，通常几倍于白羽肉鸡。大量的白羽肉鸡和少量的“土鸡”在市场上并存，是市场供求关系相互作用平衡的结果。

8.7 食品安全形势

在三聚氰胺婴儿奶粉事件后，我国的食品安全状况获得了极大的改善。主要原因包括：第一，食品安全法治更为健全，主管部门和社会的监管更加有力。第二，食品安全标准不断提高，原来允许使用的一些农药已经被禁止。第三，科学检测手段日益先进。三聚氰胺事件发生时，对鲜奶中三聚氰胺的检测费用高、耗时长，只能在实验室中做，而在收购鲜奶环节做不到；现在的检测技术水平大大提高，极为简便低廉，只要一两分钟，花费几块钱。这从技术检测层面杜绝了任何逐利掺假的可能。第四，农业生产日益组织化和规模化，信息技术发达，促使可追溯体系不断建立和完善。

所有这些方面的变化和改善，都使在食品安全上出问题的企业和个人代价巨大，无论是主观故意还是非主观过失。这大大提高了食品安全的全过程、全链条保障水平。

与其他国家相比，我国消费者对食品安全的过度担心十分突出。除了三聚氰胺婴儿奶粉事件的负面影响巨大之外，还有一些客观原因。尤其是在自媒体时代，网络传播具有极大的放大作用：透明度高，个别事件全国都知道；网络传播快，覆盖面广；重复性高，新老事件交互影响；媒体失误，进行了误报或误导。

误报，就是错误报道。例如，某著名文摘期刊报道，反季节作物、彩色辣椒、圣女果、甜玉米等都是转基因食品。这就是误报，因为我国食用的含有转基因成分的食品只有木瓜、大豆油、菜籽油、棉籽油；同时，也是误导，这种报道都隐含着转基因不安全的含义。我国进口的转基因产品有大豆、玉米，仅供饲料和加工用（这种规定也有误导作用）。此外，还有人造鸡蛋、棉花肉松、塑料大米、香蕉致癌、草莓致癌等，也为严重的误报，无论报道者动机如何，这些都属于谣言。

误导，就是所报道的是事实，但只是部分的事实，而不是全部事实。例如，有媒体报道某某葡萄酒中检查出含有致癌物质残留，这是事实，而没有报道的是，其含量极低，仅为欧盟允许的限量标准的几十分之一。又如，有权威部门人员说，我国奶粉99%是符合质量标准的，这是事实；而没有说的是，那不合格的1%在哪里，是1%的企业？还是所有企业产品的1%？那1%的产品存在什么问题？如何甄别？有多严重？这些问题不说清楚，反而造成了消费者的担忧，因为消费者不知道不合格的1%在哪里，也不知道影响多大。

由于绝大部分食品安全问题都与现代生产技术相关联，很多消费者只是盲目相信天然食品。消除消费者在食品安全问题上的过度担忧，除了要加强科普宣传，最根本的，还是要通过完善食品安全政策，加强各个方面的公共努力，消除可能造成食品不安全的所有隐患，让消费者通过长时期的食品安全体验增强食品安全信任感。

第 9 章　农业科技政策

农业科技，是推动农业长期发展的根本性力量。我国和世界农业发展的历史，就是科技进步成果不断运用于农业的历史。农业科技极端重要，因此，农业科技政策极端重要。

不过，各种教科书中有关农业科技政策的阐述通常较为笼统、庞杂和分散，不像土地政策、市场政策和贸易政策那样，主要措施焦点突出、逻辑清晰、明确具体，知晓者众。究其本源，是由农业科技工作本身的特点所决定的。

现实中，我国的农业科技政策大体由两部分内容构成：一方面是各种理念和原则，是高度抽象的；另一方面是各种具体项目，是非常琐细的。

从另外的角度看，农业科技工作分为农业科技研发和农业技术推广两个部分，属于上游和下游关系。这两个部分密切相关，尽管具体的促进政策措施有所不同。

《农业法》第四十八条规定："国务院和省级人民政府应当制定农业科技、农业教育发展规划，发展农业科技、教育事业。县级以上人民政府应当按照国家有关规定逐步增加农业科技经费和农业教育经费。"第四十九条规定："国务院有关部门应当组织农业重大关键技术的科技攻关。国家采取措施促进国际农业科技、教育合作与交流，鼓励引进国外先进技术。"第五十二条规定："对农业科研单位、有关学校、农业技术推广机构举办的为农业服务的企业，国家在税收、信贷等方面给予优惠。"

《乡村振兴促进法》第十六条规定："国家采取措施加强农业科技创新，培育创新主体，构建以企业为主体、产学研协同的创新机制，强化高等学校、科研机构、农业企业创新能力，建立创新平台，加强新品种、新技术、新装备、新产品研发，加强农业知识产权保护，推进生物种业、智慧农业、设施农业、农产品加工、绿色农业投入品等领域创新，建设现代农业产业技术体系，推动农业农村创新驱动发展。”

《中华人民共和国农业技术推广法》（以下简称《农业技术推广法》）第三条规定：“国家扶持农业技术推广事业，加快农业技术的普及应用，发展高产、优质、高效、生态、安全农业。”第五条规定：“国家鼓励和支持科技人员开发、推广应用先进的农业技术，鼓励和支持农业劳动者和农业生产经营组织应用先进的农业技术。”第六条规定：“国家鼓励和支持引进国外先进的农业技术，促进农业技术推广的国际合作与交流。”

本书力求找到一个易于理解和清晰表述的角度，来分析我国的农业科技政策。

9.1　基本理念

支撑农业科技政策的理念很多，其中最突出的是重要性、长期性、公益性和创新性。

以下四个方面的理念，说明了农业科技政策很重要，以及农业科技政策应该把重点放在哪些方面。

9.1.1　重要性

习近平总书记指出：“科技是第一生产力，人才是第一资源，创新是第一动力。”这三句话不是并列的，而是有着密切的内在逻辑关系。其中的核心是科技。人才之所以重要，是因为创新很重要，而创新需要人才——没有人才，就没有创新；如果不能创新，也算不得人才。创新有很多种类和领域，其中最重要的是科技创新。习近平总书记的重要论述适用于所有领域。在农业领域，尤为如此。

20世纪50年代中期，我国提出了农业的“八字宪法”，即土、肥、水、种、密、保、工、管。八个字讲的都是科技。土，包括深耕和改良土壤等；肥，既包括合理施肥，也包括有更好的肥料；水，是兴修水利和合理用水；种，是培育和推广良种；密，是合理密植，没有好的品种和种植技术，是无法密植的；保，是病虫害防治；工，是农业工具改良，农业现代化就更少不了了。而管，当时讲的是田间管理，如中耕等，也是科技当头，只是现在的管理内容更丰富，包括如何配置资源，采用何种组织方式等，更多的是经营管理的内容，但也依赖于农业技术——在不同的技术水平下，生产组织方式是有所不同的。在科技水平较低时，一家一户的小农户经营模式还能够存在；在现代种植技术要求下，更需要各种规模化的组织方式。

我国改革开放开始不久，就在农业领域取得了显著成绩，农业生产大幅度增长。对此，官方总结了三句话：一靠政策，二靠科技，三靠投入。实际上，其中的最终落脚点还是科技。投入，不是简单的物力人力投入，包含科技含量的投入才有威力。例如，更好的品种、更好的肥料、更适用的农机、更高效的设施等。政策的作用在于，好的政策，能够调动生产者的积极性，把科技的力量发挥得更好。实际上，在改革开放之前，我国的农业也在不断发展，其原因就是科技进步的作用。只是由于计划经济体制的弊病，科技的巨大作用没有充分发挥出来。农村改革之后，不仅释放了已有农业科技的技术潜力，也推动了农民生产者去寻求和采用新的农业技术。

2023 年的中央一号文件提出了“加快建设农业强国”的任务，文件要求：“要立足国情农情，体现中国特色，建设供给保障强、科技装备强、经营体系强、产业韧性强、竞争能力强的农业强国。”这“五强”中既包含目标，也包含路径，既体现了中国特色，也体现了共性要求。其中，供给保障强，主要是强调数量要足，在我国人均耕地面积只有世界平均水平一半的国情下，要求不断提高土地的单产水平，这是我国推进建设农业强国最突出的特色。在欧美发达国家，由于生产过剩，其通常不特别强调单产问题。竞争能力强，归根到底是质量要好，成本要低。这两个方面合起来，建设农业强国的主要目标就是单产要高，质量要好，成本要低。科技装备强，就是利用最先进的科学技术，并且通过先进的装备设施应用、体现这些技术。经营体系强，归根到底，是要改变传统的小农户经营模式，不断扩大生产规模，达到适度规模，这是应用先进科学技术的需要。产业韧性强，主要是抗风险能力强，包括自然风险和市场风险。总体上看，供给保障强和竞争能力强是目标，而科技装备强、经营体系强和产业韧性强是具体的路径和措施。

农业强国的根本目标和特征“单产高，质量好，成本低”，正是农业科技作用效果的三大指标。没有农业科技的不断突破创新，单产难以提高，质量难以提升，成本难以降低。建设农业强国和推进我国农业现代化，必须依赖源源不断的农业科技创新成果的推动和支撑。

此外，这三大指标中也内含了安全和生态的内容。广义的质量好，就包括安全的内容，而农业上的生态保护要求，不是完全不改变生态环境，而是能够可持续利用；成本低，必然意味着减少自然资源的投入，即用较少的投入得到较多的产出，而产量能够持续性地提高，必然建立在可持续发展的基础上。

9.1.2　长期性

农业科研工作具有长周期性，这是由农业科研工作对象的生物学特征决定的。农业科研工作的对象是动植物，动植物都有比较长的生长周期。大田作物基本需要半年以上的时间，果树需要几年的时间，动物育种从曾祖代到商品代，需要的时间更长，尤其是猪、牛等大动物。

这就要求农业科研工作不能急功近利，需要有坐冷板凳和“十年磨一剑”的坚持精神。这也导致农业科研工作的产学研结合难度更大一些。因为，大多数企业尤其是中小企业，必须考虑短期内的收益问题。

这也要求国家在农业科研项目的设立上不能有急功近利的要求。至于基础性的研究，更是如此。

9.1.3　公益性

大部分农业技术进行知识产权保护的难度较大。例如，在种植方法、施肥方法、秸秆矮化技术、植保方法、土壤改良方法等方面的创新性成果，难以设置任何知识产权保护门槛，任何人都可以学而用之。种子技术可能是最适宜知识产权保护的，但不同产品也有很大差别。例如，蔬菜方面的种子比较容易进行知识产权保护，而果树方面则很难，别人剪走一棵果树枝，就可以通过组培技术等获得该品种。

即便同一产品品类，例如水稻，也不相同。杂交水稻（以及其他杂交作物）很容易进行知识产权保护，因为种植者必须每年都买新的种子，因此，商业化的公司愿意从事这方面的投资，生产和销售杂交水稻种子。而多年生水稻则难以进行知识产权保护，种植者可以自行留种，并且买了一次种子种下去之后，其后的很多年份都不需重新种植，也就不需要买种子了，因此，商业化的公司不愿意从事多年生水稻的良种繁育，因为无法得到足够的市场回报。多年生水稻的案例说明，哪怕是可以保护知识产权的技术，由于种子创新方面的投入产出效率低，市场力量也难以驱动这方面的科技创新。

9.1.4 创新性

同其他科研领域类似，农业科技创新的领域也分为基础研究、应用基础研究和应用研究。通常，公众最关注的是应用研究，“把论文写在大地上”表达的就是这个意思。只有最具有实用价值的科技，才是最好的科技。农业科技的最终目标，就是提高产量，提升质量，降低成本。而这三大目标的效果，只能在大地上得到体现和实现。

其实，“把论文写在大地上”强调的重点，更多的是在农业科技成果的推广应用方面。而从长远发展看，政府不仅要重视科技成果的推广应用，更应该重视农业科技的源头性创新。“把论文写在大地上”与“把论文写在电脑中”并不是矛盾关系，而是密切联系在一起的，都是必需的。从逻辑关系看：今天写在大地上的论文，是昨天电脑中论文的成果应用；而今天写在电脑中的论文，会为明天写在大地上的论文提供源源不断的创新源泉。

归纳起来，推广应用很重要，是目标；而源头创新则是保证有持续性的创新成果可以应用。就投入方面而言，农业科技创新主要靠政府（政府力），而推广应用在很大程度上靠社会各方面的力量（市场力），政府发挥引导（引领）和补充作用，政府力助力市场力，补充市场力，让市场更好地发挥作用。

9.2　管理体制

农业科技政策的核心问题是：拿出更多的钱，把钱花好。前者是国家财政要加大投入，不仅支持做事，也包括养人——养人的目的是把事情做得更好。后者是要建立好的体制机制，使得在同样的财政投入水平上，能够多出成果，出重大成果。

当前我国的农业科技管理机构设置及其职能，主要如下：

9.2.1　国家自然科学基金委员会

国家自然科学基金委员会（简称自然科学基金委）成立于 1986 年。其建立的初衷是改变以往计划经济体制下科研经费依靠行政拨款的传统管理模式，全面引入和实施了先进的科研经费资助模式和管理理念，确立了“依靠专家、发扬民主、择优支持、公正合理”的评审原则。在国家创新体系中的战略定位是：“支持基础研究，坚持自由探索，发挥导向作用。”

自然科学基金从 1986 年的 8 000 万元起步，已增长到 2022 年的 300 多亿元，较大地改善了基础研究的资助环境，项目资助强度稳步提高。

自然科学基金委根据科学发展趋势和国家战略需求设立相应的资助项目类型，从资助定位和管理特点出发，分为研究项目、人才项目和环境条件项目三大系列。

研究项目系列：一是面上项目。这是自然科学基金资助项目数最多、覆盖面最广的一类项目资助类型，占各类项目资助总经费的 45%以上。自然科学基金委每年发布《国家自然科学基金项目指南》，指导面上项目的申报。二是重点项目。针对已有较好基础和积累的重要研究领域或新学科生长点开展深入、系统的创新性研究工作，资助强度比面上项目更高。三是重大项目。针对国民经济和社会发展中亟待解决的重大科学问题，开展学科交叉和综合性研究，一般由 4～5 个研究课题构成。资助强度比重点项目更高。四是联合基金项目。是自然科学基金委与其他政府部门、企业、研究机构共同出资设立联合基金或联合资助项目，资助某些特定领域的基础研究。五是国际（地区）合作研究项目。为鼓励广大科学家广泛参与国际合作与竞争，提高科技创新水平，自然科学基金委积极支持双方共同投资进行的实质性合作研究。

人才项目系列：一是国家杰出青年科学基金（简称杰青），设立于1994年，支持在基础研究方面已取得突出成绩的青年学者自主选择研究方向开展创新研究，年龄在45岁以下。资助人数从设立之初的每年资助50人到后来稳定在200人左右，再到2019年的300人左右，涵盖了自然科学全部领域。二是优秀青年科学基金（也称小杰青），是国家杰出青年科学基金的铺垫性科技支撑基金，设立于2012年。开始时年龄要求在35岁以下，后来放宽到男性38岁以下，女性40岁以下。每年资助600人左右。三是创新研究群体科学基金。资助国内以优秀科学家为学术带头人、中青年科学家为骨干的研究群体，围绕某一重要研究方向在国内进行基础研究。年龄要求是55岁以下。四是基础科学人才培养基金。主要用于支持国家理科基础科学研究和教学人才培养基地（简称理科基地）的条件建设和本科生研究能力的提升，促进科学研究与教育的结合，培养基础研究后备人才。五是地区科学基金。主要对部分边远地区、少数民族地区等科学研究基础薄弱地区的科技工作者予以支持。面向的地区有内蒙古、宁夏、青海、新疆、西藏、广西、海南、贵州、江西、云南10个省（自治区）和延边朝鲜族自治州。

环境条件项目系列：一是国家合作交流项目。为已经承担自然科学基金项目的科学家广泛参与国际合作及交流营造良好环境和条件。二是科学仪器基础研究专款项目。主要资助基础科学前沿研究所急需的重要科学仪器或实验装置的创新性研制和改进，以及创新性科学仪器研制中基础性科学问题的研究。三是重点学术期刊专项。着眼于建设具有国际品牌地位的中国学术期刊，提高中国学术期刊在国际上的影响力。四是科普、青少年科技活动等专项。面向社会普及和传播基础研究成果，进一步提升公众认知，提高公众科学素养；资助青少年科技活动，以培养青少年的探索兴趣和创新意识，营造良好的成长环境。

9.2.2 科学技术部

科学技术部（简称科技部），历史上曾长期称为科学技术委员会，是国家主管科学技术工作的部门。

根据2023年的《党和国家机构改革方案》，重新组建科技部。加强科技部推动健全新型举国体制、优化科技创新全链条管理、促进科技成果转化、促进科技和经济社会发展相结合等职能，强化战略规划、体制改革、资源统筹、综合协调、政策法规、督促检查等宏观管理职责，保留国家基础研究和应用基础研究、国家实验室建设、国家科技重大专项、国家技术转移体系建设、科技成果转移转化和产学研结合、区域科技创新体系建设、科技监督评价体系建设、科研诚信建设、国际科技合作、科技人才队伍建设、国家科技评奖等相关职责。将科技部的组织拟订科技促进农业农村发展规划和政策、指导农村科技进步职责划入农业农村部。将科技部的组织拟订科技促进社会发展规划和政策职责分别划入国家发展改革委、生态环境部、国家卫生健康委员会等部门。将科技部的组织拟订高新技术发展及产业化规划和政策，指导国家自主创新示范区、国家高新技术产业开发区等科技园区建设，指导科技服务业、技术市场、科技中介组织发展等职责划入工业和信息化部。将科技部的负责引进国外智力工作职责划入人力资源和社会保障部，在人力资源和社会保障部加挂国家外国专家局牌子。

上述改革方案中最重要的部分，就是改变长期以来广为诟病的各种产业技术政策由科技部管理而不是由国家各产业部门管理的问题——国家各产业部门要指导推动各个产业的发展，最熟悉产业发展的技术需求，但是却没有相应的科技政策权限。

对于农业科技政策来说，最重要的变化就是——将科技部的组织拟订科技促进农业农村发展规划和政策、指导农村科技进步职责划入农业农村部。这意味着，有关农业农村的科技研发工作和项目，将归为农业农村部组织执行。这将使我国的农业科技政策能够更好地适应和满足现代农业发展的需要。

9.2.3　农业农村部

现在的农业农村部在历史上用过多种名称，1988年改为农业部。2018年与中央农村工作领导小组办公室合并，改为现名称。2023年加挂国家乡村振兴局的牌子，撤销了原国家乡村振兴局（2018年前为国务院扶贫工作领导小组办公室），并与中央农村工作领导小组办公室分开。

农业农村部的基本职能是贯彻落实党中央关于“三农”工作的方针政策和决策部署，在履行职责过程中坚持和加强党对“三农”工作的集中统一领导。主要职责包括：“（一）统筹研究和组织实施‘三农’工作的发展战略、中长期规划、重大政策。组织起草农业农村有关法律法规草案，制定部门规章，指导农业综合执法。参与涉农的财税、价格、收储、金融保险、进出口等政策制定”等共十四条。其中第十一条为：“推动农业科技体制改革和农业科技创新体系建设。指导农业产业技术体系和农技推广体系建设，组织开展农业领域的高新技术和应用技术研究、科技成果转化和技术推广。负责农业转基因生物安全监督管理和农业植物新品种保护。”

在2023年的国务院机构职能改革之前，绝大部分科技研发项目的管理均在科技部，农业农村部直接管理的是持续时间最长效果最为显著的项目，是现代农业产业技术体系项目。

现代农业产业技术体系项目设立于2007年。每种大宗农产品设立一个国家产业技术研发中心（虚拟中心，包含若干个功能研究室），聘请一名首席科学家和若干名岗位科学家，并在主产区建立若干个国家产业技术综合试验站，每个试验站聘请站长一人。每年提供固定科研经费支持，其中首席科学家每年100万元，岗位科学家70万元，试验站站长30万元。每个聘期5年，可以续聘。2007年启动时，选择了10种重要农产品，后来扩大到50种。

现代农业产业技术体系的特点是：以每种农产品为单元，针对该产品产业发展的全过程关键技术需求（遗传育种、病虫害防治、土壤与栽培、设施和设备、产后处理与加工、产业经济等），建设从产地到餐桌、从生产到消费、从研发到市场等紧密衔接的现代农业产业技术体系；为产业技术体系工作的科研人员提供长期稳定的较高经费支持，不需要每年申请，从而吸引调动各农业科研院所和高校的优秀科学家，长期稳定参与产业技术体系的工作，进而全面提升各个产业的科技创新能力，更好服务该产业的高质高效发展。

50个现代农业产业技术体系，具体为：33个作物产品体系［水稻、玉米、小麦、大豆、大麦青稞、谷子高粱（糜子）、燕麦荞麦、食用豆、马铃薯、甘薯、木薯、油菜、花生、特色油料、棉花、麻类、糖料、蚕桑、茶叶、食用菌、中药材、绿肥、大宗蔬菜、特色蔬菜、西甜瓜、柑橘、苹果、梨、葡萄、桃（枣、樱桃）、香蕉、荔枝龙眼、天然橡胶]，11 个畜产品体系（牧草、生猪、奶牛、肉牛牦牛、肉羊、绒毛用羊、蛋鸡、肉鸡、水禽、兔、蜂），6 个水产品体系（大宗淡水鱼、特色淡水鱼、海水鱼、虾蟹、贝类、藻类）。

现代农业产业技术体系的建立，实际上为我国主要农产品建立起了一支稳定的国家核心研发队伍。这支队伍分布在主要农业科研机构中（2022 年 50 个现代农业产业技术体系的首席科学家中，有 34 人在研究院所，其中包括 10 个地方农业院所，16 人在高校），分布在每种农产品的每个环节，每个主产区。通过体系稳固的经费支持，调动了一大批优秀科研人员的积极性，形成了跨单位、跨地区、跨专业的长期密切合作，集中力量，联合攻关，避免了低水平重复，对我国农业产业技术的发展进步，起到了非常积极的作用。

9.2.4　其他政府机构

其他政府机构如财政部和国家发展改革委等，尽管在部门职能表述中并没有出现有关农业科技的字样，但是在实际工作中，也有一些与农业科技有关的项目，通常是个案性质的项目。如 2020 年财政部发起设立的农业产业集群项目，国家发展改革委的国家重大基础设施项目等。另外，各个地方政府的农业、科技等部门，也设立有一些针对当地农业发展的科研项目。例如，在国家现代农业产业技术体系建立运行后，很多省份也仿效之，建立了本省份的现代农业产业技术体系。后来，农业部和财政部还联合发文，对如何处理好地方现代农业产业技术体系与国家现代农业产业技术体系的关系做了指导和规定。

9.3　科研机构

我国从事农业科研的机构，主要是农业院校和农科院所，这两支队伍是我国农业科研的主力军。此外，也有一些大型的国有和民营农业企业从事一定的应用性研究。

我国涉农科研的主要高校如表 9-1 所示。其中，有 8 所综合性高校中含有合并的原农业高校，包括浙江大学（含原浙江农业大学）、上海交通大学（含原上海农学院）、西南大学（含原西南农业大学）、广西大学（含原广西农业大学）、贵州大学（含原贵州农学院）、青海大学（含原青海农学院）、宁夏大学（含原宁夏农学院）、海南大学（含原华南热带农业大学）。另外，西北农林科技大学含原陕西省农业科学院，山西农业大学含原山西省农业科学院。

表 9-1　我国主要的涉农科研高校

类别	数量/个	高校名称
部属独立	5	中国农业大学、西北农林科技大学、南京农业大学、华中农业大学、中国海洋大学
部属合并	3	浙江大学、上海交通大学、西南大学
省属独立	25	北京农学院、天津农学院、河北农业大学、山西农业大学、内蒙古农业大学、山东农业大学、青岛农业大学、东北农业大学、吉林农业大学、沈阳农业大学、河南农业大学、安徽农业大学、江西农业大学、福建农林大学、华南农业大学、湖南农业大学、四川农业大学、云南农业大学、甘肃农业大学、新疆农业大学、西藏农牧学院、上海海洋大学、广东海洋大学、大连水产学院、浙江海洋学院
省属合并	5	广西大学、贵州大学、青海大学、宁夏大学、海南大学

注：表中部属是指教育部直属，省属是指各省份所属。

农业农村部属的国家级农业科研机构有三个：中国农业科学院、中国热带农业科学院和中国水产科学研究院。

中国农业科学院成立于 1957 年，现有 34 个直属研究所，其中 14 个设在北京，20 个设在京外主要农业生产区域。中国农业科学院是全国综合性农业科学研究的最高学术机构，是农业及农业科学技术战略咨询机构，是“三农”领域国家战略科技力量，担负着全国农业重大基础与应用基础研究、应用研究和高新技术研究的任务，致力于解决我国农业及农村经济发展中公益性、基础性、全局性、战略性、前瞻性的重大科学与技术问题。

中国热带农业科学院是我国唯一从事热带农业科学研究的国家级综合

性科研机构，在海南、广东拥有海口、儋州、三亚、湛江 4 个院区，建有三亚研究院、广州研究院、广西研究院、云南研究院、四川攀枝花研究院，设有 14 个科研机构，聚焦天然橡胶、甘蔗、香蕉、油棕、热带果树、热带花卉与蔬菜、热带香料饮料、热带草业与养殖动物、特色热带经济作物等重点产业。

中国水产科学研究院是国家级公益性渔业科研机构，是我国渔业科学研究的最高学术机构，开展渔业应用基础研究和应用研究，着力解决全国渔业发展基础性、方向性、全局性、关键性的重大科技问题，致力于建设渔业前沿科学创新高地、核心技术研发源地和成果转化应用基地。共涉及渔业资源保护与利用研究、渔业生态环境研究、水产生物技术研究、水产遗传育种研究、水产病害防治研究、水产养殖研究、水产加工与产物资源利用研究、水产品质量与安全研究、渔业装备与工程研究、渔业信息与经济研究等 10 个学科领域。全院现有黄海、东海、南海三个海区水产研究所，黑龙江、长江、珠江和黄河等 4 个流域水产研究所。

全国各省份都设有省级农业科学院，其中陕西省和山西省的并入了相关农业高校，其他的都是独立运行。这些省级农业科学院和很多地市级农业科学研究所在解决当地农业发展科技问题方面发挥了重要作用。

改革开放以来，国有企业和民营企业在农业科技方面也发挥着日益重要的作用。例如，在玉米和水稻杂交良种的繁育方面，在畜牧饲料、养殖和育种方面，在化肥农药和农机制造方面等。国家农业科研部门和各类农业企业在农业科研开发合作方面，范围不断拓展，领域不断深化，方式不断创新。国家也通过不同的政策方式给予了鼓励和支持。

9.4　评价体系

农业科研的评价体系非常重要，对于调动农业科研工作者的积极性有重要的导向作用。而国家的政策对于各个单位的评价体系，也发挥着重要的导向作用。

近年来，有关部门提出了人才评价破“四唯”的要求，即，要克服“唯论文、唯职称、唯学历、唯奖项”倾向。这种说法本身并没有问题，是有道理的；问题是一些地方对破“四唯”的理解不正确。破“四唯”——是做加法，不是做减法；是“不唯”，不是“不要”。

对于农业科研评价来说，论文和奖项不仅不能不要，而且可能还是最重要的，不可替代的。关键是看什么样的论文、什么样的奖项。

对于农业应用研究来说，国家科学技术进步奖和国家技术发明奖是最重要的。任何一种评价方式都无法做到完美无缺，但就总体而言，所有获得国家科技奖励的项目，都是在推动我国农业科技进步和成果实际应用方面取得了较为突出的成效。对于农业基础研究来说，高水平的国际论文和国家自然科学奖是最重要的。

国家科学技术进步奖，授予完成和应用推广创新性科学技术成果，为推动科学技术进步和经济社会发展做出突出贡献的个人、组织。创新性科学技术成果应当具备下列条件：技术创新性突出，技术经济指标先进；经应用推广，创造显著经济效益、社会效益、生态环境效益或者对维护国家安全做出显著贡献；在推动行业科学技术进步等方面有重大贡献。

国家技术发明奖，授予运用科学技术知识做出产品、工艺、材料、器件及其系统等重大技术发明的个人。重大技术发明应当具备下列条件：前人尚未发明或者尚未公开；具有先进性、创造性、实用性；经实施，创造显著经济效益、社会效益、生态环境效益或者对维护国家安全做出显著贡献，且具有良好的应用前景。

国家自然科学奖授予在基础研究和应用基础研究中阐明自然现象、特征和规律，做出重大科学发现的个人。重大科学发现应当具备下列条件：前人尚未发现或者尚未阐明；具有重大科学价值；得到国内外自然科学界公认。

这三大奖项，均分为一等奖、二等奖两个等级，对做出特别重大的创新性科学技术成果的、特别重大的技术发明的、特别重大的科学发现的，可以授予特等奖。

表 9-2 汇总了 2010—2020 年国家三大科技奖励中的涉农项目情况。总体来看，在科学技术进步奖方面，农业科研院所获得的奖励数量略多于涉农高校；而在技术发明奖和自然科学奖方面，则是涉农高校获得的奖励数量多于农业科研院所。在科学技术进步奖获奖数量中，高校和科研院所合

计占95%以上，而各类企业获奖数量不到5%。在技术发明奖和自然科学奖方面，没有任何企业获奖。

表9-2　2010—2020年国家三大科技奖中的农业获奖项目

		特等奖	一等奖	二等奖
国家科学技术进步奖	小计	2	9	256
	高校		1	116
	科研院所	2	8	128
	企业			12
	水稻	1	2	19
	小麦		3	14
	玉米	1	1	14
	水果			22
	猪			14
	鸡			7
	水产			20
国家技术发明奖	小计			47
	高校			27
	科研院所			20
	水稻			7
国家自然科学奖	小计		1	14
	高校			9
	科研院所		1	5
	水稻		1	7

数据来源：根据国家科学技术奖励办公室数据资料整理。

从国家三大奖的获奖情况看，那种认为企业应该在农业科技创新上发挥重要作用乃至主要作用的观点，是不符合我国实际的，至少在现在的发展阶段不符合。这是农业与其他产业的显著不同。

另外，就产品而言，对水稻的研究，无论是在基础研究方面，还是在应用研究方面，都是最为突出的。同时，对小麦、玉米、水果、猪、鸡和水产的研究，也都有较多的突出成果。

科学技术是不分国界的，有着同一的国际标准。在国际刊物上发表论文，代表着研究的国际水平。能够在国际刊物上发表论文，首先，必须看国际论文，了解国际研究的前沿，了解别人已经做了哪些工作，避免再去重复别人已经做过的研究工作。在此基础上，能够在国际刊物上发表论文，尤其是在那些国际学术界影响大的刊物上发表论文，并且引起较多的国际同行关注，被国际同行所引用，就说明了研究成果的创新性和重要性。

在衡量国际学术水平方面，ESI（essential science indicators，基本科学指标）是世界范围内普遍使用的用于评价学术机构的国际学术水平及影响力的重要评价指标工具。ESI 根据 Web of Science 核心收录数据库中的 12 000 多种 SCIE（science citation index expanded，科学引文索引）和 SSCI（social science citation index，社会科学引文索引）期刊的论文，提供最近十年内的论文发表数量和被引用次数数据，每隔两个月更新一次。ESI 将这些期刊论文划分为 22 个学科领域，对机构、国家和期刊的科研绩效进行统计，并发布排名。ESI 通过论文数、论文被引用次数、论文篇均被引次数、高被引论文、热点论文等指标，从各个角度对国家科研水平、机构学术声誉、学者学术影响力、期刊学术水平进行全面衡量。其中论文数、被引用次数和篇均被引次数是近十年来的累计；高被引论文是指在近十年内被引用次数位于该学科世界前 1%的论文；热点论文（hot papers）是指近两年内发表的论文且在近两个月内被引用次数排在相应学科领域全世界前 0.1%以内的论文。

ESI 的 22 个学科中，与农业关系最为密切的是农业科学（agricultural sciences）、植物学与动物学（plant & animal science）、分子生物学与遗传学（molecular biology & genetics）、微生物学（microbiology）和环境生态学（environment ecology）。

ESI 指标于 2001 年推出，其在我国高校得到普遍关注和使用，是从 2009 年前后开始的。2009 年，中国农业大学 ESI 农业科学总引用数的排名在全球所有研究机构中居第 188 位，浙江大学的排名为第 120 位。2023 年 7 月，我国教育部部属农业高校在农业科学、植物学与动物学这两个学科的排名情况如表 9-3 所示。表中的高校，自 2009 年以来都取得了极为显著的进步。

表 9-3　2023 年 7 月我国农业高校 ESI 学科在全球研究机构中的排名

学科	中国农业大学	西北农林科技大学	南京农业大学	浙江大学	华中农业大学
农业科学	10	12	15	18	32
植物学与动物学	30	43	20	46	32

数据来源：根据 ESI 基本科学指标数据库数据整理。

9.5　科技推广

国家高度重视农业技术推广工作，于 1993 年专门出台了《农业技术推广法》。

该法第二条明确："本法所称农业技术，是指应用于种植业、林业、畜牧业、渔业的科研成果和实用技术，包括：（一）良种繁育、栽培、肥料施用和养殖技术；（二）植物病虫害、动物疫病和其他有害生物防治技术；（三）农产品收获、加工、包装、贮藏、运输技术；（四）农业投入品安全使用、农产品质量安全技术；（五）农田水利、农村供排水、土壤改良与水土保持技术；（六）农业机械化、农用航空、农业气象和农业信息技术；（七）农业防灾减灾、农业资源与农业生态安全和农村能源开发利用技术；（八）其他农业技术。本法所称农业技术推广，是指通过试验、示范、培训、指导以及咨询服务等，把农业技术普及应用于农业产前、产中、产后全过程的活动。"

该法第十条指出："农业技术推广，实行国家农业技术推广机构与农业科研单位、有关学校、农民专业合作社、涉农企业、群众性科技组织、农民技术人员等相结合的推广体系。"

我国的国家农业技术推广体系始建于 20 世纪 50 年代初期，到 50 年代末初步形成了中央、省、县、乡四级农业技术推广体系。改革开放前，这个体系基本上是唯一的农业技术推广服务机构。改革开放后，逐步形成了多元化的社会农业技术推广服务局面，农业高校、农科院所、涉农企业、各种专业协会和合作社等发挥着越来越重要的农业技术服务作用。随着我国农业现代化进程的加快，原有的农业技术服务体系和模式已经远远不能满足农业生产者的需求，各种新的模式不断出现。其中，农业高校、农科院所和各种大型农业龙头企业发挥了重要的引领性、带动性和示范性作用。

9.5.1 国家农业技术推广体系

国家农业技术推广体系是公益性的。《农业技术推广法》第十一条规定："各级国家农业技术推广机构属于公共服务机构，履行下列公益性职责：（一）各级人民政府确定的关键农业技术的引进、试验、示范；（二）植物病虫害、动物疫病及农业灾害的监测、预报和预防；（三）农产品生产过程中的检验、检测、监测咨询技术服务；（四）农业资源、森林资源、农业生态安全和农业投入品使用的监测服务；（五）水资源管理、防汛抗旱和农田水利建设技术服务；（六）农业公共信息和农业技术宣传教育、培训服务；（七）法律、法规规定的其他职责。"

国家农业技术推广体系的四级中，县乡两级的农业技术推广部门是推广体系的主体。21 世纪初，县乡两级农业技术推广部门共有人员约 100 万人。其中，县级占 1/3，乡镇级占 2/3。县乡农业技术推广职能按性质分为四大类：法律、法规授权或者行政机关委托的执法和行政管理，如动植物检疫、农民负担管理等；纯公益性工作，如动植物病虫害监测，新技术的引进、试验、示范、推广等；带有中介性的工作，如农产品和农用品的质量检测，对农民进行职业技能鉴定等；经营性服务，如农用物资的经营等。

国家农业技术推广体系在改造传统农业的早期阶段发挥过重要作用，如推广杂交水稻、杂交玉米、化肥使用等。改革开放以来，这一体系也先后进行过各种改革，尤其是随着网络的兴起，利用现代网络手段，结合一些商业化的运作，进行了一些技术服务模式的创新，在一些地方有了新的发展。但是，就总体而言，在我国农业现代化的快速发展中，原有的体系由于种种限制，难以满足广大农民和农业生产组织对现代农业技术服务的迫切需求。其中的原因很多，最关键的原因是体制机制的限制，县乡农业技术推广机构人员的技术水平不能与时俱进，不能满足现代农业的技术服务需要。

9.5.2 “公司+”模式

“公司+”是一种农业生产组织模式的创新。在畜牧养殖业领域，主要是“公司+农户/养殖场”；在种植业和乡村文旅业领域，主要是“公司+合作社”。

在“公司+”模式下，公司提供贯穿整个生产过程的技术指导和直接的生产技术服务。对于养殖业来说，就是提供养殖圈舍设计、建设、畜禽种苗、饲料、饲养方法、防疫等全过程的生产服务。对于种植业来说，就是提供从种到收的全过程生产技术服务乃至全套的托管服务。

在实际中，“公司+”模式在猪禽的饲养方面覆盖面比较广；对一些小的畜禽品种，则覆盖不够；在种植业方面，覆盖的面还很有限，尤其是在山区和丘陵地区更为缺乏。

9.5.3 科技特派员

科技特派员是指经地方党委和政府按照一定程序选派，围绕解决“三农”问题的专业技术人员。

科技特派员起源于福建省南平市在科技干部交流制度上的创新实践。2002年时任福建省省长的习近平同志在《求是》杂志上刊文肯定了南平市的做法。后来在习近平同志任浙江省委书记期间，浙江省大力推广此法，如往淳安县下姜村派了沼气方面和葡萄种植方面的科技特派员，取得了非常好的效果。

据科技部统计，2022年全国有70多万名科技特派员。其中，有一部分专门从事农业科技服务。

科技特派员的作用发挥如何，取决于各种具体情况。其中最重要的是科技特派员本身的农业科技水平和协调解决现实农业技术问题的能力。

9.5.4 农村专业技术协会

《农业技术推广法》第十八条指出：“国家鼓励和支持发展农村专业技术协会等群众性科技组织，发挥其在农业技术推广中的作用。”

改革开放后，尤其是从20世纪80年代初开始，全国都推广了家庭承包经营责任制，即从集体种地、养畜等，变成农民一家一户的各自种地、养畜。有些农民很有种地和养畜的经验，但也有很多农户不会种地，也不会养畜。这些缺乏最基础性种养技术的农民，只能向当地会种地的、会养畜的农民和土专家请教。

在这样的背景下，很多基层农村专业技术协会（以下简称农技协）应运而生。这样的农技协，是农民自发、自愿组织起来的，协会内部自我提供技术服务，适应了当时的技术需要，填补了当时的技术服务空白，功不可没。在20世纪90年代的鼎盛时期，我国基层农技协数量曾经达到10万多个。在这样的背景下，1995年，中国农村专业技术协会（简称中国农技协）正式成立，归属于中国科学技术协会领导。中国农技协的成立，旨在搭建一个大平台，更好地调动全国广大农业科技人员的积极性，为基层农技协提供最新的现代农业技术服务。

9.5.5 科技小院

除以上各种模式外，还有专家大院、院士工作站等。所有这些不同的模式，都能够通过不同的角度和方式发挥出一定的农业技术服务作用。但是，仍然不能充分满足广大农民和农业生产组织日益增长的对现代农业技术的需求。同农民生产者的迫切要求比较，原有的农业技术服务体系经常有三个方面的痛点：

一是不够用。原有当地土专家的传统知识大部分已经不够用了，农民日益需要新的现代农业科技，农技协内部已经无法满足，只能寻求外部专家的支持帮助。外部专家的主要来源，或者说农业新技术的主力军，是两类机构，即农科院所和农业高校。而这两类机构的专家数量有限，那些规模较小（村级或者乡镇级）的农技协难以获得这些专家的具体指导。

二是不及时。一段时间以来，农科院所和农业高校不断加强农业技术推广服务，也采取了不少方式。如院士工作站、专家大院等。但是，院士和专家们的各种研究工作很多，不可能长驻在这些工作站和专家大院中，因此，当地农民的技术服务需求不能够得到及时的满足。

三是不全面。农民需要的技术服务是从种到收的生产全过程，而农科院所和农业高校的专家们基本上是专门从事某一学科或专业领域的研究，即只是实际产业生产过程的某一个部分。例如，有的专门研究种子种苗，有的专门研究植物保护。研究植物保护的，还分为专门研究虫害的和专门研究病害的，等等。

在这样的背景下，科技小院应运而生，并且很快受到了普遍欢迎。科技小院，是一种将高校人才培养、技术研究和社会服务很好地结合为一体的有效模式。这种模式，是中国农业大学教授团队于 2009 年在河北省曲周县创建的。其最特殊的核心特征是专业硕士研究生在导师的指导下，长驻生产一线，研究解决生产实际中的各种问题。学生入学后的第一个学期在校内学习，修习课程学分，然后就到基层的生产一线长驻。生产一线不是学校的试验站，而是村委会、协会、合作社、基地、园区等。长驻，通常在北方因为生长季短，一般为半年左右，而在南方可能达到 10 个月以上。研究的问题不是导师现有的研究课题，而是在长驻的生产一线中发生和发现的问题。专业硕士研究生，是应用型人才培养的最高层次，这样的模式可以在全面培养学生的同时，比较好地解决农业科技服务“不够用、不及时、不全面”的问题。

鉴于中国农业大学创建的科技小院取得了显著的成功经验，中国农技协于 2018 年成立了中国农技协科技小院联盟，在全国推广科技小院模式。截至 2023 年 8 月，已经在全国 31 个省份推动建立并授牌了 860 个科技小院，全国有 40 多所涉农高校的师生参与了科技小院建设。早期建立的科技小院都取得了较为显著的成效，其中有一些为当地脱贫攻坚、产业发展和农民增收做出了突出贡献，得到了当地政府的高度重视和肯定，也得到了国家级媒体的报道。科技小院作为一种高层次农业应用型人才培养模式和农业科技服务模式，先后被写入了国家有关部委的文件和中央文件。2023 年 5 月 1 日，习近平总书记给中国农业大学科技小院的同学写了回信，勉励同学们“厚植爱农情怀，练就兴农本领，在乡村振兴的大舞台上建功立业”。习近平总书记的回信，极大地鼓舞了全国科技小院的师生们和农业高校。2024 年的中央一号文件要求“推广科技小院模式”。未来，会有更多的科技小院建立起来，覆盖更广阔的农业县域和农产品领域，在农业技术推广服务和建设农业强国方面，发挥更大的作用。

第 10 章　农业金融政策

在我国，人们通常使用农村金融的表述，其包括所有与农业、农村、农民有关的金融活动。由于其范畴十分广泛复杂，涉及农村金融政策时，往往都是笼统的、指导性的和号召性的，而没有具体的、清晰的刚性规定。例如，2023 年 6 月，中国人民银行、国家金融监督管理总局、中国证券监督管理委员会、财政部、农业农村部等五部门联合发布了《关于金融支持全面推进乡村振兴 加快建设农业强国的指导意见》，文件包括 9 大方面 29 条内容，但全文没有任何具体的刚性政策措施表述。主要原因是，金融问题本身很复杂，从而使金融政策比较复杂，与前述农业市场政策和农业贸易政策等很不相同。

本书使用“农业金融政策”的表述，聚焦讨论与农业有关的信贷、保险和税收政策。

10.1　农业信贷机构

10.1.1　中国农业银行

中国农业银行，是六大国有商业银行中涉农业务最广泛的。从发源看，其前身是成立于 1951 年的农业合作银行；从定位看，其使命为“面向‘三农’，服务城乡，回报股东，成就员工”；从内设机构看，其有专门的“农户经营部”和“乡村振兴金融部”；从营业网点看，其近 2 万个基层营业机构中，有相当一部分分布在农村乡镇。

中国农业银行全方位服务农业农村发展。其围绕粮食和重要农产品稳产保供、农业基础设施建设、乡村产业高质量发展等重点领域，深化金融服务。截至 2022 年年底，该行县域贷款余额 7.3 万亿元，涉农贷款余额 5.53 万亿元；对 832 个脱贫县、160 个国家乡村振兴重点帮扶县贷款余额分别达到 1.69 万亿元和 3 149 亿元；粮食重点领域贷款余额 2 351 亿元；乡村产业贷款余额 1.36 万亿元；县域绿色信贷业务余额超 9 000 亿元。

中国农业银行的农村基础金融服务覆盖面不断拓展。其持续完善物理网点、自助银行、“惠农通”服务点、手机银行、远程银行和流动服务立体式服务渠道体系；优先在县域乡镇增设或迁建网点，目前全行县域网点达 1.26 万个；推出手机银行乡村版，目前县域手机银行注册客户达 1.96 亿户。

中国农业银行的农户金融支持力度不断加大。其致力于做好普通农户、种养大户、家庭农场等各类主体信贷服务，并深化数字乡村建设，加快“三资”平台、智慧畜牧等数字场景推广。2022 年年末，该行服务农户的全线上产品“惠农 e 贷”余额达 7 477 亿元，累计服务 1 500 万户农户，农村集体“三资”管理平台覆盖 1 488 个县，掌银乡村版月活客户达到 1 744 万户，持续扩大了农村金融服务覆盖面。

中国农业银行持续推行“三农”客户减费让利工作。其对“三农”县域客户执行优惠贷款利率，实施开户结算等费用减免。

10.1.2　中国农业发展银行

中国农业发展银行成立于 1994 年，是直属国务院领导的政策性金融机构。基本背景是国家决定国有银行实行政策性业务与商业性业务相分离，因此，把中国建设银行的政策性业务分离出来，组建了国家开发银行，把中国农业银行和中国工商银行的政策性业务分离出来，组建了中国农业发展银行。

按照《国务院关于组建中国农业发展银行的通知》：“中国农业发展银行是直属国务院领导的政策性金融机构。其主要任务是：按照国家的法律、法规和方针、政策，以国家信用为基础，筹集农业政策性信贷资金，承担国家规定的农业政策性金融业务，代理财政性支农资金的拨付，为农业和农村经济发展服务。”

中国农业发展银行成立后，所承担的任务不断调整变化，1998年把农村扶贫、农业综合开发、粮棉企业附营业务等项贷款业务划转到有关国有商业银行，而把精力主要集中在加强粮棉油收购资金封闭管理上。

2004年后，国有粮棉油收购企业进行了市场化改革，从专门从事政策性收购变为同时从事政策性业务和市场化购销。由于服务对象的业务发生变化，中国农业发展银行的业务范围也发生了变化，逐步拓展，将传统贷款业务的支持对象由国有粮棉油购销企业扩大到各种所有制的粮棉油购销企业，先后开办粮棉油产业化龙头企业和加工企业贷款业务、农业科技贷款业务、农村基础设施建设贷款业务、农业综合开发贷款业务和农业生产资料贷款业务等。

2014年年底，国务院批复同意了中国农业发展银行改革实施总体方案，要求："中国农业发展银行改革要坚持以政策性业务为主体。通过对政策性业务和自营性业务实施分账管理、分类核算，明确责任和风险补偿机制，确立以资本充足率为核心的约束机制，建立规范的治理结构和决策机制，把中国农业发展银行建设成为具备可持续发展能力的农业政策性银行。"

改革的核心是中国农业银行在以政策性业务为主体之外，也开展商业性业务，两种业务分账管理。这种改革的根本原因，是提高政策性银行工作效率和经济效益的要求。在欧美国家，与农业相关的政策性优惠措施，基本是通过商业银行执行的。当然，这些承接政策金融业务的商业银行，必然要在内部实行政策性业务与商业性业务的分账管理。

现在，中国农业发展银行支持的贷款服务领域主要包括：粮食、棉花、油料、食糖、猪肉、化肥等重要农产品收购、储备、调控和调销，农业农村基础设施和水利建设、流通体系建设，农业综合开发、生产资料和农业科技，棚户区改造和农民集中住房建设，贫困地区基础设施、特色产业发展及专项扶贫，县域城镇建设、土地收储，农业小企业、产业化龙头企业，组织或参加银团贷款等。此外，该行还办理票据承兑和贴现等信贷业务；吸收业务范围内开户企事业单位的存款，吸收财政存款，发行金融债券；办理结算、结售汇和代客外汇买卖业务，按规定设立财政支农资金专户并代理拨付有关财政支农资金，买卖、代理买卖和承销债券，从事同业拆借、存放，代理收付款项及代理保险，资产证券化，企业财务顾问服务等。

2022 年，中国农业发展银行累计投放粮棉油收购贷款 4 078 亿元、中央事权粮棉油储备轮换调控贷款 2 395 亿元。该行支持 832 个脱贫县巩固“三保障”和饮水安全成果，全年投放贷款 3 559.61 亿元，贷款余额近 1.41 万亿元。同时，该行优先服务带动防返贫监测对象、易地搬迁群众、脱贫人口等三类人群，2022 年投放精准帮扶贷款 6 363.05 亿元，贷款余额 1.856 万亿元。

对于农民来说，中国农业发展银行与中国农业银行的最大不同是，中国农业发展银行不针对农户开展个人信贷服务。

10.1.3　农村中小银行

为简便起见，农村的其他金融机构，本书统称为“农村中小银行”。包括农村商业银行、农村合作银行、农村信用社、村镇银行、贷款公司、农村资金互助社及经中国银行保险监督管理委员会（以下简称银保监会）批准设立的其他农村中小金融机构。

其中，农村信用社是最早成立的，20 世纪 50 年代就在我国农村普遍建立了。根据中国人民银行 1997 年发布的《农村信用合作社管理规定》，农村信用社“是指经中国人民银行批准设立、由社员入股组成、实行社员民主管理、主要为社员提供金融服务的农村合作金融机构”。

在管理上，农村信用社分别经过了中国人民银行和中国农业银行管理，一直存在各种问题。2003 年国务院发布了《深化农村信用社改革试点方案》，启动了市场化改革方向，“使信用社真正成为自主经营、自我约束、自我发展、自担风险的市场主体”“积极探索和分类实施股份制、股份合作制、合作制等各种产权制度”。农村合作银行和农村商业银行（也称农商银行）就是从农村信用社改革中引入商业资本构建起来的。村镇银行、贷款公司等，则是根据 2006 年发布的《中国银行业监督管理委员会关于调整放宽农村地区银行业金融机构准入政策更好支持社会主义新农村建设的若干意见》，从 2007 年开始建立的。

对于农村中小银行的规范管理，《中国银保监会农村中小银行机构行政许可事项实施办法》做了详尽具体的规定。例如：

设立农村商业银行的条件中，要求“在农村商业银行、农村合作银行、农村信用社基础上组建；注册资本为实缴资本，最低限额为 5 000 万元人民币”。

设立农村信用合作联社的条件中，要求“在农村信用合作社及其联合社基础上以新设合并方式发起设立；注册资本为实缴资本，最低限额为 300 万元人民币”。

设立村镇银行的条件中，要求“发起人应符合规定的条件，且发起人中应至少有 1 家银行业金融机构；注册资本为实缴资本，在县（区）设立的，最低限额为 300 万元人民币；在乡（镇）设立的，最低限额为 100 万元人民币；投资管理型村镇银行注册资本最低限额为 10 亿元人民币；‘多县一行’制村镇银行注册资本最低限额为 1 亿元人民币”。另外，还要求村镇银行主发起人“须是银行业金融机构”“村镇银行主发起人持股比例不得低于村镇银行股本总额的 15%”。

设立贷款公司的条件中，要求“注册资本为实缴资本，最低限额为 50 万元人民币”。

农村资金互助社设立的条件中，要求“以发起方式设立且发起人不少于 10 人”“注册资本为实缴资本，在乡（镇）设立的，最低限额为 30 万元人民币；在行政村设立的，最低限额为 10 万元人民币”“单个农民或单个农村小企业向农村资金互助社入股，其持股比例不得超过农村资金互助社股金总额的 10%”。

根据国家金融监督管理总局官网信息，截至 2023 年 10 月中旬，全国共有农村商业银行 1 611 家、农村信用社县级法人主体 475 家、农村信用社地市法人主体 14 家、省级农村信用社联社 24 家、农村合作银行 23 家、村镇银行 1 642 家。可见，现在农村中小银行主要是农商银行和村镇银行，尤其是农商银行，经营服务网点多，金融服务覆盖范围最广，对农业产业发展发挥的促进作用最大。

截至 2021 年年末，全国农村中小金融机构总资产和总负债分别达到 45.69 万亿元和 42.23 万亿元。其中，农村商业银行实现净利润 2 130 亿元，同比增长 9%；村镇银行实现净利润 110 亿元，同比增长 44%。

中国银行业协会发布《全国农村中小银行机构行业发展报告(2022)》，对农村中小银行的发展做出了积极评价，称“行业运行总体稳健，业务发展积极向好”“在支持乡村振兴、践行普惠金融、发展绿色金融、履行社会责任等方面积累了诸多宝贵经验”。

我国提供农业金融服务的三大金融机构（中国农业银行、中国农业发展银行和农村中小银行），构成了一个各有特色和优势的体系，已经大大改善了我国的农业金融服务。从国家农业金融政策的角度看，我国在金融服务机构改革政策方面取得了显著的进展。

10.2　农业信贷政策

国家为农业生产者提供优惠金融服务支持的具体渠道有多种，其主要特点可以概括为两点：让农业生产者易于获得贷款，让农业生产者以较低的成本获得贷款。

历年的中央一号文件中多有相关表述，不过只是笼统的要求，明确具体的刚性规定很少。

例如，2004 年的中央一号文件要求：“通过小额贷款、贴息补助、提供保险服务等形式，支持农民和企业购买优良畜禽、繁育良种，通过发展养殖业带动粮食增值”“对符合条件的龙头企业的技改贷款，可给予财政贴息”“要从农村实际和农民需要出发，按照有利于增加农户和企业贷款，有利于改善农村金融服务的要求，加快改革和创新农村金融体制”“农业银行等商业银行要创新金融产品和服务方式，拓宽信贷资金支农渠道。农业发展银行等政策性银行要调整职能，合理分工，扩大对农业、农村的服务范围。要总结农村信用社改革试点经验，创造条件，在全国逐步推开。继续扩大农户小额信用贷款和农户联保贷款”“通过吸引社会资本和外资，积极兴办直接为‘三农’服务的多种所有制的金融组织”“鼓励政府出资的各类信用担保机构积极拓展符合农村特点的担保业务，有条件的地方可设立农业担保机构，鼓励现有商业性担保机构开展农村担保业务”。

此后每年发布的中央一号文件，几乎都有专门的段落对农村金融服务提出类似的要求。其中，比较具体的要求主要体现在改善农业生产者的贷款资格条件方面。例如：2009 年的中央一号文件提出“依法开展权属清晰、风险可控的大型农用生产设备、林权、四荒地使用权等抵押贷款”；2012 年的中央一号文件提出“积极探索农业科技专利质押融资业务”；2015 年的中央一号文件提出“做好承包土地的经营权和农民住房财产权抵押担保贷款试点工作”“强化农村普惠金融”；2017 年的中央一号文件继续要求“深入推进承包土地的经营权和农民住房财产权抵押贷款试点，探索开展大型农机具、农业生产设施抵押贷款业务”；2019 年的中央一号文件提出“推动温室大棚、养殖圈舍、大型农机、土地经营权依法合规抵押融资”；2021 年的中央一号文件重申“大力开展农户小额信用贷款、保单质押贷款、农机具和大棚设施抵押贷款业务”“发展农村数字普惠金融”等。

尽管中央一号文件中有关农业金融方面的内容主要是导向性、号召性的，通常不是刚性要求，但却有着非常积极的促进作用。积极促进作用的对象主要是两类，即国营商业银行、政策性银行（如中国农业银行、中国农业发展银行）和地方政府。中央一号文件精神对国营商业银行和地方政府的积极促进作用主要体现在两个方面：一是从政策上破除禁区，给它们进行改革探索开绿灯和进行背书，如果失败了不会追责；二是强化它们的社会责任感，使它们在没有中央财政专项支持的情况下，也能够主动作为，为促进农业发展提供优惠性金融服务，即普惠金融服务。

关于普惠金融服务，历年的中央一号文件中始终包含着这种精神，而这样的提法，是在 2015 年中央一号文件中首次提出的。也是在 2015 年，国家专门发布了《推进普惠金融发展规划（2016—2020 年）》。文件开宗明义，指出：“普惠金融是指立足机会平等要求和商业可持续原则，以可负担的成本为有金融服务需求的社会各阶层和群体提供适当、有效的金融服务。小微企业、农民、城镇低收入人群、贫困人群和残疾人、老年人等特殊群体是当前我国普惠金融重点服务对象。”让他们“及时获取价格合理、便捷安全的金融服务”。

实际上，普惠金融就是金融机构在不亏本（即文件所说的“商业可持续原则”）的情况下，为社会弱势群体提供利率尽可能低并且尽可能方便（即文件要求的“价格合理、便捷安全”）的金融服务。农业和农村领域，是普惠金融需求最大的一个领域。上述中央一号文件中有关农业农村金融的要求，实际上就是在农业农村推进普惠金融发展的要求。2023 年 9 月底，国务院出台的《关于推进普惠金融高质量发展的实施意见》提出，未来五年，基本建成高质量的普惠金融体系，使小微企业、个体工商户、农户及新型农业经营主体等融资可得性持续提高，信贷产品体系更加丰富，授信户数大幅度增长，敢贷、愿贷、能贷、会贷的长效机制基本构建。

根据原银保监会最新统计，2023 年一季度末，全国普惠型涉农贷款余额 11.47 万亿元，同比增长 21.2%，超过各项贷款平均增速 10 个百分点。其中，农林牧渔业、农田基本建设、农业科技、农村基础设施等领域的贷款均实现快速增长。

在农业贷款贴息政策方面，中央财政和地方财政设立的项目均比较多。大部分是针对现实的工作重点和发展需要而设定的，按照年度执行，而不是稳定地在长期内施行。

中央财政负责的农业贷款贴息项目，通常是确定一个重点领域方向，确定一个总的额度，然后逐层分解到各级地方政府，由当地政府组织申报批准实施。例如，财政部在《关于申报 2015 年农业综合开发产业化贷款贴息项目的通知》中规定：贷款贴息的范围为规定的各类经营主体 2015 年 1 月 1 日至 2016 年 3 月 31 日实际发生并已经支付的银行贷款利息；贷款贴息率按照中国人民银行同期同档次贷款基准利率执行；贷款贴息项目的选定由各省级机构指导各市县级农发机构确定本地区优势特色产业，编制贷款贴息项目计划；省级机构审批和确定本省项目计划。

省级政府的农业贷款贴息项目，以新疆维吾尔自治区为例。2023 年，新疆维吾尔自治区发布了《自治区农业农村厅 自治区财政厅关于开展自治区农业产业化重点龙头企业贷款贴息工作的通知》。通知中明确：支持对象为自治区级以上农业产业化重点龙头企业。享受补贴企业要与农户建立紧密利益联结机制，喀什、克州、和田三地州带动农户 500 户以上，其他地（州、市）800 户以上；支持方式为先贷后补；贴息标准为一年期贷款市场报价利率的 50%，每个龙头企业每年度最高贴息金额不超过 100 万元。

市县级政府的农业贷款贴息项目，以重庆市黔江区为例。重庆市黔江区于 2022 年发布了《黔江区农业产业化奖励扶持办法》，其中的重要内容之一是“新型农业经营主体贷款贴息政策”。该政策的适用对象为：从事农业产业发展、信用良好、经营正常的新型农业经营主体，包括农业企业、村级集体经济组织（股份合作社）、专业合作社、家庭农场、种植/养殖大户等。其中申报主体为农业企业、村级集体经济组织（股份合作社）、专业合作社、家庭农场的，注册地须在黔江；申报主体为种植/养殖大户的，户籍须在黔江。支持方式为：按贴息期间中国人民银行公布的同期限贷款基础利率全额贴息，种养大户、家庭农场年度贴息最高限额为 10 万元，村集体经济组织（股份合作社）、专业合作社、农业企业年度贴息最高限额为 20 万元，区级及以上农业产业化龙头企业年度贴息最高限额为 50 万元。

农业信贷担保（以下简称农担）是近年来发展起来的重要的农业金融政策措施。2014 年中央一号文件为加强扶持发展新型农业经营主体，提出“鼓励地方政府和民间出资设立融资性担保公司，为新型农业经营主体提供贷款担保服务”。此后，每年的中央一号文件均提出了发展农业融资担保的要求，并且逐步推进。如 2015 年中央一号文件进一步明确“鼓励开展‘三农’融资担保业务，大力发展政府支持的‘三农’融资担保和再担保机构，完善银担合作机制”；2016 年中央一号文件提出“用 3 年左右时间建立健全全国农业信贷担保体系，2016 年推动省级农业信贷担保机构正式建立并开始运营”；2017 年中央一号文件提出“建立健全全国农业信贷担保体系，推进省级信贷担保机构向市县延伸，支持有条件的市县尽快建立担保机构，实现实质性运营”；2018 年中央一号文件提出“加快设立国家融资担保基金，强化担保融资增信功能，引导更多金融资源支持乡村振兴”；2019 年中央一号文件提出“健全农业信贷担保费率补助和以奖代补机制，研究制定担保机构业务考核的具体办法，加快做大担保规模”；2020 年中央一号文件提出“发挥全国农业信贷担保体系作用，做大面向新型农业经营主体的担保业务”等。

2020 年，财政部、农业农村部、银保监会、中国人民银行联合发布了《关于进一步做好全国农业信贷担保工作的通知》。通知指出：“全国农担体系框架已经基本建立，服务能力不断提升，业务规模加快发展，但也存在业务发展不均衡、服务对象不精准、存在一定风险隐患等问题。”通知强调了建立健全全国农担体系的重大意义“是完善我国农业支持保护体系、深化农村金融改革的重大创新，是推动解决农业适度规模经营中的融资难题、激发其内生活力的重要手段，是财政撬动金融资本、引导社会资本投向农业的重要纽带，是构建服务乡村振兴战略多元投入机制的重要布局”，并对做好农担工作提出全面系统的要求和部署。

10.3　农业保险政策

农业生产和经营活动中有各种风险，有些风险是农业特有的，有些则是其他产业也有的。概括地说，农业风险可以分为四大类别：

（1）自然风险。指不可控制的自然条件尤其是气象气候条件变化所带来的生产损失风险。主要风险因素包括洪涝、干旱、高温、霜冻、冰雹、病虫害等。新技术会带来产量的提高，但是往往也会导致生产风险提高，尤其是在新技术引入的初始阶段。

（2）市场风险。指在农业生产已经开始后发生的价格变化所带来的风险，包括产出品价格变化和投入品价格变化。农业生产周期较长，市场日益全球化，影响农产品价格的因素很多，因此，农产品价格和市场风险较大。

（3）政策风险。指由于政策变化带来的风险。这些政策的变化往往表现为对生产的限制等。

（4）其他风险。农业和其他任何产业一样，还会面对金融风险（如利息变化），财产风险（包括生产资料在内的损害、丢失），毁约风险（如合约对方不履行合同），等等。

以上风险中，农民可以采取一定对策予以规避的主要是前两种。这也是农业保险政策的重点。农业保险政策，就是政府对农民的农业保险保费给予一定的支持和补贴。

政府对农业保险进行补贴的原因是农业保险的赔付率太高。20 世纪 80 年代，美国农业保险的赔付率是 1.5。也就是说，如果保险公司的保险费收入为 1 元，赔付支出则为 1.5 元。如果没有政府补贴，保险公司就亏损了 0.5 元。造成这种情况的主要原因有两点：一是市场失效。农业风险具有大面积同时发生的特点，因此，对私人保险公司来说，其风险损失太大。如果政府不予补贴，私人公司不会愿意承担农业保险。二是信息的不对称性。农民对自己生产情况的了解比保险公司更多，在投保时可以按照对自己最有利的方式进行选择，同时在投保后视情况还可以作弊，而保险公司则很难对农民的行为进行监督。在农民生产规模较小的情况下更是如此。这种有利于农民的保险信息不对称性很特别，因为在其他方面如销售产品或者购买生产资料中，也存在信息的不对称性，而这些情况下农民通常处于不利的地位。

2004年的中央一号文件首次提出了建立政策性农业保险制度，要求“加快建立政策性农业保险制度，选择部分产品和部分地区率先试点，有条件的地方可对参加种养业保险的农户给予一定的保费补贴”。2005年和2006年的中央一号文件继续要求“扩大农业政策性保险的试点范围”和“稳步推进农业政策性保险试点工作”。2007年的中央一号文件要求“积极发展农业保险，按照政府引导、政策支持、市场运作、农民自愿的原则，建立完善农业保险体系。扩大农业政策性保险试点范围，各级财政对农户参加农业保险给予保费补贴，完善农业巨灾风险转移分摊机制”。

2006年3月，浙江省率先启动政策性农业保险试点。确定杭州市萧山区等12个县（市、区）参加共保经营试点，金华等4个市、县开展互保试点。保险对象主要面向种养大户，采用共保经营、互保合作并行的方式，设有水稻、生猪、鸡、鸭、大棚蔬菜等9个试点共保品种，奶牛、生猪、青蟹3个互保试点品种。试点阶段共保经营试点县的农业险保费约为3 000万元，政府对保费的直接补贴为1 000万元。农保覆盖面基本达到试点县（市、区）种养大户的50%以上，受益农产品产值占种植、养殖两业产值的40%左右。

2007年中央财政启动农业政策性保险试点。财政部设立了“农业保险保费补贴”的预算科目，并列支10亿元，选定吉林、内蒙古、新疆、江苏、四川、湖南6个省（自治区），对小麦、水稻、玉米、大豆、棉花5种农作物进行政策性农业保险的试点。参加试点的保险公司为中国人民保险集团股份有限公司、中华联合财产保险股份有限公司和安华农业保险股份有限公司。

2008 年根据中央一号文件的要求，政策性农业保险试点增加了补贴品种，增加了生猪和奶牛的政策性保险，财政部门也相继制定了种植业和养殖业保险费补贴管理办法。

2021 年年末，财政部发布了《中央财政农业保险保费补贴管理办法》（以下简称《办法》），对中央财政政策性农业保险的实施做了详细的说明和规定。中央财政补贴险种的保险标的主要包括：种植业中的稻谷、小麦、玉米、棉花、马铃薯、油料作物、糖料作物、天然橡胶、三大粮食作物（稻谷、小麦、玉米）制种，养殖业中的能繁母猪、育肥猪、奶牛，森林中的公益林、商品林，涉藏特定品种（青稞、牦牛、藏系羊）。《办法》对中央财政、省级财政和中央单位（纳入中央财政农业保险保费补贴范围的新疆生产建设兵团等七个涉农央属单位）的保费承担比例、各补贴险种的保险方案、预算管理、机构管理、保障措施、绩效和监督检查等方面的措施做了具体规定。《办法》是指导我国政策性农业保险的系统性规范文件。

近年来，我国的农业保险规模不断扩大，农业保险保费补贴大幅度增长。据全国农业保险数据信息系统统计，2022 年我国农业保险为 1.67 亿户次农户提供风险保障 5.46 万亿元。全年实现农业保险保费规模 1 192 亿元，同比增长 23%。其中，中央财政拨付农业保险保费补贴 435 亿元，同比增长 30.3%。中央财政农业保险保费占农业保险保费总额的比例达 36%。

农业保险发展起来后，再保险的重要性和必要性就凸显出来了。2019 年财政部、农业农村部、银保监会、国家林业和草原局（以下简称林草局）联合印发《关于加快农业保险高质量发展的指导意见》，提出“完善大灾风险分散机制。加快建立财政支持的多方参与、风险共担、多层分散的农业保险大灾风险分散机制。落实农业保险大灾风险准备金制度，增强保险机构应对农业大灾风险能力。增加农业再保险供给，扩大农业再保险承保能力，完善再保险体系和分保机制。合理界定保险机构与再保险机构的市场定位，明确划分中央和地方各自承担的责任与义务。”

2019 年国务院正式批复设立中国农业再保险股份有限公司（以下简称中国农再）。中国农再由财政部、农业农村部、银保监会共同筹备组建，由财政部、中国再保险（集团）股份有限公司、中国农业发展银行、中华联合财产保险股份有限公司、中国人寿财产保险股份有限公司、北大荒投资控股有限公司、中国太平洋财产保险股份有限公司、中国平安财产保险股份有限公司、中国人民财产保险股份有限公司等九家单位发起设立。注册资本为161亿元，其中，财政部持股比例为55.9%。中国农再定位为财政支持的农业大灾风险分散机制的基础和核心，加强农业保险信息管理和农村金融服务的有力支撑，完善农业生产保护体系的重要抓手。基本功能是分散农业保险大灾风险，推动建立并统筹管理国家农业保险大灾风险基金，加强农业保险数据信息共享，承接国家相关支农惠农政策。

10.4 农业税收政策

按照我国的政策分类，税收政策不属于金融政策。放在这里分析讨论，是因为其与农业的资金流相关。

我国农业涉及的税收有两大类：一类是专为农业设定的农业税，以及农林特产税和牲畜屠宰税；另一类是普遍实行的税种，如增值税、个人所得税等。

我国专门的农业税，起源于春秋时期“初税亩”算起的专门以农业为征税对象的特殊税种，其通过各种不同的名称，传承下来。1958年《中华人民共和国农业税条例》进行了规范，确定全国的平均税率为常年产量的15.5%。2005年12月29日，全国人民代表大会常务委员会（以下简称全国人大常委会）决定，从2006年1月1日起正式废止《中华人民共和国农业税条例》。在我国延续了2 600年的农业税从此退出历史舞台。

这里主要讨论从事农业生产除了不再缴纳专门的农业税外，还可以在哪些常见的税种方面享受优惠政策。

我国现行税种共18种，分别是：增值税、消费税、企业所得税、个人所得税、资源税、城市维护建设税、房产税、印花税、城镇土地使用税、土地增值税、车船税、船舶吨税、车辆购置税、烟叶税、耕地占用税、契税、环境保护税、关税。其中，农业享受免税或者减税优惠政策的有8种。

（1）免征增值税。增值税税率为17%。《中华人民共和国增值税暂行条例》第十五条规定的免税产品中，第一类就是“农业生产者销售的自产农产品”。此外，还规定“购进农产品，除取得增值税专用发票或者海关进口增值税专用缴款书外，按照农产品收购发票或者销售发票上注明的农产品买价和11%的扣除率计算的进项税额，国务院另有规定的除外”。

根据《财政部 国家税务总局关于农民专业合作社有关税收政策的通知》，“对农民专业合作社销售本社成员生产的农业产品，视同农业生产者销售自产农业产品免征增值税”“对农民专业合作社向本社成员销售的农膜、种子、种苗、化肥、农药、农机，免征增值税”“增值税一般纳税人从农民专业合作社购进的免税农业产品，可按13%的扣除率计算抵扣增值税进项税额”。

对于采取“公司＋农户”模式的畜禽销售，《国家税务总局关于纳税人采取“公司＋农户”经营模式销售畜禽有关增值税问题的公告》规定，其也属于农业生产者销售自产农产品，免征增值税。

对购进免税农产品，按照11%和13%的扣除率计算抵扣增值税进项税额，这是一种确定农产品收购者（加工商或销售商）应缴纳增值税的合理方法。因为，应纳税额＝当期销项税额－当期进项税额。进项方面，农业生产者没有缴纳增值税，如果进项税率为零，那么农产品收购者就相当于要为农业生产者补交增值税。

（2）免征、减征企业所得税。根据《中华人民共和国企业所得税法》和《中华人民共和国企业所得税法实施条例》等文件规定，企业从事农、林、牧、渔业项目的所得，可以免征、减征企业所得税。

免征企业所得税的项目包括：蔬菜、谷物、薯类、油料、豆类、棉花、麻类、糖料、水果、坚果的种植；农作物新品种的选育；中药材的种植；林木的培育和种植；牲畜、家禽的饲养；林产品的采集；灌溉、农产品初加工、兽医、农技推广、农机作业和维修等农、林、牧、渔服务业项目；远洋捕捞。

减半征收企业所得税优惠的项目包括：花卉、茶及其他饮料作物和香料作物的种植；海水养殖、内陆养殖。

（3）暂不征收个人所得税。根据2004年《财政部 国家税务总局关于农村税费改革试点地区有关个人所得税问题的通知》规定，“取消农业特产税、减征或免征农业税后，对个人或个体户从事种植业、养殖业、饲养业、捕捞业，且经营项目属于农业税（包括农业特产税）、牧业税征税范围的，其取得的‘四业’所得暂不征收个人所得税。”

（4）免征土地使用税。根据《中华人民共和国城镇土地使用税暂行条例》规定，“直接用于农、林、牧、渔业的生产用地”免征土地使用税。

（5）不征收房产税和土地使用税。根据1999年《国家税务总局关于调整房产税和土地使用税具体征税范围解释规定的通知》规定，对农林牧业用地和农民居住用房屋及土地，不征收房产税和土地使用税。

（6）渔船免征车船税。根据《中华人民共和国车船税法》及其实施条例，捕捞、养殖渔船免征车船税。捕捞、养殖渔船，是指在渔业船舶登记管理部门登记为捕捞船或者养殖船的船舶。

（7）免征契税。根据《中华人民共和国契税法》第六条规定，纳税人承受荒山、荒地、荒滩土地使用权用于农、林、牧、渔业生产，免征契税。

（8）免征印花税。根据《中华人民共和国印花税法》规定，农民、家庭农场、农民专业合作社、农村集体经济组织、村民委员会购买农业生产资料或者销售农产品书立的买卖合同和农业保险合同，免征印花税。

第 11 章　农村环境政策

农村环境问题，从尺度和来源上，可以分为两个方面：一是大尺度问题，产生于不当的农业生产方式，例如过度开垦造成的水土流失和荒漠化问题，过度使用农业化学品造成的环境污染问题，畜禽养殖废弃物排放对水体和环境的污染问题等；二是小尺度问题，产生于农民生活的各种废弃物，主要是污水和垃圾。

农村环境问题，对农业生产本身有影响，对农民生活质量有影响，对整个社会的生产生活环境有影响。

农村环境问题的最大特点是污染源点多面广，污染后果持续时间长。在低收入和低生活水平下，同其他更急迫的需求比较，无论是决策者还是农村居民，对环境问题的忍耐度更高，更容易拖延。

我国的农村环境问题，是在改革开放后，尤其是进入 21 世纪以来，随着农业生产的快速发展和农民生活的全面提高，变得日益突出起来。城乡居民对生态环境质量的要求更高了，国家决策部门的重视程度更高了，所采取的治理和保护措施更加有力和有效。农村环境质量得到了显著的全面提高。

11.1　问题表现

农村环境问题主要表现在过度垦殖、地下水超采、化肥农药过量使用、农膜残留、秸秆焚烧、畜禽和水产养殖污染、生活垃圾和污水等方面。

11.1.1　过度垦殖

由于我国人多地少，过度垦殖的现象一直长期存在。主要表现为坡地过度开垦、旱区过度开垦和草原过度放牧。过度垦殖的结果是大量的水土流失、沙尘暴和荒漠化面积的扩大。

改革开放以来，尤其是进入21世纪以来，随着农产品供给情况的全面好转，国家采取了一系列措施，过度垦殖情况得到了很大的扭转。但是，目前在很多地方仍然存在。

根据第三次全国农业普查，全国统计的耕地面积中，坡度为6°～15°的占13.4%，坡度为15°～25°的占6.0%，坡度在25°以上的占3.3%。这些坡地都有不同程度的过度开垦问题。

在所有耕地面积中，处于年降水量200～400毫米半干旱地区的耕地占10.0%，降水量200毫米以下干旱地区的耕地占5.8%。自然降水严重不足的地方，也有过度开垦的问题。

在过度放牧方面，缺乏全面的统计资料，但在全国的主要牧业地区，也存在一定程度的过度放牧现象。

11.1.2　地下水超采

在北方，尤其是华北平原地区，农业灌溉引起的地下水超采是一个非常突出的生态环境问题。地下水超采的标志是地下水位的下降。据报道，1964—1993年，华北地区地下水水位线一直以每年0.5～1米的速度下降。地下水位不断下降，不仅导致水井越打越深，也形成地下水降落漏斗，引发地面沉降。

11.1.3　化肥农药过量使用

我国农用化肥的投入总量如图11-1所示。其中的最高点是2015年。1978—2015年间，化肥投入总量从884万吨增加到6 023万吨，增幅近6倍。2015年后，化肥投入总量大幅度下降，2022年下降到5 079万吨。这是实行各种科学减肥增效措施的结果。

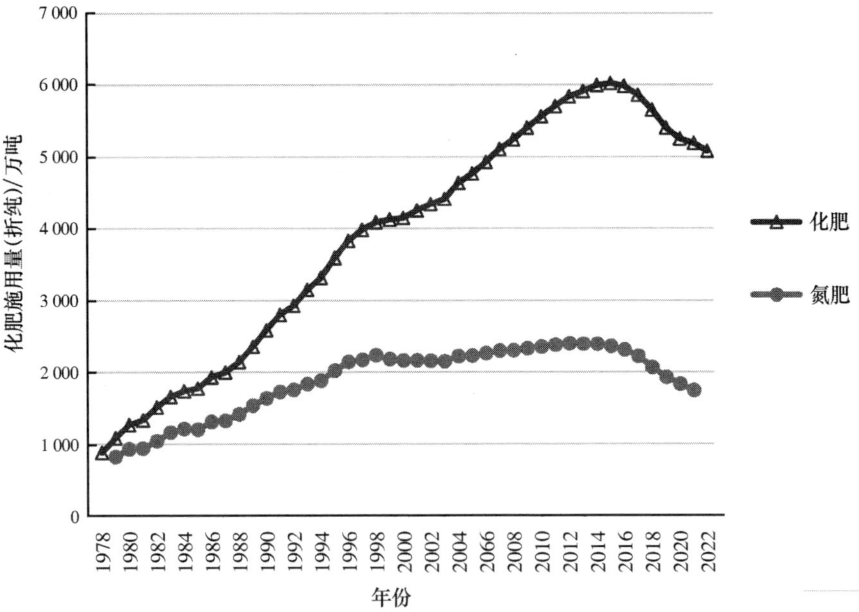

图 11-1　1978—2022 年我国农用化肥施用量变化

数据来源：国家统计局国家数据网站。

表 11-1 展示了我国单位作物面积化肥投入量与几个主要国家的比较。可以看出，在过去 30 年中，单位作物面积化肥投入少的国家呈现增加趋势，投入多的国家呈减少趋势。而我国，30 年前就是投入强度最大的国家，并且在过去 30 年还在增加，直到近年来，才开始减少。我国现在单位作物面积的化肥投入数量，是欧洲国家和美国、日本的 2～3 倍。即便把复种指数的因素考虑在内，我国的化肥投入强度仍然显著高于其他国家。

表 11-1　1990—2021 年各国单位作物面积化肥投入量及变化比较

千克/公顷

国家	1990 年	2000 年	2010 年	2021 年
俄罗斯	不详	8	10	16
美国	43	48	58	59
日本	93	81	71	65
德国	115	123	119	74
法国	118	107	95	87
巴西	13	27	45	88
中国	149	170	219	166

资料来源：联合国粮农组织 FAOSTAT 数据库。

在农药投入方面，我国也是先增后减，如图 11-2 所示。

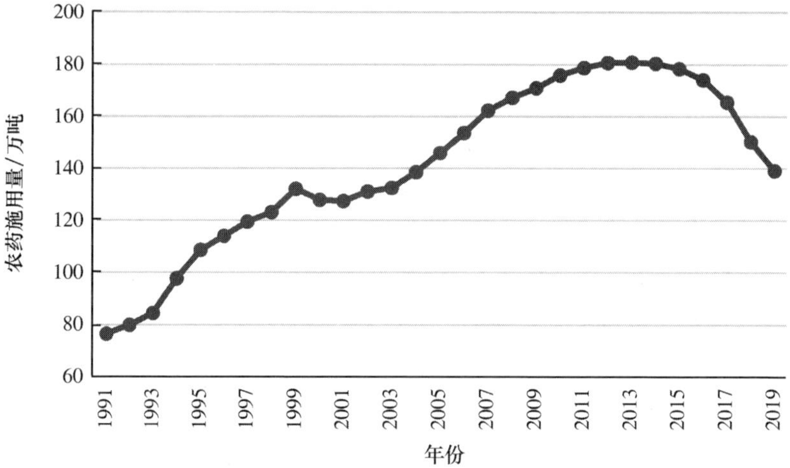

图 11-2　1991—2019 年我国农药施用量

数据来源：国家统计局国家数据网站。

不过，与其他国家比较，我国的农药投入强度相对较低，显著低于欧洲国家、美国、日本和巴西，只比俄罗斯高（表 11-2）。总体来看，我国农药过量使用问题不突出，只存在个别性和局部性问题。

表 11-2　1990—2021 年各国单位作物面积农药投入比较　千克/公顷

国家	1990 年	2000 年	2010 年	2021 年
俄罗斯	不详	0.24	0.36	0.79
中国	1.1	1.86	2.47	1.83
美国	2.14	2.41	2.34	2.85
法国	5.14	5.02	3.21	3.67
德国	2.52	2.93	3.39	4.14
巴西	0.91	2.57	5.85	10.9
日本	15.22	16.53	12.1	11.24

资料来源：联合国粮农组织 FAOSTAT 数据库。

11.1.4　农用薄膜残留

农用薄膜（农膜）包括棚膜与地膜，其中地膜较薄易破碎、回收不到位，造成了污染。地膜覆盖技术于 1978 年传入我国。地膜覆盖可以有效地接纳透射的太阳光，使土壤吸收转化为热能，同时可阻止近地层冷空气流动造成的膜下土壤热量散失，阻断热能以长波向外辐射，减少水分蒸发所需热能，具有显著的增温和保温作用。同时，地膜覆盖阻断了土壤与大气之间的水汽交换通道，减少了水分垂直方向的蒸发，可以使土壤水分汽化后在地膜下表面凝结成水滴再回到土壤中，避免了水分的蒸发损失。这样的增温保温和保水作用，非常适合我国的北方，因此，地膜覆盖技术在我国北方尤其是在西北干旱半干旱地区得到了广泛的应用。目前，我国是世界上农用地膜的主要生产国和使用国。我国农用薄膜的使用数量如图 11-3 所示。

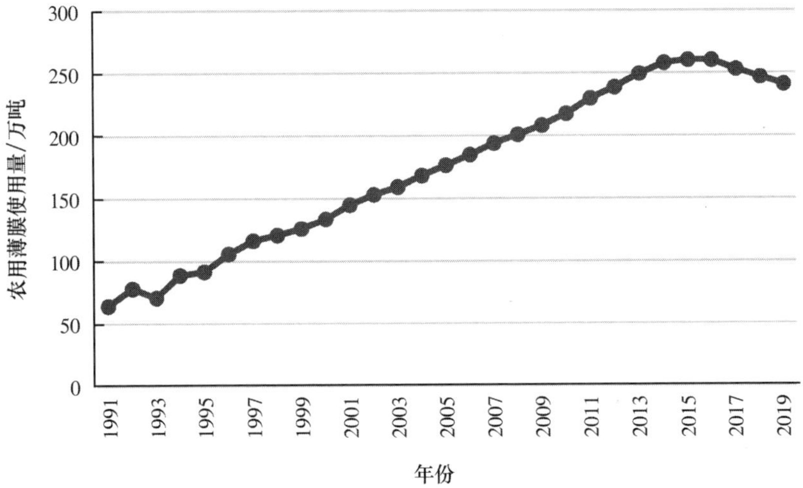

图 11-3　1991—2019 年我国农用塑料薄膜使用量变化

数据来源：国家统计局国家数据网站。

地膜覆盖的最大不利影响是残留造成环境污染，主要表现为对土壤特性和作物生长的影响。在土壤特性方面，残膜大多存在于 0～20 厘米的耕层，影响土壤的孔隙度，阻碍降水和灌溉等水分入渗，降低水分运移速率，易造成土壤板结。

11.1.5　秸秆焚烧污染

我国焚烧秸秆的历史非常久远，但是大规模焚烧秸秆的历史并不长，是在改革开放后的农业现代化和农村现代化过程中产生的。在传统农业农村环境中，农民做饭取暖要靠柴火，耕地种地要靠畜力，秸秆是宝贵的资源，是重要的柴火原料和牲畜饲料，通常是舍不得在地里白白烧掉的。

随着生活水平的提高，家用电器、煤气使用日益广泛，农村居民对柴草的需求很少，尤其是平原地区；而畜力更是全面被农业机械取代，也不再需要用秸秆当粗饲料；秸秆还田需要更高的机械收割处理成本；秸秆的综合化利用（基质化、燃料化、饲料化、肥料化、原料化等）还不普遍。因此，对于很多地方的农民尤其是平原地区的农民来说，焚烧是最简单的办法。

秸秆焚烧产生的主要问题是空气污染，并且有引发火灾的危险。

11.1.6 畜禽养殖污染

畜禽养殖对环境的污染，主要是畜禽粪便排放造成的污染。以养猪业最为突出。

畜禽粪便排放所造成的污染，除了空气恶臭、土壤和水体污秽不堪外，还包括其中的各种病原微生物污染，以及各种饲料和兽药可能产生的有害成分残留。在以前农民分散养殖和小规模养殖的情况下，畜禽粪便不经过有效处理后就排放到环境中，所造成的环境问题尤为突出。

11.1.7 水产养殖污染

水产养殖（包括淡水养殖和海水养殖）产生的污染物大多为氮磷等有机物，主要是造成水域环境的富营养化。淡水养殖中富含氮磷的养殖污水直接排放流入河道，可能导致藻类大量繁殖；海水养殖造成的污染，会大大降低养殖水域的水质。我国广大沿海水域，尤其是南方地区，曾经出现过比较突出的海域水产养殖污染问题，造成水质恶化乃至红藻潮。

造成养殖污染的主要原因是高密度和不合理的投饵型养殖方式。养殖密度合理、不需要投饵的鱼类养殖，不会造成养殖污染问题。我国海水养殖中贝藻类及淡水养殖中的鲢鳙鱼等滤食性鱼类（用鳃耙过滤水中微小的浮游生物、细菌、有机碎屑等鱼类），都是不投饵型的水产养殖品种。事实上，这些养殖品种对环境有着良好的净化修复作用，治理一些水生态环境富营养化，可选择的方案之一就是投放鲢鳙鱼。

早期的海水养殖，也普遍出现过垃圾污染问题，如废弃的白色泡沫塑料漂浮在水面。

11.1.8　生活垃圾和污水

同以上各种农村环境污染问题比较，农村的生活垃圾和污水的影响要大得多，治理难度也大得多。

最主要的原因有以下几个方面：一是污染点数量极其庞大。全国 2 亿多农户，每一个都是一个潜在的污染点。二是污染源难以控制。别的方面的污染，可以通过源头控制减少乃至消除污染的产生，而生活垃圾和污水的产生是无法控制的，只能在产生后进行治理。三是别的方面的污染是局部的和偶发的，而农村生活垃圾和污水的污染是全面的和持续的。四是别的方面的污染多是隐性的，而农村生活垃圾和污染是显性的。

农村生活垃圾和污水污染的集中表现，是地表水体质量的严重下降，不仅水质等级严重下降，产生异味，人体不能接触，而且水体中充斥着垃圾袋、塑料瓶等。

11.2　法律框架

我国迄今尚无专门针对农业农村环境问题的法律。现有法律中，涉及农业农村环境问题的最重要的法律是两部：《农业法》和《中华人民共和国环境保护法》（以下简称《环境保护法》）。

《农业法》中的第八章题为“农业资源与农业环境保护”，专门就农业生态环境保护问题做出了非常全面的规定。

其中，第五十七条规定：“发展农业和农村经济必须合理利用和保护土地、水、森林、草原、野生动植物等自然资源。”

第五十八条规定：“合理使用化肥、农药、农用薄膜……防止农用地的污染、破坏和地力衰退。”

第五十九条规定，各级人民政府和生产者要采取措施，预防和治理水土流失，“各级人民政府应当采取措施，预防土地沙化，治理沙化土地。”

第六十一条规定：“有关地方人民政府，应当加强草原的保护、建设和管理，指导、组织农（牧）民和农（牧）业生产经营组织建设人工草场、饲草饲料基地和改良天然草原，实行以草定畜，控制载畜量，推行划区轮牧、休牧和禁牧制度，保护草原植被，防止草原退化沙化和盐渍化。”

第六十二条规定：“禁止毁林毁草开垦、烧山开垦以及开垦国家禁止开垦的陡坡地，已经开垦的应当逐步退耕还林、还草。禁止围湖造田以及围垦国家禁止围垦的湿地。已经围垦的，应当逐步退耕还湖、还湿地。对在国务院批准规划范围内实施退耕的农民，应当按照国家规定予以补助。”

第六十三条规定：“各级人民政府应当采取措施，依法执行捕捞限额和禁渔、休渔制度，增殖渔业资源，保护渔业水域生态环境。”

第六十四条规定：“国家建立与农业生产有关的生物物种资源保护制度，保护生物多样性，对稀有、濒危、珍贵生物资源及其原生地实行重点保护。”

第六十五条规定：“各级农业行政主管部门应当引导农民和农业生产经营组织采取生物措施或者使用高效低毒低残留农药、兽药，防治动植物病、虫、杂草、鼠害。农产品采收后的秸秆及其他剩余物质应当综合利用，妥善处理，防止造成环境污染和生态破坏。从事畜禽等动物规模养殖的单位和个人应当对粪便、废水及其他废弃物进行无害化处理或者综合利用，从事水产养殖的单位和个人应当合理投饵、施肥、使用药物，防止造成环境污染和生态破坏。”

第六十六条规定：“县级以上人民政府应当采取措施，督促有关单位进行治理，防治废水、废气和固体废弃物对农业生态环境的污染。”

1989年出台、2014年修订的《环境保护法》中，有两条是专门针对农业农村环境保护的。

该法第三十三条规定：“各级人民政府应当加强对农业环境的保护，促进农业环境保护新技术的使用，加强对农业污染源的监测预警，统筹有关部门采取措施，防治土壤污染和土地沙化、盐渍化、贫瘠化、石漠化、地面沉降以及防治植被破坏、水土流失、水体富营养化、水源枯竭、种源灭绝等生态失调现象，推广植物病虫害的综合防治。县级、乡级人民政府应当提高农村环境保护公共服务水平，推动农村环境综合整治。”

按照这一条的规定，与农业生产有关的环境问题，各级政府都有责任管；而与农村生活环境有关的问题，主要由县乡政府管。其中的主要原因应该是，农业生产所造成的生态环境问题具有较强的共性，有很多是超出县乡乃至省市行政管理区域的，需要根据情况由相应级别的政府负责管理；而农村生活所造成的环境问题属于微观层面，需要非常具体的有针对性的解决方案，因此主要由县乡基层政府负责管理。

第四十九条中对此进行了进一步的明确规定："各级人民政府及其农业等有关部门和机构应当指导农业生产经营者科学种植和养殖，科学合理施用农药、化肥等农业投入品，科学处置农用薄膜、农作物秸秆等农业废弃物，防止农业面源污染。禁止将不符合农用标准和环境保护标准的固体废物、废水施入农田。施用农药、化肥等农业投入品及进行灌溉，应当采取措施，防止重金属和其他有毒有害物质污染环境。畜禽养殖场、养殖小区、定点屠宰企业等的选址、建设和管理应当符合有关法律法规规定。从事畜禽养殖和屠宰的单位和个人应当采取措施，对畜禽粪便、尸体和污水等废弃物进行科学处置，防止污染环境。县级人民政府负责组织农村生活废弃物的处置工作。"

11.3　治理措施

在法律框架的总体要求下，如何治理各个主要方面的农村污染问题，需要一些针对性的具体措施，包括行政管理措施、技术措施、经济措施等。其中，较为重大的行动有以下几个方面：

11.3.1　退耕还林还草

退耕还林工程是中国乃至世界上投资最大、政策性最强、涉及面最广、群众参与程度最高的一项重大农业生态环境工程。退耕还林是指从保护和改善西部生态环境出发，将易造成水土流失的坡耕地和易造成土地沙化的耕地，有计划、分步骤地停止耕种；本着宜乔则乔、宜灌则灌、宜草则草，乔灌草结合的原则，因地制宜地造林种草，恢复林草植被。

退耕还林工程于 1999 年在四川、陕西、甘肃三省开展试点，2002 年全面启动，一直持续到现在。其间，2002 年国务院先后发布了《关于进一步完善退耕还林政策措施的若干意见》和《退耕还林条例》。2014 年，国家发展改革委、财政部、国家林业局、农业部、国土资源部等五部委联合发布了《关于印发新一轮退耕还林还草总体方案的通知》。2022 年自然资源部、国家林草局、国家发展改革委、财政部、农业农村部联合发布了《关于进一步完善政策措施 巩固退耕还林还草成果的通知》。

退耕还林还草政策核心是两大问题：什么样的耕地应该退、可以退？国家有哪些鼓励支持政策？

纳入退耕还林的耕地，应当是：水土流失严重的，沙化、盐碱化、石漠化严重的，生态地位重要、粮食产量低而不稳的。江河源头及其两侧、湖库周围的陡坡耕地及水土流失和风沙危害严重等生态地位重要区域的耕地，应当在退耕还林规划中优先安排。而基本农田保护范围内的耕地和生产条件较好、实际粮食产量超过国家退耕还林补助粮食标准并且不会造成水土流失的耕地，不得纳入退耕还林规划。退耕土地还林营造的生态林面积，以县为单位核算，不得低于退耕土地还林面积的 80%，即营造经济林的比例不得高于 20%。

2014 年五部委发文中，将退耕还林的重点领域进一步严格控制为：25°以上非基本农田坡耕地；严重沙化耕地，有关的 13 个省份根据国家有关部门进一步制定严重沙化耕地标准确定退耕范围；三峡库区、丹江口库区及上游区域县（市）15°～25°非基本农田坡耕地。

2022 年五部委的发文中，又明确规定为五种情形，即：25°以上坡耕地、陡坡梯田、重要水源地 15°～25°坡耕地、严重沙化耕地、严重污染耕地。

国家实行退耕还林资金和粮食补贴制度，按照核定的退耕地还林面积，在一定期限内无偿向退耕还林者提供适当的粮食、种苗造林费和现金（生活费）补助。1999 年退耕还林工程第一期中规定：长江流域及南方地区退耕地每年补助原粮 150 千克/亩；黄河流域及北方地区，每亩退耕地每年补助原粮 100 千克、现金 20 元。还生态林的至少补助 8 年，还经济林的补助 5 年，还草的补助 2 年。每亩退耕地和宜林荒山荒地补助种苗造林费 50 元。

退耕还林政策在 1999 年以后，不断调整了补贴标准。2022 年五部委的发文规定：为巩固退耕还林还草成果，2014 年开始实施的第二轮退耕还林还草现金补助期满后，中央财政安排资金，延长补助期限，继续给予适当补助。具体补助年限和标准是：退耕还林现金补助期限延长 5 年，补助标准为每年每亩 100 元；退耕还草现金补助期限延长 3 年，补助标准也是每年每亩 100 元。

退耕还林政策还规定：国家保护退耕还林者享有退耕土地上的林木（草）所有权。自行退耕还林的，土地承包经营权人享有退耕土地上的林木（草）所有权；委托他人还林或者与他人合作还林的，退耕土地上的林木（草）所有权由合同约定。退耕土地还林后，由县级以上人民政府依照森林法、草原法的有关规定发放林（草）权属证书，确认所有权和使用权，并依法办理土地变更登记手续。退耕土地还林后的承包经营权期限可以延长到 70 年。承包经营权到期后，土地承包经营权人可以依照有关法律、法规的规定继续承包。退耕还林土地和荒山荒地造林后的承包经营权可以依法继承、转让。这些政策同补贴政策一样，都旨在调动农民的积极性，保障参加退耕还林农民的利益和权利。

退耕还林还草政策实行 20 多年来，取得了显著的效果。国家累积安排退耕还林还草面积 2.13 亿亩，涉及 25 个省，有 1.58 亿农牧民参与。退耕还林还草工程区林草植被大幅度增加，森林覆盖率平均提高了 4 个多百分点，大江大河干流及重要支流、重点水库周边水土流失状况明显改善，北方地区土地沙化和南方地区石漠化均得到一定程度的有效治理。就大范围区域来看，陕北黄土高原的退耕还林还草效果可能是最显著的。

11.3.2　草原生态保护

2011 年，农业部、财政部印发了《2011 年草原生态保护补助奖励机制政策实施指导意见》，全面推进草原禁牧休牧轮牧和草畜平衡制度，并提供中央财政补贴。当年的实施覆盖范围为 8 个省区和新疆生产建设兵团。2012 年后逐步扩大实施范围，覆盖了全部 657 个牧区半牧区县，分布在河北、山西、内蒙古、辽宁、吉林、黑龙江、四川、云南、西藏、甘肃、青海、宁夏、新疆 13 个省（自治区）及新疆生产建设兵团和北大荒农垦集团。

这项制度的主要内容是：①对生存环境非常恶劣、退化严重、不宜放牧及位于大江大河水源涵养区的草原实行禁牧封育，按照每年每亩 6 元的测算标准给予禁牧补助。五年为一个补助周期；②对其他可利用草原核定合理的载畜量，实施草畜平衡管理，提供每年每亩 1.5 元的奖励；③实行畜牧品种改良补贴；④实行牧草良种补贴，每年每亩 10 元；⑤实行牧民生产资料综合补贴，每年每户 500 元；⑥对工作突出、成效显著的省区给予资金奖励，由地方政府统筹用于草原生态保护工作。

这项政策实施第二轮（2016—2020 年）时，取消了原来的牧民生产资料综合补贴和牧草粮种补贴，而把禁牧补助由原来的 6 元/亩提高到 7.5 元/亩，草畜平衡奖励由原来的 1.5 元/亩提高到 2.5 元/亩。

这项政策实施的前两轮中，国家累计投入资金超过 1 500 亿元，1 200 多万户农牧户受惠，使 38.1 亿亩草原得到休养生息，有力促进了草原生态持续恢复，生物多样性明显增加，草原无序利用、过度开发、严重过牧的状况得到初步扭转。

2022 年 8 月，财政部、农业农村部和国家林草局联合印发《第三轮草原生态保护补助奖励政策实施指导意见》，实施第三轮草原生态保护补助奖励政策，并增加了资金投入，扩大了政策实施范围。

11.3.3 禁止焚烧秸秆

1999 年，国家环境保护总局、农业部、财政部、铁道部、交通部、国家民航总局联合制定了《秸秆禁烧和综合利用管理办法》，提出了农作物秸秆禁烧的范围要求。

这个管理办法提出："禁止在机场、交通干线、高压输电线路附近和省辖市（地）级人民政府划定的区域内焚烧秸秆。"具体禁烧的范围是：以机场为中心 15 千米为半径的区域，沿高速公路、铁路两侧各 2 千米和国道、省道公路干线两侧各 1 千米的地带。

省辖市（地）级人民政府可以在人口集中区、各级自然保护区和文物保护单位及其他人文遗址、林地、草场、油库、粮库、通信设施等周边地区划定禁止露天焚烧秸秆的区域。

禁烧区以乡、镇为单位落实秸秆禁烧工作。县级以上人民政府应公布秸秆禁烧区及禁烧区乡、镇名单，将秸秆禁烧作为村务公开和精神文明建设的一项重要内容。

该管理办法也提出“各地应大力推广机械化秸秆还田、秸秆饲料开发、秸秆气化、秸秆微生物高温快速沤肥和秸秆工业原料开发等多种形式的综合利用成果”，并提出了目标：到 2002 年，各直辖市、省会城市和副省级城市等重要城市的秸秆综合利用率达到 60%；到 2005 年，各省、自治区的秸秆综合利用率达到 85%。

2016 年，国家环境保护部发文废止了一批规章，其中包括《秸秆禁烧和综合利用管理办法》。据解读，主要原因是《中华人民共和国大气污染防治法》（以下简称《大气污染防治法》）在 2015 年第二次修订后，对秸秆禁烧的内容做了较大调整。《秸秆禁烧和综合利用管理办法》多处规定与新《大气污染防治法》不一致，与上位法存在明显冲突，不宜继续实施。

《秸秆禁烧和综合利用管理办法》废止后并不意味着秸秆禁烧和综合利用工作不再继续开展。按照新《大气污染防治法》和部门职责分工，秸秆禁烧工作将更多转由地方政府负责，由地方政府依照《大气污染防治法》严格监管；而秸秆综合利用工作则主要执行国家发展改革委和农业部等部门的相关规定。

《大气污染防治法》中有关秸秆问题的规定有两条。第七十六条规定：“各级人民政府及其农业行政等有关部门应当鼓励和支持采用先进适用技术，对秸秆、落叶等进行肥料化、饲料化、能源化、工业原料化、食用菌基料化等综合利用，加大对秸秆还田、收集一体化农业机械的财政补贴力度。”第七十七条规定：“省、自治区、直辖市人民政府应当划定区域，禁止露天焚烧秸秆、落叶等产生烟尘污染的物质。”

《大气污染防治法》规定的由省级政府划定秸秆禁烧区域，而在实际上，经常可以看到报道，一些市县政府自行决定实行辖区内的秸秆焚烧。从媒体报道的角度看，似乎全国都在实行秸秆禁烧，但如今只有在一些偏远地区偶尔可以看到秸秆焚烧。

11.3.4　地下水超采治理

地下水超采治理的难度很大。一方面是水需求的刚性很强，农业用水如此，工业和生活用水更是如此；另一方面，需要非常综合性的治理措施，仅仅靠加强管理，效果极其有限。

以超采问题最突出的华北平原地区为例，国家采取了“节、控、换、补、管”等综合性措施。

“节”，即节约用水，强化需求端的节约用水。在华北地区采取三项措施：农业节水增效、工业节水减排、城镇节水降损。

“控”，即严格控制地下水开采规模和开采强度。对第一用水大户农业，采取休耕轮作、发展雨养农业方式。同时，严控高耗水产业发展。

“换”，即对地下水进行置换。以地下水为水源的产业、部门，把它们的用水方式换成引用地表水，利用南水北调中线调水、南水北调东线调水、黄河水、本地的地表水，以及本地产生的非常规水资源，以此对地下水源进行置换。

“补”，华北地区地下水源的补充来源，主要是地表河流和湖泊。一段时期以来，华北地区的河道发生了断流，湖泊长期干涸，意味着地下水的补充来源没有了。所以现在又在更大范围内考虑，向华北地区的河道和湖泊进行生态补水。近些年加大力度，向永定河补水、向白洋淀补水、向京杭大运河黄河以北段补水。

“管”，即对地下水的开采实施严格管控。首先，对华北地区地下水超采区进行范围划定，划出禁采区、限采区。然后，在这个区域内实施严格的管理。特别是对于深层地下水超采区，对开采的机电井实施关闭甚至封填。同时，建立地下水监测系统，严格地监督考核。

通过这些综合性措施，华北地下水超采治理取得了明显成效，2021 年年底与 2018 年同期比较，华北地区地下水超采治理区浅层地下水回升了 1.89 米，深层承压水回升了 4.65 米。从地表的河流和湖泊来看，永定河、潮白河、滹沱河等恢复了过流，白洋淀重现生机，断流了上百年的京杭大运河黄河以北段也实现了全线过流贯通。

2021 年，国家出台了《地下水管理条例》。条例规定：

国家实行地下水取水总量控制制度，制定并下达各省、自治区、直辖市地下水取水总量控制指标。各省份根据国家下达的地下水取水总量控制指标，制定本行政区域内县级以上行政区域的地下水取水总量控制指标和地下水水位控制指标。

进行征收水资源税试点，根据当地地下水资源状况和取用水类型等，实行差别税率，合理提高征收标准。仍然征收水资源费的地方，地下水的水资源费征收标准应当高于地表水的标准，地下水超采区的水资源费征收标准应当高于非超采区的标准，地下水严重超采区的水资源费征收标准应当大幅度高于非超采区的标准。

条例还规定了禁止和限制采用地下水的情形，包括：有下列情形之一的，对取用地下水的取水许可申请不予批准：不符合地下水取水总量控制、地下水水位控制要求；不符合限制开采区取用水规定；不符合行业用水定额和节水规定；不符合强制性国家标准；水资源紧缺或者生态脆弱地区新建、改建、扩建高耗水项目；违反法律、法规的规定开垦种植而取用地下水。有下列情形之一的，应当划为地下水禁止开采区：已发生严重的地面沉降、地裂缝、海（咸）水入侵、植被退化等地质灾害或者生态损害的区域；地下水超采区内公共供水管网覆盖或者通过替代水源已经解决供水需求的区域；法律、法规规定禁止开采地下水的其他区域。有下列情形之一的，应当划为地下水限制开采区：地下水开采量接近可开采量的区域；开采地下水可能引发地质灾害或者生态损害的区域；法律、法规规定限制开采地下水的其他区域。

条例还规定："以地下水为灌溉水源的地区，县级以上地方人民政府应当采取保障建设投入、加大对企业信贷支持力度、建立健全基层水利服务体系等措施，鼓励发展节水农业，推广应用喷灌、微灌、管道输水灌溉、渠道防渗输水灌溉等节水灌溉技术，以及先进的农机、农艺和生物技术等，提高农业用水效率，节约农业用水。"

2021年的中央一号文件提出了"推进荒漠化、石漠化、坡耕地水土流失综合治理和土壤污染防治、重点区域地下水保护与超采治理"。《中华人民共和国国民经济和社会发展第十四个五年规划和2035年远景目标纲要》明确提出"强化华北地下水超采及地面沉降综合治理"。

2023年，水利部、财政部、国家发展改革委、农业农村部联合印发了《"十四五"重点区域地下水超采综合治理方案》（以下简称《方案》），全面部署三江平原等10个重点区域地下水超采综合治理工作。《方案》聚焦地下水超采问题突出的10个重点区域，包括三江平原、松嫩平原、辽河平原及辽西北地区、西辽河流域、黄淮地区、鄂尔多斯台地、汾渭谷地、河西走廊、天山南北麓及吐哈盆地、北部湾，开展地下水超采综合治理。这10个区域共涉及13个省级行政区，72个地市，所涉超采区面积16.1万平方千米，占全国超采区面积的56%，超采量占全国地下水超采量的近70%。

《方案》明确，到2025年，重点区域较现状水平年压减地下水超采量46亿立方米左右，压减比例超40%。其中，辽河平原、北部湾地下水实现采补平衡。其他重点区域大部分地区地下水水位下降速率明显减缓，地下水超采引发的生态与地质环境矛盾得到缓解。地下水利用监测计量体系基本完善，地下水监督考核及机制基本建立，智慧化管理水平得到提升。

《方案》提出，各片区要结合区域节水水平和水资源总体配置要求，因地制宜落实各项治理措施。加快灌区节水改造，提升节水灌溉面积比例，严控农业种植和灌溉面积发展，采取调整农业种植结构、耕地休养生息等措施，减少超采区农业用水量；加大非常规水源利用，优化调配当地地表水，在保障河湖健康生命的前提下，合理利用外调水，增强水源调蓄能力，增加地表水供给，实施水源置换措施，压减地下水超采量，降低流域和区域水资源开发强度，相机实施地下水回补。

《方案》还提出要强化地下水管理措施，包括：建立深度节水控水机制，确定地下水管控指标，完善监测计量体系，加强地下水禁限采区管理，实施取水许可限批，推进地下水超采区划定，加强地下水数字孪生研究，提升智慧化管理水平。《方案》要求，相关省（自治区）要根据方案组织编制细化实施方案，进一步细化目标任务和措施，加大执法力度，加强资金支持，强化考核和监督，推进科技创新和宣传引导。

11.3.5 化肥农药减量化行动

地下水超采问题，尽管区域范围比较大，但还是区域性和局部性问题。相比较而言，化肥的过量使用则是普遍性问题，区域上覆盖全国，品种上涉及几乎所有作物。

化肥农药减量化行动，与其他农业环境问题治理措施有一个非常显著的不同，即这项行动与农民的利益是完全一致的。从利益的角度而言，在农民那里没有任何阻力。化肥农药减量化的目标，是把不科学不合理的过量使用减下来，减量化的过程并不减少产量，只是减少投入品数量，从而减少生产成本。减少生产成本的同时并不减少产量，并且还可能提高质量，农民何乐而不为。

化肥农药减量化行动的关键，是因地制宜、因产品制宜，通过科学方法找到最佳的使用方案，包括施用时间和位置、最佳投入品类型和最佳用量等。然后，让广大农民生产者知道并且相信这种最佳施用方案。我国近年来化肥和农药施用总量的不断下降，就是科学施肥方法的进步和农民对科学施肥方法的不断接受和采纳。

为了更好地推动化肥农药减量化，农业农村部于 2022 年发布了《到 2025 年化肥减量化行动方案》和《到 2025 年化学农药减量化行动方案》。

化肥减量化行动方案的目标任务是“一减三提”：减少农用化肥施用总量，提高有机肥资源还田量，提高测土配方施肥覆盖率（到 2025 年全国主要农作物测土配方施肥技术覆盖率稳定在 90%以上），提高化肥利用率（到 2025 年全国三大粮食作物化肥利用率达到 43%）。

化学农药减量化行动方案的目标任务是：到 2025 年，建立健全环境友好、生态包容的农作物病虫害综合防控技术体系，农药使用品种结构更加合理，科学安全用药技术水平全面提升，力争化学农药使用总量保持持续下降势头。水稻、小麦、玉米等主要粮食作物化学农药使用强度比“十三五”期间降低 5%，果菜茶等经济作物化学农药使用强度比“十三五”期间降低 10%。不断优化综合防治技术措施，提高天敌昆虫、生物农药、理化诱控产品使用量，力争主要农作物病虫害绿色防控覆盖率达到 55%以上。果菜茶优势产区生产基地、绿色农业产业园区基本全覆盖。创新防治组织方式，水稻、小麦、玉米三大粮食作物统防统治覆盖率达到 45%以上。粮棉油糖等作物绿色高质高效生产示范片、现代农业产业园区基本全覆盖。

技术路径是：根据农作物病虫害发生规律和危害特点，坚持分类施策、标本兼治、综合治理。重点在“替、精、统、综”四个方面下功夫。“替”，即生物农药替代化学农药、高效低风险农药替代老旧农药、高效精准施药机械替代老旧施药机械，提高农药利用效率。“精”，即精准预测预报、精准适期防治、精准对靶施药，提升防控效果。“统”，即培育专业化防治服务组织，大力推进多种形式的统防统治，促进统防统治规模化发展。“综”，即强化综合施策，因地制宜集成推广生态调控、免疫诱抗、生物防治、理化诱控、科学用药等绿色防控措施，减少化学农药使用次数和使用量。同时，加强农药经营环节监管，严厉查处违规销售禁限用农药和误导生产者用药行为。

11.3.6　畜禽养殖污染防治

畜禽养殖方面，有两种类型对环境的污染很小。一是传统农业社会中的自养自食类型。这种类型的饲养，畜禽粪便通常施用到自家的农田中，养殖时的污染影响主要是对农户自己的生活环境的影响。二是草原放牧业。畜禽粪便散排到大草原上，直接成为肥料。

随着我国农业农村现代化进程的发展，农民畜禽散养在绝大多数地方已经不存在，只有在很少的偏远山区还有，对环境的不利影响可以忽略了。我国畜禽养殖的规模化程度越来越高，规模化饲养使得畜禽粪便污物集中排放量很大，如果处理不当，对环境的污染会很突出。与此同时，规模化饲养使监管更方便，采取技术手段进行处理的难度降低。

2013年国家出台了《畜禽规模养殖污染防治条例》，把畜禽养殖污染防治纳入了法制化轨道。

该条例规定：禁止在饮用水水源保护区和风景名胜区、自然保护区的核心区和缓冲区、城镇居民区、文化教育科学研究区等人口集中区域等地建设畜禽养殖场、养殖小区。

畜禽养殖场、养殖小区应当根据养殖规模和污染防治需要，建设相应的畜禽粪便、污水与雨水分流设施，畜禽粪便、污水的贮存设施，粪污厌氧消化和堆沤、有机肥加工、制取沼气、沼渣沼液分离和输送、污水处理、畜禽尸体处理等综合利用和无害化处理设施。已经委托他人对畜禽养殖废弃物代为综合利用和无害化处理的，可以不自行建设综合利用和无害化处理设施。

未建设污染防治配套设施、自行建设的配套设施不合格，或者未委托他人对畜禽养殖废弃物进行综合利用和无害化处理的，畜禽养殖场、养殖小区不得投入生产或者使用。

向环境排放经过处理的畜禽养殖废弃物，应当符合国家和地方规定的污染物排放标准和总量控制指标。畜禽养殖废弃物未经处理，不得直接向环境排放。

对污染严重的畜禽养殖密集区域，市、县人民政府应当制定综合整治方案，采取组织建设畜禽养殖废弃物综合利用和无害化处理设施、有计划搬迁或者关闭畜禽养殖场所等措施，对畜禽养殖污染进行治理。

按照该条例的要求，一些小型的饲养场难以对畜禽粪便进行有效处理，不能满足规定的排放标准，从而被迫关闭。这是近年来我国一大批小型养殖场尤其是养猪场大量关闭、大的养殖企业快速发展的主要原因之一。

近年来，我国生猪养殖的规模化程度快速提高。2022 年有 28 家养猪企业的年出栏数量超过 100 万头。其中，规模最大的 20 个企业的生猪出栏数量合计为 16918 万头，占当年全国生猪出栏总量的 24%。

大中型养殖企业能够采用先进的畜禽废弃物处理技术。近年来，我国养殖业规模化的快速发展，显著地减少了畜禽养殖业的环境污染现象。

11.3.7　休禁渔制度

休禁渔制度是一项重要的渔业资源养护制度，其通过在水生生物的亲体繁殖期和幼体生长期采取限制捕捞活动等措施，达到维护水域生态平衡、水生生物资源可持续利用的目的。休渔期就是禁渔期，根据水生资源的生长、繁殖季节习性等，避开其繁殖、幼苗生长时间，用以保护资源。另外还有禁渔区，那里常年不允许捕捞，主要是繁殖场或越冬场等。

禁渔区和禁渔期制度，最早是在 1979 年出台的《中华人民共和国水产资源繁殖保护条例》中提出来的。该条例的第七条规定："对某些重要鱼虾贝类产卵场、越冬场和幼体索饵场，应当合理规定禁渔区、禁渔期，分别不同情况，禁止全部作业，或限制作业的种类和某些作业的渔具数量。"第八条规定："凡是鱼、蟹等产卵洄游通道的江河，不得遮断河面拦捕，应当留出一定宽度的通道，以保证足够数量的亲体上溯或降河产卵繁殖。更不准在闸口拦捕鱼、蟹幼体和产卵洄游的亲体，必要时应当规定禁渔期。"

1986 年出台并经 2013 年第四次修正的《中华人民共和国渔业法》第三十条规定："禁止在禁渔区、禁渔期进行捕捞""禁渔区和禁渔期，禁止使用或者限制使用的渔具和捕捞方法，最小网目尺寸以及其他保护渔业资源的措施，由国务院渔业行政主管部门或者省、自治区、直辖市人民政府渔业行政主管部门规定。"这意味着，该法授权国家和各省份的渔业主管部门设立禁渔区和禁渔期。

1995 年我国开始实行海洋伏季休渔制度，最早的禁渔期是在北纬 27 度以北，包括渤海、黄海和东海，禁渔期是 7 月和 8 月。后来，禁渔区和禁渔期不断扩大。自 1999 年起，禁渔区扩大到南海，从而实现了四大海域的全覆盖。

2003 年，我国开始实行长江休禁渔期制度，是继海洋伏季休渔制度之后国家层面设定的重要内陆水域休禁渔制度。2011 年起，实行珠江禁渔期制度。2018 年起，在黄河流域实施休禁渔制度。2019 年农业农村部发布了《关于实行海河、辽河、松花江和钱塘江等四个流域禁渔期制度的通告》，从而实现了我国内陆七大重点流域禁渔期制度全覆盖和我国主要江河湖海休禁渔制度全覆盖。

根据农业农村部 2023 年发布的《关于调整海洋伏季休渔制度的通告》，休渔区为"渤海、黄海、东海及北纬 12 度以北的南海（含北部湾）海域"，休渔作业类型为"除钓具外的所有作业类型，以及为捕捞渔船配套服务的捕捞辅助船"，休渔时间从 5 月 1 日开始，不同海域的休渔期长度为 3.5～4 个月。

我国伏季休渔制度实施至今，对缓解过多渔船和过大捕捞强度对渔业资源造成的巨大压力，遏制海洋渔业资源衰退势头，保护内陆河流的渔业资源，发挥了非常重要的积极作用。

11.3.8 农村人居环境整治

农村人居环境整治，既是农民自己追求美好生活环境的需要，也是改善整个社会生态环境、建设美丽乡村的需要。

农村人居环境整治，是一项非常复杂的系统工程。其复杂性突出地体现在涉及面广，区域差异大，资金投入多。

2018 年，中共中央办公厅、国务院办公厅联合发布了《农村人居环境整治三年行动方案》。该方案指出："近年来，各地区各部门认真贯彻党中央、国务院决策部署，把改善农村人居环境作为社会主义新农村建设的重要内容，大力推进农村基础设施建设和城乡基本公共服务均等化，农村人居环境建设取得显著成效。同时，我国农村人居环境状况很不平衡，脏乱差问题在一些地区还比较突出，与全面建成小康社会要求和农民群众期盼还有较大差距，仍然是经济社会发展的突出短板。"

该方案提出的目标是："到 2020 年，实现农村人居环境明显改善，村庄环境基本干净整洁有序，村民环境与健康意识普遍增强。东部地区、中西部城市近郊区等有基础、有条件的地区，人居环境质量全面提升，基本实现农村生活垃圾处置体系全覆盖，基本完成农村户用厕所无害化改造，厕所粪污基本得到处理或资源化利用，农村生活污水治理率明显提高，村容村貌显著提升，管护长效机制初步建立。中西部有较好基础、基本具备条件的地区，人居环境质量较大提升，力争实现 90%左右的村庄生活垃圾得到治理，卫生厕所普及率达到 85%左右，生活污水乱排乱放得到管控，村内道路通行条件明显改善。地处偏远、经济欠发达等地区，在优先保障农民基本生活条件基础上，实现人居环境干净整洁的基本要求。"

该方案提出的重点任务是：推进农村生活垃圾治理（建立健全符合农村实际、方式多样的生活垃圾收运处置体系）；开展厕所粪污治理（合理选择改厕模式，推进厕所革命）；梯次推进农村生活污水治理（根据农村不同区位条件、村庄人口聚集程度、污水产生规模，因地制宜采用污染治理与资源利用相结合、工程措施与生态措施相结合、集中与分散相结合的建设模式和处理工艺），逐步消除农村黑臭水体；提升村容村貌（基本解决村内道路泥泞、村民出行不便等问题，消除私搭乱建、乱堆乱放等）；加强村庄规划管理（全面完成县域乡村建设规划编制或修编，与县乡土地利用总体规划、土地整治规划、村土地利用规划、农村社区建设规划等充分衔接，鼓励推行多规合一）；完善建设和管护机制（明确地方党委和政府以及有关部门、运行管理单位责任，基本建立有制度、有标准、有队伍、有经费、有督查的村庄人居环境管护长效机制）。

2020年，国家七部委（市场监督管理总局、生态环境部、住房城乡建设部、水利部、农业农村部、国家卫生健康委员会、林草局）联合发布了《关于推动农村人居环境标准体系建设的指导意见》。其中把农村人居环境划分为四大重点领域：农村厕所、农村生活垃圾、农村生活污水、农村村容村貌，要求研制建立并推广这些重点领域的建设标准体系。

2021年，中共中央办公厅、国务院办公厅联合发布了《农村人居环境整治提升五年行动方案（2021—2025年）》。方案提出："践行绿水青山就是金山银山的理念，深入学习推广浙江'千村示范、万村整治'工程经验，以农村厕所革命、生活污水垃圾治理、村容村貌提升为重点，巩固拓展农村人居环境整治三年行动成果，全面提升农村人居环境质量，为全面推进乡村振兴、加快农业农村现代化、建设美丽中国提供有力支撑。"

该方案的行动目标是："到2025年，农村人居环境显著改善，生态宜居美丽乡村建设取得新进步。农村卫生厕所普及率稳步提高，厕所粪污基本得到有效处理；农村生活污水治理率不断提升，乱倒乱排得到管控；农村生活垃圾无害化处理水平明显提升，有条件的村庄实现生活垃圾分类、源头减量；农村人居环境治理水平显著提升，长效管护机制基本建立。"

对不同区域的要求是："东部地区、中西部城市近郊区等有基础、有条件的地区，全面提升农村人居环境基础设施建设水平，农村卫生厕所基本普及，农村生活污水治理率明显提升，农村生活垃圾基本实现无害化处理并推动分类处理试点示范，长效管护机制全面建立。中西部有较好基础、基本具备条件的地区，农村人居环境基础设施持续完善，农村户用厕所愿改尽改，农村生活污水治理率有效提升，农村生活垃圾收运处置体系基本实现全覆盖，长效管护机制基本建立。地处偏远、经济欠发达的地区，农村人居环境基础设施明显改善，农村卫生厕所普及率逐步提高，农村生活污水垃圾治理水平有新提升，村容村貌持续改善。"

在扎实推进农村厕所革命方面：逐步普及农村卫生厕所（新改户用厕所基本入院，有条件的地区要积极推动厕所入室，新建农房应配套设计建设卫生厕所及粪污处理设施设备，重点推动中西部地区农村户厕改造等）；切实提高改厕质量（宜水则水、宜旱则旱，加快研发干旱和寒冷地区卫生厕所适用技术和产品等）；加强厕所粪污无害化处理与资源化利用（加强农村厕所革命与生活污水治理有机衔接，因地制宜推进厕所粪污分散处理、集中处理与纳入污水管网统一处理，鼓励联户、联村、村镇一体处理等）。

在加快推进农村生活污水治理方面：分区分类推进治理（优先治理京津冀、长江经济带、粤港澳大湾区、黄河流域及水质需改善控制单元等区域，重点整治水源保护区和城乡接合部、乡镇政府驻地、中心村、旅游风景区等人口居住集中区域农村生活污水等）；加强农村黑臭水体治理（开展农村黑臭水体治理试点，以房前屋后河塘沟渠和群众反映强烈的黑臭水体为重点，采取控源截污、清淤疏浚、生态修复、水体净化等措施综合治理，基本消除较大面积黑臭水体等）。

在全面提升农村生活垃圾治理水平方面：健全生活垃圾收运处置体系（统筹县乡村三级设施建设和服务，完善农村生活垃圾收集、转运、处置设施和模式，因地制宜采用小型化、分散化的无害化处理方式等）；推进农村生活垃圾分类减量与利用（加快推进农村生活垃圾源头分类减量，积极探索符合农村特点和农民习惯、简便易行的分类处理模式，减少垃圾出村处理量，有条件的地区基本实现农村可回收垃圾资源化利用、易腐烂垃圾和煤渣灰土就地就近消纳、有毒有害垃圾单独收集贮存和处置、其他垃圾无害化处理等）。

在推动村容村貌整体提升方面：改善村庄公共环境（全面清理私搭乱建、乱堆乱放，整治残垣断壁，通过集约利用村庄内部闲置土地等方式扩大村庄公共空间等）；推进乡村绿化美化（深入实施乡村绿化美化行动，突出保护乡村山体田园、河湖湿地、原生植被、古树名木等，引导鼓励村民通过栽植果蔬、花木等开展庭院绿化等）；加强乡村风貌引导（大力推进村庄整治和庭院整治，编制村容村貌提升导则，优化村庄生产生活生态空间，促进村庄形态与自然环境、传统文化相得益彰）。

方案提出了建立健全长效管护机制、充分发挥农民主体作用、加大政策支持力度、强化组织保障等支持保障措施。在加大政策支持力度方面，特别提出："加强财政投入保障。完善地方为主、中央适当奖补的政府投入机制，继续安排中央预算内投资，按计划实施农村厕所革命整村推进财政奖补政策，保障农村环境整治资金投入。地方各级政府要保障农村人居环境整治基础设施建设和运行资金，统筹安排土地出让收入用于改善农村人居环境，鼓励各地通过发行地方政府债券等方式用于符合条件的农村人居环境建设项目。县级可按规定统筹整合改善农村人居环境相关资金和项目，逐村集中建设。通过政府和社会资本合作等模式，调动社会力量积极参与投资收益较好、市场化程度较高的农村人居环境基础设施建设和运行管护项目。”

第 12 章　农民收入政策

农民收入问题在国家农业政策中占据着非常重要的地位，也是一个世界性的农业难题。

《农业法》第一章第一条开宗明义，提到了增加农民收入："为了巩固和加强农业在国民经济中的基础地位，深化农村改革，发展农业生产力，推进农业现代化，维护农民和农业生产经营组织的合法权益，增加农民收入，提高农民科学文化素质，促进农业和农村经济的持续、稳定、健康发展，实现全面建设小康社会的目标，制定本法。"

第七条规定："各级人民政府及其有关部门应当采取措施增加农民收入，切实减轻农民负担。"

第三十八条规定："中央和县级以上地方财政每年对农业总投入的增长幅度应当高于其财政经常性收入的增长幅度。各级人民政府在财政预算内安排的各项用于农业的资金应当主要用于：加强农业基础设施建设；支持农业结构调整，促进农业产业化经营；保护粮食综合生产能力，保障国家粮食安全；健全动植物检疫、防疫体系，加强动物疫病和植物病、虫、杂草、鼠害防治；建立健全农产品质量标准和检验检测监督体系、农产品市场及信息服务体系；支持农业科研教育、农业技术推广和农民培训；加强农业生态环境保护建设；扶持贫困地区发展；保障农民收入水平等。"这一条款最核心的是第一句话；也可以说，在整个农业法中，这句话最为关键。因为制定《农业法》的目的是促进农业农村的发展，在市场机制已经全面建立的情况下，国家支持农业农村发展的绝大部分措施都需要国家财政的投入支持。国家各级政府保持财政支农资金绝对额的不断增长已属不易，而增长幅度要高于财政经常性收入的增长幅度，更不容易。

第七十九条规定："国家坚持城乡协调发展的方针，扶持农村第二、第三产业发展，调整和优化农村经济结构，增加农民收入，促进农村经济全面发展，逐步缩小城乡差别。"

《乡村振兴促进法》也提到了农民收入问题。第二十一条规定："各级人民政府应当建立健全有利于农民收入稳定增长的机制，鼓励支持农民拓宽增收渠道，促进农民增加收入。"

2004年以来的中央一号文件中，几乎每一个都提到了农民收入问题。

农民收入问题非常重要，也非常复杂，因为制约着每一个农村居民家庭和个体收入的具体因素极为复杂。实践中涉及农民收入的政策体系也很复杂，往往与旨在促进其他农业发展目标的政策措施密切关联，很难划出一个清晰的界限——除了脱贫攻坚时期的专门扶贫政策。本章主要介绍其他章节没有明确提到的农民收入政策相关问题，以及对一些已经提到的问题做更为详细具体的分析。

12.1 农民收入调查

农民收入问题，是通过数字反映出来的，不仅包括收入的总值，也包括收入的来源结构。

这些数字是通过国家统计部门的城乡居民住户调查取得的。2012年之前，城镇居民和农村居民的调查系统是分开的，调查的指标、分类和统计标准不尽相同。从2012年第四季度开始，国家统计部门对城乡住户调查体系进行一体化改革，建立了城乡统一的全国住户收入与生活状况调查体系。

样本的抽选方法是：以省为总体，采用分层、多阶段、与人口多少成比例的概率抽样方法，随机抽选调查住宅，确定调查户。全国共抽选出1 800个县（市、区）的1.6万个调查小区，对抽中小区的160多万户进行全面摸底调查，在此基础上随机等距离抽选出约16万户参加记账调查。这个调查规模可以在95%的置信度下，全国居民人均可支配收入和人均消费支出的抽样误差小于1%。

其中，农村住户调查以各省（自治区、直辖市）为总体，直接抽选调查村，全国抽取了 7 000 多个村。在抽中村里，综合运用多种抽样方法，共抽取了 7.4 万个样本户。农村住户调查在 95%的置信度下，抽样误差小于 3%。为保证农村住户调查资料的准确性，本次调查为调查户设置了现金和实物两本账，并聘请了近万名辅助调查员帮助做好记账工作，及时核实、汇总住户调查资料。

每季度末，调查人员对调查户的样本信息、记账数据和问卷调查数据进行编码、录入、审核，并直接上报国家统计局，由国家统计局直接汇总计算出全国居民的主要收支数据。

为缓解调查户的厌烦情绪，防止样本老化，解决因人口流动和城乡范围变化等对样本代表性带来的影响，每五年对调查小区和调查住户进行轮换。最新的样本轮换是 2022 年，新样本于 2022 年 12 月 1 日开始记账。

农民收入的指标，2012 年以前采用的是纯收入，2013 年以后采用的是可支配收入。这两种指标的主要不同，在于财产性收入和转移性收入。纯收入中，只计算财产性收入和转移性收入，而没有扣除财产性支出和转移性支出；而计算可支配收入时，计算的是财产性净收入和转移性净收入，即扣除了财产性支出和转移性支出。

人均可支配收入的计算方式为住户可支配收入总和除以住户人口数。这就涉及如何计算分子（可支配收入总和）和分母（住户人口数）。

可支配收入，是居民可以用于消费和储蓄投资的总和，既包括现金收入，也包括实物收入。其按照来源，可分为四项：工资性收入、经营净收入、财产净收入、转移净收入。

工资性收入，指就业人员通过各种途径得到的全部劳动报酬和各种福利，包括受雇于单位或个人、从事各种自由职业、兼职和零星劳动得到的全部劳动报酬和福利。

经营净收入，指住户或住户成员从事生产经营活动获得的净收入，是全部经营收入中扣除经营费用、生产性固定资产折旧和生产税之后得到的净收入。

财产净收入，指住户或住户成员将其所拥有的金融资产、住房等非金融资产和自然资源交由其他机构单位、住户或个人支配而获得的回报并扣除相关的费用之后得到的净收入。财产性净收入包括利息净收入、红利收入、储蓄性保险净收入、转让承包土地经营权租金净收入、自有住房折算净租金等。其中自有住房折算净租金是一种实物收入，是有产权房的住户为自身消费提供住房服务的折算价值扣除折旧后得到的净租金。计算方法为：自有住房年度折算净租金＝自有住房年度折算租金－购建房年度分摊成本。这与吃自己生产的农产品要折算为净收入的道理和计算方法是类似的。

转移净收入，是转移性收入扣除转移性支出后得到的净值。其中，转移性收入指国家、单位、社会团体对住户的各种经常性转移支付和住户之间的经常性收入转移，包括养老金或退休金、社会救济和补助、政策性生产补贴、政策性生活补贴、救灾款、经常性捐赠和赔偿、报销医疗费、住户之间的赡养收入、本住户非常住成员寄回来带回来收入等。转移性支出指住户对国家、单位、其他住户或个人的经常性或义务性转移支付，包括缴纳的税款、各项社会保障支出、赡养支出、经常性捐赠和赔偿支出等。

在计算住户人口数方面，2013 年以来的新口径也有不同。一是在城镇常住的农民工不再计算为农村住户成员，其寄回家的钱是本人的转移性支出，是农村住户家庭的转移性收入；二是由农民家庭供养的农村大学生视为农村住户的常住人口。

常住农民工被纳入城镇住户统计，是一个重要变化。这个变化的效果是同时降低了城镇居民和农村居民的平均收入水平，无论是否达到显著水平。

12.2 农民收入问题

12.2.1 年增长率

尽管我国农民收入总体上呈现持续性的快速增长，但是每年的增长率并不稳定，而是有着较大的起伏波动，如图 12-1 所示（扣除了物价变动因素）。

图 12-1　1978—2022 年我国农村居民人均可支配收入年增长率（扣除物价变动因素）

数据来源：根据国家统计局国家数据网站整理。

12.2.2　来源结构

农民收入的来源结构，自 1998 年以来有系统性的统计数据之后的变化情况如图 12-2 所示。

由图 12-2 可以看出，自 1998 年以来，农民收入来源结构的变化趋势很明显，也很一致：农民的经营净收入占比大幅度下降，1998—2022 年间从 68%降低到 35%。经营净收入中包括一二三产业，其中二、三产业大致保持在 12%左右，这意味着农业经营净收入的比例从 56%左右大幅度下降到 23%。而工资性收入占比一直在上升，从 26%上升到 42%。同时，转移性净收入占比也一直大幅度上升，从 4%上升到 21%。工资性收入和转移性净收入中的很大部分都与农民工外出打工有关。

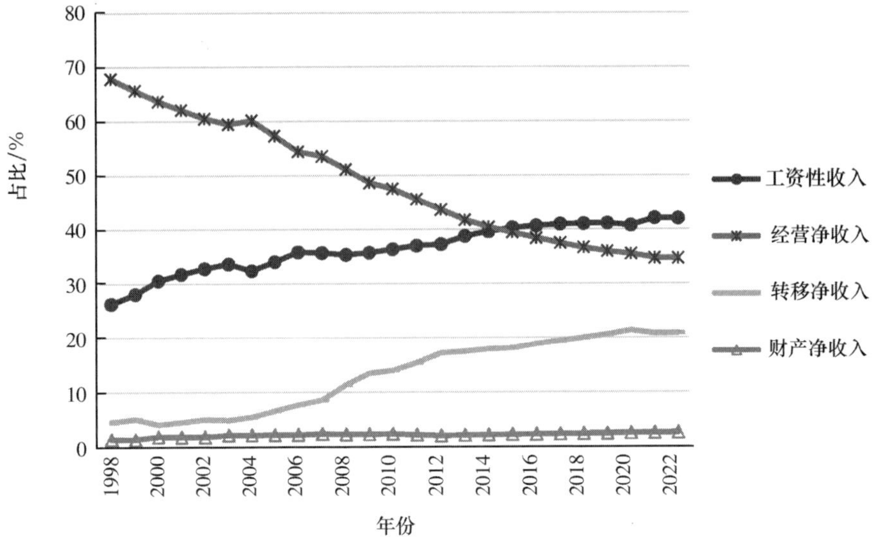

图 12-2　1998—2022 年我国农村居民可支配收入来源结构变化

数据来源：国家统计局国家数据网站。

12.2.3　内部差别

住户调查的收入数据，按照收入的高低分为五组，依次为：低收入组、中间偏下收入组、中间收入组、中间偏上收入组、高收入组，每组户数占 20%。

我国农村居民与城镇居民可支配收入内部分组的差距情况如表 12-1 所示。可以看出：农村居民人均可支配收入的内部分组差距较大，最高收入组的 20%住户的平均收入水平，是最低收入组的 20%住户的平均收入水平的 8.9 倍。而城镇居民人均可支配收入内部分组的差距明显要小，最高收入组的平均水平是最低收入平均水平的 6.1 倍。如果按照收入五等份分组对应进行城乡比较，则低收入组的城乡差别最大，高收入组的城乡差别最小。

尤其值得注意的是，农村低收入组的人均可支配收入只有 4 856 元（2020 年为 4 682 元），同 2020 年的脱贫标准 4 000 元相比，超过的幅度不大。如果计算最贫困的 10%的农村住户，可能更靠近脱贫标准线。这也说明了巩固脱贫攻坚成果的重要性和艰巨性。

表 12-1　2021 年我国农村居民人均可支配收入内部分组差距

	元/人		低收入组＝1		农村＝1
	农村	城镇	农村	城镇	城乡差别
低收入组	4 856	16 746	1.0	1.0	3.45
中间偏下收入组	11 586	30 133	2.4	1.8	2.60
中间收入组	16 546	42 498	3.4	2.5	2.57
中间偏上收入组	23 167	59 005	4.8	3.5	2.55
高收入组	43 082	102 596	8.9	6.1	2.38

数据来源：《2022 中国住户调查年鉴》，中国统计出版社。

12.2.4　区域差别

如图 12-3 所示，我国各省份农村居民人均可支配收入水平存在较大的区域差距。收入水平最高的省份是最低省份的 3.3 倍。此差距大于城乡之间的差距。不过，同 2000 年比较，差距已经有所缩小：2000 年收入最高省份是收入最低省份的 4.2 倍。

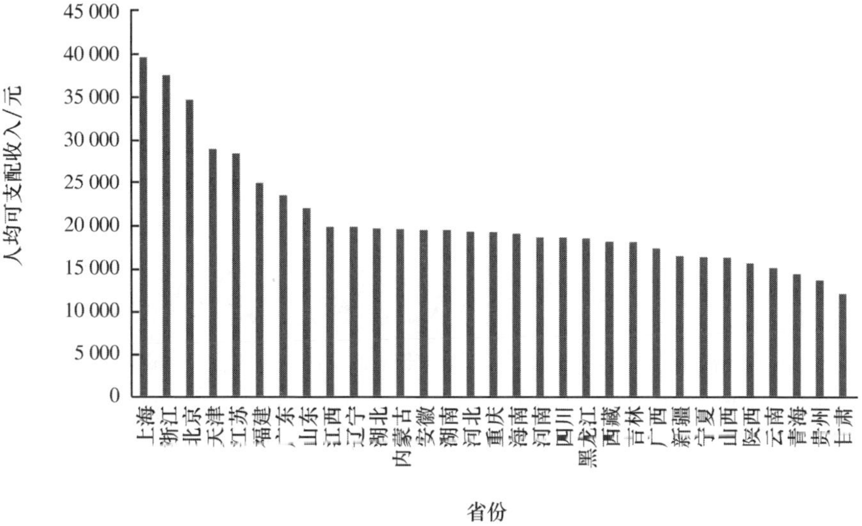

图 12-3　2021 年我国各省份农村居民人均可支配收入

数据来源：《2022 中国住户调查年鉴》，中国统计出版社。

从表 12-2 中可以明显地看出这样的趋势：农业（第一产业）在 GDP 中占比越低的省份，实际上就是其他产业越发达，或者说整个宏观经济越发达的省份，其农村居民的人均可支配收入水平高，可支配收入中的工资性收入占比高，经营性收入的占比低。而人均可支配收入低的省份，正是农业在GDP中占比高、农村居民可支配收入中以农业经营净收入为主的省份。

表12-2　2021年不同省份宏观经济发展与农村居民人均可支配收入来源结构

	人均GDP/元	第一产业GDP占比/%	人均可支配收入/元	占比/%			
				工资性收入	经营净收入	财产净收入	转移净收入
北京	187 526	0.3	33 303	70.4	5.6	10.3	13.7
上海	175 420	0.2	38 521	64.8	6.3	3.3	25.6
浙江	113 839	3.0	35 274	60.8	24.2	3.1	11.9
广东	98 561	4.1	22 306	57.2	24.4	3.6	14.8
山东	81 510	7.2	20 794	50.2	34.0	2.4	13.5
河南	58 587	9.5	17 533	38.2	32.0	1.4	28.4
重庆	87 450	6.9	18 100	35.3	33.8	2.5	28.5
四川	64 610	10.5	17 575	31.4	37.8	3.3	27.4
内蒙古	88 137	11.5	18 337	19.6	54.4	2.6	23.3
黑龙江	47 199	22.7	17 889	18.6	52.3	6.2	22.9

数据来源：《2022中国住户调查年鉴》，中国统计出版社；国家统计局国家数据网站。

12.3　农民收入政策

从以上分析可以看出，农民收入问题非常复杂，受到各种因素的制约。上述年增长率的不同、收入来源结构的不同、农民内部的收入差距、区域之间的收入差距等，都揭示了种种不同因素的影响作用。从总体上，这些可以概括为自然背景条件的不同、经济背景条件的不同、农民家庭的人口结构因素和农业劳动力的就业能力差别等。而在造成种种差距的因素中，很难找到带有普遍意义的具体收入政策的影响作用。

这并不意味着政府政策对农民收入没有影响，而是政府对农民直接的收入补贴政策作用非常有限，更多的是通过各种改善农民就业环境和就业能力的政策，来对农民收入发挥重要的促进作用。

12.3.1　直接补贴政策

对农民的直接补贴政策，主要是第 6 章讨论过的农业支持保护补贴，其由此前的种粮农民直接补贴、良种补贴、农资综合补贴合并而成，是普惠性的直接补贴政策。此外，也有一些针对局部地区和特殊产业的直接补贴政策，如对东北和内蒙古地区的玉米与大豆的生产者补贴，对新疆棉花的目标价格补贴，对退耕还林还草的补贴和草原生态保护补贴等。这些都是持续性的补贴。而农机具购置补贴、高标准农田建设补贴等，则是一次性的补贴。

除了这些中央财政的补贴政策，有的地方政府也出台了一些补贴政策，名目繁多，零零星星，总量不大。

所有这些直接补贴加在一起，平均到全国的耕地面积上，约每亩 100 元，不如在农村做一天零工的收入多。并且，这些补贴是农民收入的存量，每年很少增长。总体来看，对于农民的增收愿望和增收效果基本可以忽略不计。只有在东北一些占地面积较大的农户那里，直接补贴才有一定的影响，但也仅仅是作为存量的存在。

12.3.2　农民就业政策

农民就业政策，主要是允许、鼓励农民从事非农业就业，完善和创造农民进入非农业产业的机会，通过培训和组织引导提升农民从事非农业就业的能力。就业政策对于提高农民收入更具有根本性、普遍性和长远性意义。

农村中流行的俗话“要想富裕农民，必须减少农民”，是很有道理的。把农村劳动力从农业转移出去，有着良好的作用。一方面，转移出去的农民获得了新的和更高的收入来源；另一方面，把更多的土地资源留给没有转移出去的农民，使他们能够扩大生产规模，提高劳动生产率，从而获得更多的收入。

1982—1986 年发布的五个中央一号文件，都涉及农业劳动力的转移问题。

1982 年的中央一号文件明确提出：“只有建立起一个多种经营综合发

展的合理的生产结构，实行合理的社会分工，才能吸收农村广大劳动力为社会创造财富，否则，将大量劳动力缩集在十几亿亩土地的种植业上，必将使劳动生产率下降和农村经济萎缩。”文件同时提出：“发展多种经营，要集体与个人一齐上”“既要倡导在生产队内个人与个人、个人与集体的协作和联合，也要允许跨社队、跨地区的协作和联合。”这就是不仅鼓励在本地内部实行多种经营（实际上就是从事农业生产之外的就业项目），也允许跨地区就业。

1983年的中央一号文件继续强调：“实现农业发展目标，必须注意严格控制人口增长，合理利用自然资源，保持良好的生态环境。要在这样的前提下，改革农业经济结构，利用有限的耕地，实行集约经营，并把大量的剩余劳动力，转到多种经营的广阔天地中去。”

不过，当时的思想还是停留在“离土不离乡”的阶段，正如文件中所指出的：“我国农村只有走农林牧副渔全面发展、农工商综合经营的道路，才能保持农业生态的良性循环和提高经济效益；才能满足工业发展和城乡人民的需要；才能使农村的剩余劳动力离土不离乡，建立多部门的经济结构。”

文件还提出了一些非农业活动领域，允许农民进入：“农民个人或联户购置农副产品加工机具、小型拖拉机和小型机动船，从事生产和运输，对发展农村商品生产，活跃农村经济是有利的，应当允许；大中型拖拉机和汽车，在现阶段原则上也不必禁止私人购置”“农民个人或合伙进行长途贩运，有利于扩大农副产品销售，有利于解决产地积压、销地缺货的矛盾，也应当允许”“农村有些基础设施，如仓库、公路、小水电等，可鼓励农民个人或合股集资兴办，并实行有偿使用制度，谁兴建谁得益，使资金能够回收和周转。”

1984年的中央一号文件提出：“鼓励农民向各种企业投资入股；鼓励集体和农民本着自愿互利的原则，将资金集中起来，联合兴办各种企业，尤其要支持兴办开发性事业。国家保护投资者的合法权益。”这实际上是鼓励农民创业，兴办非公有制的企业。这也是一种重大的思想解放。文件指出：“随着农村分工分业的发展，将有越来越多的人脱离耕地经营，从事林牧渔等生产，并将有较大部分转入小工业和小集镇服务业。这是一个必然的历史性进步，可为农业生产向深度广度进军，为改变人口和工业的布局创造条件。不改变‘八亿农民搞饭吃’的局面，农民富裕不起来，国家富强不起来，四个现代化也就无从实现”“农村工业适当集中于集镇，可以节省能源、交通、仓库、给水、排污等方面的投资，并带动文化教育和其他服务事业的发展，使集镇逐步建设成为农村区域性的经济文化中心。建设集镇要做好规划，节约用地。一九八四年，各省、自治区、直辖市可选若干集镇进行试点，允许务工、经商、办服务业的农民自理口粮到集镇落户。”

1985 年的中央一号文件指出：“国营交通企业闲置的车、船，可包给或出售、租赁给群众经营。增加今年农村汽车销量比重。鼓励农民合作办车队、船队”“根据有关矿产法规，鼓励农民采矿。开采的范围包括小矿、大矿的尾矿和在大矿周围划定的地方。国营矿冶企业通过收购产品和协作联营、技术指导等办法给予支持。有关管理部门要定出必要的章程和管理办法，既要保护矿产资源，又要防止对农民采矿不应有的限制与干涉。”

1986 年的中央一号文件推出了一个重要的项目——“星火计划”，其“将在‘七五’期间开发一百类适用于乡镇企业的成套装备并组织大批量生产，建立五百个技术示范性乡镇企业，为他们提供全套工艺技术、管理规程、产品设计和质量控制方法，每年短期培训一批农村知识青年和基层干部，使之掌握一两项本地区适用的先进技术。”这个计划，既推动面向乡村提供更多的非农业就业机会，同时也培养农村青年的就业技能。应该说，是很有远见的。

这五个中央一号文件发布时，我国正处于改革开放初期，仍然处于长期以来的计划经济思想和制度的深刻影响下。在那样的背景下，五个中央一号文件中，每一个都对农村劳动力的转移问题做出了大胆的改革探索，是非常不容易的，也是非常宝贵的。

这五个中央一号文件的改革创新精神，是我国现在近 3 亿农民工的源头。农民工是指户籍仍然在农村，年内在本地从事非农业产业或者外出就业 6 个月及以上的劳动者。2022 年全国有本地农民工（在户籍所在乡镇地域以内从业的农民工）1.2 亿多人，外出农民工（在户籍所在乡镇地域外从业的农民工）1.7 亿多人。其中，本地农民工的打工收入构成了农村住户收入中“工资性收入”的主体；外出农民工，尤其是在本县内县城及外乡镇务工的一些人的打工收入，也属于农村住户的工资性收入；那些远离家乡的外出农民工的打工收入中，他们定期不定期寄回到农村家中的钱，构成了农村住户的“转移性收入”的重要乃至主要部分。

因此，现阶段我国的农民就业政策主要是农民工政策。这方面最新的全面系统的政策，是 2022 年 11 月人力资源和社会保障部、国家发展改革委、财政部、农业农村部、国家乡村振兴局联合发布的《关于进一步支持农民工就业创业的实施意见》。文件主要内容分为五个方面。

一是支持稳定农民工就业岗位。这方面的政策重点支持农民工就业集中的建筑业、制造业、服务业企业渡过难关，最大限度稳定农民工就业岗位，包括“全面落实社保费缓缴、稳岗返还、留工培训补助、社会保险补贴等政策”。另外“加强对农民工所在企业的用工指导，会同相关行业主管部门依托公共就业服务机构、经营性人力资源服务机构开通省或地市范围内共享用工服务，组织暂时停工企业与用工短缺企业开展用工余缺调剂。”

二是引导农民工有序外出务工。这方面的政策主要是：“动态掌握农民工返乡情况，及时形成就业人员清单、失业人员清单和有意愿外出人员清单。健全跨区域就业服务机制，动员市场化服务机构参与，完善岗位收集、精准匹配，高效输出全流程服务，帮助有意愿外出的农民工再次外出”“培育发展劳务品牌。着眼劳务品牌行业特征、区域特色、经营服务模式等，结合当地资源禀赋、文化特色分类打造一批知名劳务品牌，培育一批劳务品牌龙头企业，推动做大做强做优，提高农民工就业质量”“健全输出服务平台。在农民工及脱贫人口输出较多的市县、乡村和就业集中地区，合理设置就业服务站点，扩大服务供给，为农民工即时提供跨区域就业岗位信息。”

三是促进农民工就近就业创业。这方面的政策主要是：“加快发展县域特色产业。结合推进以县城为重要载体的城镇化建设，鼓励新办环境友好型和劳动密集型企业，提升县域就业承载力，为农民工提供更多就近就业机会”“加快开发就近就业岗位。按照‘应用尽用、能用尽用’的原则，充分挖掘重点工程项目主体工程建设及附属临建、服务保障、建后管护等方面用工潜力，围绕适合人工作业、劳动密集型的建设任务和用工环节，大力实施以工代赈，吸纳当地农民工参加工程建设”“加快推进返乡入乡创业。实施重点群体创业推进行动，组建一批创业服务专家队伍，为返乡创业农民工提供政策咨询、开业指导等专业化服务。强化试点示范，挖掘典型案例，高质量建设返乡入乡创业园、创业孵化基地，推荐带动就业明显、发展前景好的返乡入乡创业项目入驻。推动创业担保贷款、税费减免、场地安排、一次性创业补贴等政策‘打包办’‘提速办’。”

四是强化农民工就业服务保障。包括：“精准提供就业服务。允许失业农民工在常住地、就业地、参保地进行失业登记，同等提供职业指导、职业介绍等基本公共就业服务，落实就业扶持政策，促进尽快实现转岗就业”“开展各级各类培训。围绕市场急需紧缺工种，为有意愿外出农民工开展针对性技能培训、安全知识培训，大力开展新职业新业态培训，鼓励支持获得技能等级证书，加快推进产训结合行动，提升培训针对性和有效性，对符合条件的按规定给予补贴”“切实维护劳动权益。指导企业依法合规用工，保障农民工合法劳动权益……依法查处拖欠农民工工资等违法问题”“做好大龄农民工就业扶持。收集适合大龄农民工的就业岗位、零工信息，在农民工专场招聘活动中持续发布。”

五是实施防止返贫就业攻坚行动。主要是：“做好就业失业监测。依托全国防返贫监测信息系统，聚焦未就业和就业不稳的脱贫人口，建立就业帮扶台账”“实施优先就业帮扶。将脱贫人口作为有组织劳务输出的优先保障对象，加密岗位归集发布，加快劳务输出组织，推动脱贫人口愿出能出”“强化重点地区倾斜。聚焦国家乡村振兴重点帮扶县、易地搬迁大型安置区，依托东西部协作机制、省内协作机制，持续实施就业帮扶专项行动，密集开展岗位投放和招聘活动，援建一批产业项目、企业实体和就业帮扶车间，确保当地脱贫人口就业规模保持稳定”“加大安置保障力度。统筹用好现有各类乡村公益性岗位”等。

12. 3. 3　产业促进政策

所有产业促进政策，无论是针对农业还是非农业，都对农民的就业具有重要的乃至根本性的影响。

在国家政策层面，改革开放初始阶段，我国的产业政策主要是开放禁令。前述20世纪80年代的五个中央一号文件中包含的各种改革措施，就是最突出的范例。而经过40多年的改革开放，现在需要解禁的基本没有了。现在的产业促进政策，主要是通过国家层面和地方政府层面的各种支持性措施，促进农村一二三产业更好更快发展。

国家层面的各种农村产业发展促进政策，本书前面各章均已经讨论过。除此之外，国家层面的一项非常重要的基础性措施，是乡村的公共设施建设，包括路、电、水、网等。常言道，“要想富，先修路”。路修好了，农村的产品可以更容易更好地卖出去，农村的人可以更容易更方便地走出去。同时，外部的各种资源，包括人才、物品、技术、企业等，也能够更容易地深入到农村中来。

这个方面的政策措施，是促进整个农村发展的措施。进入21世纪，尤其是脱贫攻坚战以来，我国的农村公共服务设施发生了极大的变化。根据第三次全国农业普查数据，2016年年末，在乡镇地域范围内，乡镇有火车站的占8.6％，有码头的占7.7％，有高速公路出入口的占21.5％。另外，有99.3％的村通公路，99.7％的村通电，11.9％的村通天然气，25.1％的村有电子商务配送站点。全国91.3％的乡镇集中或部分集中供水，90.8％的乡镇生活垃圾集中或部分集中处理。

在产业促进政策方面，近年来国家层面和地方政府层面都对两种新业态格外高度重视——这两种被视为农村创造新的就业机会、农民增加新的收入来源的两种新业态，就是农村电商和文旅产业。在国家层面，中央一号文件中多次提到这两种新业态，予以重要的引导、指导和鼓励支持。在地方政府层面，则是积极推动落实，全国各地出现了很多成效显著的范例。例如，“三变”改革之所以受到国家重视，就是因为在这个过程中，农民往往可以获得三份收入：土地流转收入、股份分红收入和到新创办的产业中就业的打工收入。而新办的产业，主要是高附加值的农产品生产及加工与乡村文旅产业。在“两山理论”（绿水青山就是金山银山）的指引下，各地在建设美丽乡村、发展乡村文旅产业方面，都出现了很多成功的案例典型。很多地方政府都出台了各种支持措施。乡村文旅产业发展的共性要求是设施城镇化，景观生态化，项目特色化；在特色方面，包括山水远足，民宿休闲，土味美食，民俗文化，农耕体验，学生科普，等等。

互联网电商平台包括社交短视频平台的蓬勃发展，为广大农村青年特别是返乡青年提供了新的创业空间。各地已经涌现出一批利用新媒体平台创业成功的典型案例。在中央一号文件的指导支持下，地方政府高度重视这方面的工作，采取了很多促进措施。其中，最主要的方式是在当地建立新媒体平台网络直播的站点和进行从业人员技术培训。

第13章 农村社会政策

农村社会政策包含的内容非常广泛。本章重点讨论农村义务教育、农村医疗保障、农村最低生活保障、农村养老保障。

有人把农村扶贫政策也作为农村社会政策的一部分。实际上，我国的脱贫攻坚政策涉及面很广泛。国家发布的《关于打赢脱贫攻坚战的决定》提出了实施“五个一批”（发展生产脱贫一批，易地搬迁脱贫一批，生态补偿脱贫一批，发展教育脱贫一批，社会保障兜底一批）工程等具体解决方案，也说明了这一点。前三个一批主要与发展产业有关，核心内容不属于社会政策范畴。特定时期的扶贫政策是个一揽子政策方案，精准脱贫目标全面实现后，对农村社会低收入阶层和特殊困难群体的政策已经不再自成体系，而是融入各类不同的政策体系中。因此，本书不设独立章节讨论。

13.1 农村义务教育

我国的国民教育在改革开放前也有一些进步，而在改革开放后，尤其是近20年来，取得了非常显著的进步。根据历次人口普查的数据，我国人口的受教育程度和文盲率如表13-1所示。

表13-1 1964—2020年我国人口的受教育程度和文盲率占总人口比例变化 %

年份	大专及以上	高中和中专	初中	小学	合计	文盲率
1964	0.4	1.3	4.7	28.3	36.7	33.58
1982	0.6	6.8	17.9	35.2	62.5	22.81
1990	1.4	8.0	23.3	37.1	71.9	15.88

续表 13-1

年份	大专及以上	高中和中专	初中	小学	合计	文盲率
2000	3.6	11.1	34.0	35.7	86.4	6.72
2010	8.9	14.0	38.8	26.8	90.5	4.08
2020	15.5	15.1	34.5	24.8	91.8	2.67

数据来源：国家统计局国家数据网站。

农村教育尽管滞后于城市教育，但是也取得了非常重大的进步。官方的统计数据中没有单列农村的情况，但是从有关法律和文件中，可以清楚地看到国家对农村教育的高度重视和重大举措。

发展农村教育，所面临和需要解决的问题很多。其中最突出的是：一些农村家庭对子女教育的重视程度不够（辍学问题），贫困家庭在子女教育经费上有很大困难（教育致贫），农村学校办学条件差（经费严重不足），农村教师待遇低（高水平教师少，教学质量不高）等。国家在解决这些问题方面，不断采取了很多措施，对农村教育的支持力度不断加大。不仅在法律上不断完善，在文件上不断强调，各地在落实上也不断强化各种措施。

我国现行《宪法》第四十六条规定："中华人民共和国公民有受教育的权利和义务。"

1995 年出台的《中华人民共和国教育法》（以下简称《教育法》）规定："国家实行九年制义务教育制度。各级人民政府采取各种措施保障适龄儿童、少年就学。适龄儿童、少年的父母或者其他监护人以及有关社会组织和个人有义务使适龄儿童、少年接受并完成规定年限的义务教育。""国家扶持边远贫困地区发展教育事业""国家、社会对符合入学条件、家庭经济困难的儿童、少年、青年，提供各种形式的资助""国务院及县级以上地方各级人民政府应当设立教育专项资金，重点扶持边远贫困地区、少数民族地区实施义务教育""税务机关依法足额征收教育费附加，由教育行政部门统筹管理，主要用于实施义务教育。省、自治区、直辖市人民政府根据国务院的有关规定，可以决定开征用于教育的地方附加费，专款专用。"

国家对义务教育高度重视。因此，在尚未制定《教育法》的时候，早在1986年就出台了《中华人民共和国义务教育法》（以下简称《义务教育法》）。现行版本是2018年版本，第一条为："为了保障适龄儿童、少年接受义务教育的权利，保证义务教育的实施，提高全民族素质，根据宪法和教育法，制定本法。"而1986年版本的第一条是："为了发展基础教育，促进社会主义物质文明和精神文明建设，根据宪法和我国实际情况，制定本法。"当时还没有《教育法》，所以没有提到《教育法》。

《义务教育法》第二条提出："国家实行九年义务教育制度。义务教育是国家统一实施的所有适龄儿童、少年必须接受的教育，是国家必须予以保障的公益性事业。实施义务教育，不收学费、杂费。国家建立义务教育经费保障机制，保证义务教育制度实施。"

第七条规定："义务教育实行国务院领导，省、自治区、直辖市人民政府统筹规划实施，县级人民政府为主管理的体制。县级以上人民政府教育行政部门具体负责义务教育实施工作；县级以上人民政府其他有关部门在各自的职责范围内负责义务教育实施工作。"

第三十一条规定："教师的平均工资水平应当不低于当地公务员的平均工资水平。"这一条，1986年版本中没有，是后来修正时加上的。

第四十四条规定："义务教育经费投入实行国务院和地方各级人民政府根据职责共同负担，省、自治区、直辖市人民政府负责统筹落实的体制。农村义务教育所需经费，由各级人民政府根据国务院的规定分项目、按比例分担。各级人民政府对家庭经济困难的适龄儿童、少年免费提供教科书并补助寄宿生生活费。"1986年版本中没有免费提供教科书并补助寄宿生生活费的内容。

第四十六条规定："国务院和省、自治区、直辖市人民政府规范财政转移支付制度，加大一般性转移支付规模和规范义务教育专项转移支付，支持和引导地方各级人民政府增加对义务教育的投入。地方各级人民政府确保将上级人民政府的义务教育转移支付资金按照规定用于义务教育。"

第四十七条规定："国务院和县级以上地方人民政府根据实际需要，设立专项资金，扶持农村地区、民族地区实施义务教育。"

2004年的中央一号文件要求："继续增加财政对农业和农村发展的投入……各地区和有关部门要切实把发展农村社会事业作为工作重点，落实好新增教育、卫生、文化等事业经费主要用于农村的政策规定。”

2005 年的中央一号文件规定：“要落实新增教育、卫生、文化、计划生育等事业经费主要用于农村的规定，用于县以下的比例不低于 70%。到 2007 年，争取全国农村义务教育阶段贫困家庭学生都能享受到免书本费、免杂费、补助寄宿生生活费。”这是我国第一次正式提出“两免一补”（免书本费、免杂费、补助寄宿生生活费）政策。

2006 年的中央一号文件对农村教育提出了更为全面、系统、具体的要求和措施：“加快发展农村义务教育。着力普及和巩固农村九年制义务教育。2006 年对西部地区农村义务教育阶段学生全部免除学杂费，对其中的贫困家庭学生免费提供课本和补助寄宿生生活费，2007 年在全国农村普遍实行这一政策……进一步改善农村办学条件，逐步提高农村中小学公用经费的保障水平。加强农村教师队伍建设，加大城镇教师支援农村教育的力度，促进城乡义务教育均衡发展。加大力度监管和规范农村学校收费，进一步减轻农民的教育负担。”

2006 年的中央一号文件提出了全国取消农业税，与农业税相伴随征收的农村教育事业费附加也随之取消。在此之前，农村义务教育的经费主要由县级政府通过征收农村教育事业费解决。为解决因此而减少的农村教育经费，文件提出：“加快农村义务教育体制改革，建立和完善各级政府责任明确、财政分级投入、经费稳定增长、管理以县为主的农村义务教育管理体制，中央和省级政府要更多地承担发展农村义务教育的责任。”也就是说，农村义务教育的管理仍然以县为主，而经费筹措方面，则是中央和省级财政承担更多的责任。

2007 年的中央一号文件提出：“2007 年全国农村义务教育阶段学生全部免除学杂费，对家庭经济困难学生免费提供教科书并补助寄宿生生活费，有条件的地方可扩大免、补实施范围。”

2008 年的中央一号文件提出：“提高农村义务教育水平。对全部农村义务教育阶段学生免费提供教科书，提高农村义务教育阶段家庭经济困难寄宿生生活费补助标准，扩大覆盖面，提高农村中小学公用经费和校舍维修经费补助标准，加大农村薄弱学校改造力度。加强农村教育经费使用的规范管理。努力提高农村中小学教师素质，实施中西部农村和边疆地区骨干教师远程培训计划，选派和组织城市教师到农村交流任教，鼓励和组织大学毕业生到农村学校任教。”即，不仅全部免除农村义务教育课本费，提高寄宿生补助标准，还提出了加强农村教师队伍建设的政策措施。

2009 年的中央一号文件要求：“巩固农村义务教育普及成果，提高农村学校公用经费和家庭经济困难寄宿生补助标准，改善农村教师待遇，推进农村中小学校舍安全排查、加固和改造。加快发展农村中等职业教育，2009 年起对中等职业学校农村家庭经济困难学生和涉农专业学生实行免费。”文件不仅进一步强化了农村义务教育政策措施，还提出了推动农村中等职业教育的政策措施。

2010 年的中央一号文件继续提出要求：“巩固和完善农村义务教育经费保障机制，落实好教师培训制度和绩效工资制度。农村学校布局要符合实际，方便学生上学，保证学生安全。继续实施中小学校舍安全工程。逐步改善贫困地区农村学生营养状况。大力发展中等职业教育，继续推进农村中等职业教育免费进程。”

此后几年，农村教育政策保持稳定发展，只是不断强调提高经费投入水平，而没有出台新的重大措施。

2015 年的中央一号文件中，除了继续强调改善农村义务教育薄弱环节，还开始关注义务教育阶段之外的教育，即学前教育和高中教育。文件提出：“全面改善农村义务教育薄弱学校基本办学条件，提高农村学校教学质量。因地制宜保留并办好村小学和教学点。支持乡村两级公办和普惠性民办幼儿园建设。加快发展高中阶段教育，以未能继续升学的初中、高中毕业生为重点，推进中等职业教育和职业技能培训全覆盖，逐步实现免费中等职业教育。”

2016 年的中央一号文件继续强调加快发展农村学前教育、改善薄弱学校办学条件和加快普及高中教育：“加快发展农村学前教育……全面改善贫困地区义务教育薄弱学校基本办学条件，改善农村学校寄宿条件，办好乡村小规模学校，推进学校标准化建设。加快普及高中阶段教育，逐步分类推进中等职业教育免除学杂费，率先从建档立卡的家庭经济困难学生实施普通高中免除学杂费，实现家庭经济困难学生资助全覆盖。”

2017 年的中央一号文件提出“全面落实城乡统一、重在农村的义务教育经费保障机制”；2018 年的中央一号文件提出“推进农村普及高中阶段教育，支持教育基础薄弱县普通高中建设，加强职业教育，逐步分类推进中等职业教育免除学杂费。健全学生资助制度，使绝大多数农村新增劳动力接受高中阶段教育、更多接受高等教育”；2019 年的中央一号文件提出“推动城乡义务教育一体化发展……实施高中阶段教育普及攻坚计划”；2020 年的中央一号文件强调加强乡村教师队伍建设，提出“全面推行义务教育阶段教师‘县管校聘’，有计划安排县城学校教师到乡村支教。落实中小学教师平均工资收入水平不低于或高于当地公务员平均工资收入水平政策，教师职称评聘向乡村学校教师倾斜，符合条件的乡村学校教师纳入当地政府住房保障体系”；2021 年的中央一号文件提出“提高农村教育质量，多渠道增加农村普惠性学前教育资源供给，继续改善乡镇寄宿制学校办学条件，保留并办好必要的乡村小规模学校，在县城和中心镇新建改扩建一批高中和中等职业学校。完善农村特殊教育保障机制。推进县域内义务教育学校校长教师交流轮岗，支持建设城乡学校共同体。”

2022 年和 2023 年的中央一号文件进一步强调了“加强基本公共服务县域统筹”，提出“强化农村基本公共服务供给县乡村统筹，逐步实现标准统一、制度并轨”“推进县域内义务教育优质均衡发展，提升农村学校办学水平。”

从以上对中央文件精神的梳理中可以看出，我国农村教育政策在过去 20 多年中发生了深刻的变革，极大地推动了农村教育的发展。其大体可以分为三个阶段：第一阶段是促进义务教育目标的实现，重点是解决农村学校的基本办学条件和大幅度减轻农民的教育经费负担；第二阶段是向义务教育阶段之外拓展，包括学前教育、高中教育和中专教育；第三阶段是推进县域内的城乡义务教育统筹，提升农村教育质量，缩小城乡义务教育质量的差距。

我国农村教育的发展和教育水平的提高，不仅深刻地影响了农业农村内部的发展，也对城市经济和整个国家的发展起到了重大的作用：为我国的高等教育发展提供了高质量生源基础，为城市经济的发展提供了更高素质的农民工群体。

农村教育未来的发展方向，应该是在全面提高九年义务教育质量的坚实基础上，实行农村（亦即全国）的十二年义务教育。事实上，近年来已经有不少相关讨论。

13.2 农村医疗保障

在改革开放前的计划经济体制下，农村实行的是合作医疗制度，通过农村集体缴纳经费，提供最低水平的医疗保障服务。改革开放后，随着土地承包经营制度的实行，除了那些集体经济发达的明星村外，其他地方的合作医疗制度不复存在。农民看病，需要自己缴费。

我国农村现在的医疗保障体系，是在21世纪初开始建立的，称为新型农村合作医疗（以下简称新农合）。新农合制度的建立，为农民提供了基本的医疗保障，并且随着保障标准水平的不断提升，其保障作用也不断完善。

2002年国家发布了《国务院进一步加强农村卫生工作的决定》，提出“逐步建立新型农村合作医疗制度。各级政府要积极组织引导农民建立以大病统筹为主的新型农村合作医疗制度”“实行农民个人缴费、集体扶持和政府资助相结合的筹资机制”“到2010年，新型农村合作医疗制度要基本覆盖农村居民”“省级人民政府负责制定农村合作医疗和医疗救助补助资金统筹管理办法。省、市（地）、县级财政都要根据实际需要和财力情况安排资金”“从2003年起，中央财政对中西部地区除市区以外的参加新型合作医疗的农民每年按人均10元安排合作医疗补助资金，地方财政对参加新型合作医疗的农民补助每年不低于人均10元，具体补助标准由省级人民政府确定。”这是我国政府历史上第一次为解决农民的基本医疗卫生问题进行大规模的投入。

2006年的中央一号文件提出“积极推进新型农村合作医疗制度试点工作，从2006年起，中央和地方财政较大幅度提高补助标准，到2008年在全国农村基本普及新型农村合作医疗制度。”

2008年的中央一号文件再次强调“2008年在全国普遍建立新型农村合作医疗制度，提高国家补助标准，适当增加农民个人缴费，规范基金管理，完善补偿机制，扩大农民受益面。”

此后几年的中央一号文件都继续推进新型农村合作医疗制度，不断提高农民缴费和国家补助标准。2014 年的中央一号文件首次提出了“推动基本医疗保险制度城乡统筹”。

国家对于新型农村合作医疗制度的补助标准不断提高。2011 年由之前的每人每年 120 元提高到 200 元，2012 年各级财政对新农合的补助标准提高到每人每年 240 元，2013 年提高到每人每年 280 元，2014 年提高到 320 元……2023 年，国家补贴每人每年 640 元，农民个人需要缴纳 380 元，两者合计农民基本医疗保险筹资标准为每人每年 1 020 元。这个标准已经是城乡统筹的标准，即城乡居民都是一样的。

2016 年国家发布了《国务院关于整合城乡居民基本医疗保险制度的意见》（以下简称《意见》），提出“整合城镇居民基本医疗保险（以下简称城镇居民医保）和新型农村合作医疗（以下简称新农合）两项制度，建立统一的城乡居民基本医疗保险（以下简称城乡居民医保）制度。”新的城乡居民医保制度覆盖除职工基本医疗保险应参保人员以外的其他所有城乡居民。农民工依法参加职工基本医疗保险，有困难的可按照当地规定参加城乡居民医保。这样，我国覆盖全社会的基本医疗制度就包括了两个部分：城镇职工基本医疗保险和城乡居民基本医疗保险。

2018 年的中央一号文件提出“完善统一的城乡居民基本医疗保险制度和大病保险制度”。农村大病保险是指国家卫生部门所规定的部分病例在农村医疗保障范围之内。肺癌、胃癌等 20 种疾病全部被纳入大病保障范畴，大病患者住院费用实际报销比例不低于 70%，最高可达 90%。大病保险制度很重要，是“新农合”的应有之义，如前述 2002 年中央一号文件指出的那样，“建立以大病统筹为主的新型农村合作医疗制度”。

整合后的城乡居民基本医疗保险实行统一覆盖范围，统一筹资政策，统一保障待遇，统一医保目录，统一定点管理，统一基金管理。整合后，原来的新农合已经成为城乡居民基本医疗保险，只是很多人习惯上还是叫“新农合”。

对于城乡居民基本医疗保险，国家规定最低标准，各地可以根据财力情况，制定高于国家标准的具体标准。在保障待遇（报销规定）方面，即在门诊报销标准、大病报销标准、住院报销标准方面，各地的具体标准也有所不同。不过，有一点是相同的，即在门诊报销方面，按村、镇、二级医院、三级医院的次序，报销比例递减。这样的政策设计，是鼓励居民尽可能就近就医。

根据《2022年国民经济和社会发展统计公报》，2022年我国参加城乡居民基本医疗保险人数为98 328万人。按照这样的统计数据，新农合和城乡居民基本医疗保险制度已经很好地覆盖了广大农村人口。同时，也实现了各地内部的城乡居民统一管理。

13.3 农村最低生活保障

我国现行的农村最低生活保障制度，是在21世纪初开始进行探索试点的。最早是在2004年的中央一号文件中提出了“有条件的地方要探索建立农民最低生活保障制度”。2007年的中央一号文件明确要求：“在全国范围建立农村最低生活保障制度，各地应根据当地经济发展水平和财力状况，确定低保对象范围、标准，鼓励已建立制度的地区完善制度，支持未建立制度的地区建立制度，中央财政对财政困难地区给予适当补助。”

2007年，国家发布了《国务院关于在全国建立农村最低生活保障制度的通知》（以下简称《通知》），在全国范围内推动建立农村最低生活保障制度。

《通知》指出：“通过在全国范围建立农村最低生活保障制度，将符合条件的农村贫困人口全部纳入保障范围，稳定、持久、有效地解决全国农村贫困人口的温饱问题”“建立农村最低生活保障制度，实行地方人民政府负责制，按属地进行管理。各地要从当地农村经济社会发展水平和财力状况的实际出发，合理确定保障标准和对象范围。”

《通知》规定：“农村最低生活保障标准由县级以上地方人民政府按照能够维持当地农村居民全年基本生活所必需的吃饭、穿衣、用水、用电等费用确定，并报上一级地方人民政府备案后公布执行。农村最低生活保障标准要随着当地生活必需品价格变化和人民生活水平提高适时进行调整。农村最低生活保障对象是家庭年人均纯收入低于当地最低生活保障标准的农村居民，主要是因病残、年老体弱、丧失劳动能力以及生存条件恶劣等原因造成生活常年困难的农村居民。”

地方政府制定的农村最低生活保障标准五花八门，差别较大。共同之处是：各地的农村最低生活保障标准一直在不断提高，通常每年都会提高。不同之处是：各地的最低生活保障标准存在较大的差异。其中的主要原因是各地经济发展程度不一、生活费用标准不一、地方政府财力不一等。通常情况下，提供主要保障经费的政府层级也是具体标准的制定者。它们需要权衡各个方面的情况，尤其是地方财政支付能力，这是最为关键的因素。

从各个省份的具体特点看，我国农村最低生活保障可以分为五种类型。各种类型的案例具体情况如表 13-2 所示。①完全统一。即不分区县、不分城乡，标准均相同，如北京、上海、天津和重庆等四个直辖市。②城乡不同，但省内城市均实行统一标准，农村也实行统一标准，如江西省。③地市之间不同，但地市内部不分城乡，统一标准，如浙江省。④城乡不同，而且城市之间也分为几类，各不相同，农村内部则实行统一标准，如广东、甘肃等。⑤省份内部，各地市各不相同，并且各地市内部城乡也不相同。大部分省份属于这种类型，如山东省。

表 13-2　2023 年我国不同地区的城乡最低生活保障标准　　元/月

类型	案例地区	城市居民	农村居民
Ⅰ	北京市	1 395	
	上海市	1 510	
	重庆市	1 060	
	天津市	980	
Ⅱ	江西省	885	660
Ⅲ	浙江省杭州市	1 216	
	浙江省丽水市	1 035	
Ⅳ	广东省	1 165/1 037/914/857	600
	甘肃省	920/700	465
Ⅴ	山东省济南市	1 045	814
	山东省滨州市	1 001	789

数据来源：根据相关省份的官方网络公开资料数据汇集整理。

根据国家民政部门统计，2022年年末，全国共有683万人享受城市最低生活保障，3 349万人享受农村最低生活保障。其中，城市最低生活保障平均标准为每人每月752元，农村最低生活保障平均标准为每人每月582元。在脱贫攻坚目标实现后，对农村中相对贫困人口的帮扶，应该与最低生活保障制度并轨。由于农村最低生活保障水平线高于贫困线，因此，农村最低生活保障制度可以在防止农村脱贫人员返贫方面发挥兜底性保障作用。

13.4 农村养老保障

我国农村传统的养老保障一直以子女赡养为主，即俗话所说的“养儿防老”。改革开放前，农村也有一些养老院，收留的是“五保户”（保吃、保穿、保住、保医、保葬）老人，即那些无劳动能力、无生活收入来源、无法定赡养义务人，或者其法定赡养义务人无赡养能力的老年人员。

我国普遍性的社会养老保障制度，是在21世纪初开始建立的，可以说是从无到有。尽管起点较低，与城市居民的差别也较大，但毕竟建立起了这样一个制度，并且保障水平也在不断提升。

2006年的中央一号文件首次提出建立农村社会养老保险制度。文件先提到了农民工的养老保险，即“逐步建立务工农民社会保障制度，依法将务工农民全部纳入工伤保险范围，探索适合务工农民特点的大病医疗保障和养老保险办法”，然后又提出“探索建立与农村经济发展水平相适应、与其他保障措施相配套的农村社会养老保险制度。”

2007年的中央一号文件继续鼓励“有条件的地方，可探索建立多种形式的农村养老保险制度”；2008年一号文件进一步明确要求“探索建立农村养老保险制度，鼓励各地开展农村社会养老保险试点”；2009的中央一号文件要求“抓紧制定指导性意见，建立个人缴费、集体补助、政府补贴的新型农村社会养老保险制度。”

此后，每年的中央一号文件对农村社会养老保险制度多有部署和强调。但有关新型农村社会养老保险（以下简称新农保）的具体措施和办法，主要是国务院先后于2009年和2014年发布的两份文件，前者用于指导农村社会养老保险试点，后者用于指导城乡基本养老保险制度的统一化。

2009 年发布的《国务院关于开展新型农村社会养老保险试点的指导意见》的主要内容包括：

任务目标：探索建立个人缴费、集体补助、政府补贴相结合的新农保制度，保障农村居民老年基本生活。2009 年试点覆盖面为全国 10％的县（市、区、旗），2020 年之前基本实现对农村适龄居民的全覆盖。

参保范围：年满 16 周岁（不含在校学生）、未参加城镇职工基本养老保险的农村居民，可以在户籍地自愿参加新农保。

基金筹集：新农保基金由个人缴费、集体补助、政府补贴构成。①个人缴费。国务院设定了每年 100 元到 500 元 5 个档次，地方可增设缴费档次。参保人自主选择档次缴费，多缴多得。国家适时调整缴费档次。②集体补助。有条件的村集体应当对参保人缴费给予补助，标准由村集体自定。③政府补贴。政府全额支付新农保基础养老金，其中中央财政对中西部地区按中央确定的基础养老金标准给予全额补助，对东部地区给予 50％的补助。地方政府应当对参保人缴费给予补贴，补贴标准不低于每人每年 30 元。

建立个人账户：国家建立终身记录的养老保险个人账户。所有各方缴费全部记入个人账户。

养老金待遇：由基础养老金和个人账户养老金组成，支付终身。中央确定的基础养老金标准为每人每月 55 元。地方政府可以提高基础养老金标准。年满 60 周岁、未享受城镇职工基本养老保险待遇的农村户籍老年人，可以按月领取养老金。个人账户养老金的月计发标准为个人账户全部储存额除以 139（为统计上的剩余生命月数，与实际发放月数无关）。国家根据经济发展和物价变动等情况，适时调整全国新农保基础养老金的最低标准。

2014 年发布的《国务院关于建立统一的城乡居民基本养老保险制度的意见》的主要内容有：

国务院决定，将新农保和城居保[①]两项制度合并实施，在全国范围内建立统一的城乡居民基本养老保险（以下简称城乡居民养老保险）制度。

任务目标："十二五"末，在全国基本实现新农保和城居保制度合并

---

① 城居保全称为城镇居民社会养老保险。

实施，并与职工基本养老保险制度相衔接。2020年前，全面建成公平、统一、规范的城乡居民养老保险制度，与社会救助、社会福利等其他社会保障政策相配套，充分发挥家庭养老等传统保障方式的积极作用，更好保障参保城乡居民的老年基本生活。

参保范围：年满16周岁（不含在校学生），非国家机关和事业单位工作人员及不属于职工基本养老保险制度覆盖范围的城乡居民，可以在户籍地参加城乡居民养老保险。

基金筹集：城乡居民养老保险基金由个人缴费、集体补助、政府补贴构成。①个人缴费。缴费标准目前设为每年100元、200元、300元、400元、500元、600元、700元、800元、900元、1 000元、1 500元、2 000元12个档次，省（自治区、直辖市）政府可以增设缴费档次。②集体补助。有条件的村集体应当对参保人缴费给予补助，标准由村集体自定。③政府补贴。政府全额支付基础养老金，其中，中央财政对中西部地区基础养老金给予全额补助，对东部地区给予50％的补助。地方政府应当对参保人缴费给予补贴，补贴标准不低于每人每年30元；对选择500元及以上档次标准缴费的，补贴标准不低于每人每年60元，具体标准和办法由省（自治区、直辖市）政府确定。对重度残疾人等缴费困难群体，地方人民政府为其代缴部分或全部最低标准的养老保险费。

建立个人账户：国家建立终身记录的养老保险个人账户，个人缴费、地方政府对参保人的缴费补贴、集体补助及其他社会经济组织、公益慈善组织、个人对参保人的缴费资助，全部记入个人账户。

养老保险待遇及调整：城乡居民养老保险待遇由基础养老金和个人账户养老金构成，支付终身。中央确定基础养老金最低标准并适时调整，地方政府可以适当提高标准。个人账户养老金的月计发放标准目前为个人账户全部储存额除以139。

养老保险待遇领取条件：年满60周岁，可以按月领取城乡居民养老保险待遇。距规定领取年龄不足15年的，应逐年缴费，也允许补缴，累计缴费不超过15年；距规定领取年龄超过15年的，应按年缴费，累计缴费不少于15年。

概括地说，经过一段时间的试行，现在的农村居民养老保险与城市居民养老保险已经并轨。养老保险待遇由两个部分组成：一是基础养老金。由政府全额支付，即农村居民不需要缴费就可以享受，最低标准由国家确定并不断调整，地方政府可以提高标准。基础养老金在各省域内城乡统一标准，与个人缴费多少无关。二是个人账户养老金。缴费方面由个人缴费、政府补贴和其他各个方面的资助组成，领取时每个月的标准为账户全部存储余额除以 139。个人账户养老金与个人选择的缴费标准和缴费年数密切相关，缴费标准越高，时间越长，可以领取的养老金标准就越高。

在基础养老金标准方面，各省份之间存在很大的差异，并且各省份每年都在提高标准。2022 年各省份的城乡居民基础养老金标准如表 13-3 所示。

表 13-3　2022 年我国各省份城乡居民基础养老金标准　　元/月

省份	标准	省份	标准	省份	标准
上海	1 300	新疆	160	湖北	115
北京	887	福建	150	吉林	113
天津	307	内蒙古	140	甘肃	113
西藏	215	河北	133	安徽	110
宁夏	201	广西	131	辽宁	108
海南	199	陕西	130	黑龙江	108
广东	190	贵州	128	四川	105
青海	190	重庆	125	湖南	105
江苏	187	江西	123	云南	103
浙江	180	河南	123		
山东	160	山西	123		

资料来源：根据各省份官方数据整理汇总。

按照我国现在的养老保障制度，我国全部人口的基本养老保障体系（即除了商业性保险）有三种不同的类型：国家机关和事业单位工作人员养老保险、企业职工基本养老保险和城乡居民基本养老保险。

根据统计公报，2022 年年末，我国参加城乡居民基本养老保险的人数为 54 952 万人，其中包含符合参保条件的所有农村居民。

第 14 章　政策决策执行

14.1　政策类别

农业政策的内容非常丰富。例如，20 世纪 80 年代的五个中央一号文件和 2004 年以来的中央一号文件，都是最具权威性的农业政策文件，其中就包含了极为广泛、丰富、复杂的政策内容。对这些政策内容，可以从不同的角度进行分类。从政策的目标看，有促进农业生产的，有提高农民收入的，有改善农村环境的；从政策的性质看，有强制性的，有支持性的，有引导性的；从政策的执行看，有的不需要政府花钱，有的需要政府花钱；等等。

党的二十大报告指出，“充分发挥市场在资源配置中的决定性作用，更好发挥政府作用。”这两个作用的很好发挥，是改革开放以来我国“三农”领域取得巨大成就的根本原因。从发挥两个作用的角度，可以将我国农业政策划分为两大类别：第一类政策是解除计划经济下形成的对市场作用的种种限制，让市场充分发挥作用；第二类政策是弥补市场作用的不足，解决那些靠市场机制解决不了解决不好的问题，即以政府的作用力补市场力，助市场力，融市场力。

20 世纪 80 年代的五个中央一号文件中，最主要的内容是关于第一类政策的。例如，允许包产到户、包干到户；允许农民从事非农产业活动，经商、搞运输、搞加工；允许雇工；放开鲜活农产品（瓜果蔬菜畜产品）市场，取消统购派购，允许粮食市场自由交易等。制定这些政策极为不易。最大的困难，是过意识形态关，是要冲破来自各级政府部门内部和社会公众的重重阻力，尤其是计划经济下形成的僵化的意识形态。这些僵化的意识形态非常强大，其把计划经济与社会主义体制捆绑在一起，认为脱离计划经济就是否定社会主义。20 世纪 80 年代的五个中央一号文件的突出功绩，就是在农业农村领域全面引入了市场机制。

2004 年以来的中央一号文件的重点内容主要集中于第二类政策。这是因为，经过 20 世纪 80 年代和 90 年代的持续性的改革后，社会主义市场经济体制已经全面建立起来，尤其是市场经济的观念日益深入人心，各级政府也更加重视发挥市场的作用。在这样的背景下，国家的农业政策重点转变为如何更好地发挥政府作用方面。实际上，这也是农业政策的本来意义所在。一些重大的乃至史无前例的政策措施纷纷出台。例如，全面取消农业税，实行各种农民直接补贴，建立农村社会保障政策，加大脱贫攻坚力度，全面推进高标准农田等农业基础设施建设，全面推进水电路网等农村基础设施建设，全面推动农村义务教育和医疗事业发展，全面开展农村人居环境治理，推进农业科技创新和应用，等等。这些政策措施大部分是为弥补市场机制的不足，需要政府财政的大量投入。这类政策的主要难点，已经不是意识形态和理念上的阻力，而是国家财政资源的限制。各级政府部门都需要在“三农”投入和其他财政支出项目上进行权衡取舍，这些权衡取舍很不容易。对于农业政策本身来说，核心是为了实现某一目标，找到最佳的解决措施，也就是资金投入最少、效果最好的政策方案。

充分发挥市场在资源配置中的决定性作用，在农业领域，就是在不违法的情况下，种什么，怎么种，卖给谁等，都由农民自己决定。农民做的决定，肯定是在既定的条件下，实现利益的最大化。而要实现利益的最大化，农民必须密切围绕着市场需求来进行生产，即密切围绕着消费者的需要来生产。农民要增收，就必须瞄准消费者的需要。而满足最广大人民的迫切需要，正是社会主义的目标。这也是我们建设社会主义市场经济的根本原因。市场经济的基本机制和原则，是与社会主义的宗旨密切契合的。

市场的积极作用巨大，但市场并不是万能的。按照经济学公认的理论和普遍社会实践的经验，市场会有“失灵”现象。而应对市场“失灵”，绝不是否定市场的作用，而是更好发挥政府作用，为市场补力和助力。我国的政府作用发挥得更好、更到位，做了很多西方国家政府不做或者做不了的事，因此，我国农业的发展和进步才更快。

14.2 决策机构

关于我国农业政策的决策，有很多部门参与。其中最主要的是以下部门：

14.2.1 全国人民代表大会农业与农村委员会

全国人民代表大会农业与农村委员会简称全国人大农业农村委。其在全国人大及其常委会的领导下，研究、审议和拟订有关议案。最重要的具体职责是“向全国人大主席团或者全国人大常委会提出属于全国人大或者全国人大常委会职权范围内同本委员会有关的议案”，即所有与农业农村有关的议案（即提请审议的事项）都由这个委员会提出。其中最重要的，就是与农业农村有关的法律议案。

我国现行涉及农业农村的主要法律及其首次颁布和最近修正/修订时间如表 14-1 所示。

表 14-1 我国主要涉农法律及其颁布/修正/修订年份

法律名称	首次颁布年份	最新修正/修订年份
中华人民共和国森林法	1984	2019
中华人民共和国草原法	1985	2021
中华人民共和国土地管理法	1986	2019
中华人民共和国渔业法	1986	2013
中华人民共和国水法	1988	2016
中华人民共和国进出境动植物检疫法	1991	2009
中华人民共和国水土保持法	1991	2010
中华人民共和国农业法	1993	2012
中华人民共和国农业技术推广法	1993	2012
中华人民共和国乡镇企业法	1996	1996
中华人民共和国动物防疫法	1997	2021

续表 14-1

法律名称	首次颁布年份	最新修正/修订年份
中华人民共和国村民委员会组织法	1998	2018
中华人民共和国种子法	2000	2021
中华人民共和国农村土地承包法	2002	2018
中华人民共和国农业机械化促进法	2004	2018
中华人民共和国畜牧法	2005	2022
中华人民共和国农产品质量安全法	2006	2022
中华人民共和国农民专业合作社法	2006	2017
中华人民共和国食品安全法	2009	2018
中华人民共和国农村土地承包经营纠纷调解仲裁法	2009	2009
中华人民共和国乡村振兴促进法	2021	2021

资料来源：根据国家法律法规数据库网站资料整理。

14.2.2　中央农村工作领导小组办公室

中央农村工作领导小组办公室简称中央农办，成立于 1993 年，先后设在中央财经工作领导小组办公室（以下简称中央财办）和农业农村部，现与中央财办合署。

中央农村工作领导小组是中共中央领导农村工作、农业经济的议事协调机构。中央农办作为中央农村工作领导小组的日常办事机构，主要职能是主持协调中央的重要农业农村文件的起草。2004 年以来的中央一号文件，均是在中央农办的主持下起草的。

20 世纪 80 年代五个中央一号文件的起草工作，是由中央书记处农村政策研究室（以下简称中央农研室）主持起草的。中央农研室于 1982 年成立，1989 年撤销。从主要职能看，现在的中央农办与中央农研室有一定的传承关系。

14.2.3　中央政策研究室

中央政策研究室简称中央政研室，是专为中共中央研究政治理论、政策及草拟文件的直属机关。其内设农村研究局，负责中央政研室“三农”

相关工作，包括参加中央一号文件的起草工作。

14.2.4 国务院研究室

国务院研究室是承担综合性政策研究和决策咨询任务、为国务院主要领导同志服务的国务院办事机构。其内设农村经济研究司，负责农村经济发展和体制改革、农业、林业、水利、农民收入、扶贫开发、粮食安全、生态文明等方面重大问题的调查研究，提出政策建议；起草、修改有关重要讲话和文件等文稿，包括参加中央一号文件的起草工作。

14.2.5 农业农村部

农业农村部作为国务院的组成部门，负责农业农村发展方面的各项工作。根据2023年《党和国家机构改革方案》，在农业农村部加挂国家乡村振兴局（前身为国务院扶贫开发领导小组办公室，即国务院扶贫办）牌子。

农业农村部的主要职责是：

统筹研究和组织实施“三农”工作的发展战略、中长期规划、重大政策。组织起草农业农村有关法律法规草案，制定部门规章，指导农业综合执法。参与涉农的财税、价格、收储、金融保险、进出口等政策制定。

统筹推动发展农村社会事业、农村公共服务、农村文化、农村基础设施和乡村治理。牵头组织改善农村人居环境。指导农村精神文明和优秀农耕文化建设。指导农业行业安全生产工作。

拟订深化农村经济体制改革和巩固完善农村基本经营制度的政策。负责农民承包地、农村宅基地改革和管理有关工作。负责农村集体产权制度改革，指导农村集体经济组织发展和集体资产管理工作。指导农民合作经济组织、农业社会化服务体系、新型农业经营主体建设与发展。

指导乡村特色产业、农产品加工业、休闲农业和乡镇企业发展工作。提出促进大宗农产品流通的建议，培育、保护农业品牌。发布农业农村经济信息，监测分析农业农村经济运行。承担农业统计和农业农村信息化有关工作。

负责种植业、畜牧业、渔业、农垦、农业机械化等农业各产业的监督管理。指导粮食等农产品生产。组织构建现代农业产业体系、生产体系、经营体系，指导农业标准化生产。负责双多边渔业谈判和履约工作。负责远洋渔业管理和渔政渔港监督管理。

负责农产品质量安全监督管理。组织开展农产品质量安全监测、追溯、风险评估。提出技术性贸易措施建议。参与制定农产品质量安全国家标准并会同有关部门组织实施。指导农业检验检测体系建设。

组织农业资源区划工作。指导农用地、渔业水域以及农业生物物种资源的保护与管理，负责水生野生动植物保护、耕地及永久基本农田质量保护工作。指导农产品产地环境管理和农业清洁生产。指导设施农业、生态循环农业、节水农业发展以及农村可再生能源综合开发利用、农业生物质产业发展。牵头管理外来物种。

负责有关农业生产资料和农业投入品的监督管理。组织农业生产资料市场体系建设，拟订有关农业生产资料国家标准并监督实施。制定兽药质量、兽药残留限量和残留检测方法国家标准并按规定发布。组织兽医医政、兽药药政药检工作，负责执业兽医和畜禽屠宰行业管理。

负责农业防灾减灾、农作物重大病虫害防治工作。指导动植物防疫检疫体系建设，组织、监督国内动植物防疫检疫工作，发布疫情并组织扑灭。

负责农业投资管理。提出农业投融资体制机制改革建议。编制中央投资安排的农业投资项目建设规划，提出农业投资规模和方向、扶持农业农村发展财政项目的建议，按国务院规定权限审批农业投资项目，负责农业投资项目资金安排和监督管理。

推动农业科技体制改革和农业科技创新体系建设。指导农业产业技术体系和农技推广体系建设，组织开展农业领域的高新技术和应用技术研究、科技成果转化和技术推广。负责农业转基因生物安全监督管理和农业植物新品种保护。

指导农业农村人才工作。拟订农业农村人才队伍建设规划并组织实施，指导农业教育和农业职业技能开发，指导新型职业农民培育、农业科技人才培养和农村实用人才培训工作。

牵头开展农业对外合作工作。承办政府间农业涉外事务，组织开展农业贸易促进和有关国际交流合作，参与对外援助政策、农业贸易规则拟订及谈判，具体执行有关农业援外项目，组织有关国际公约履约和协定执行。

14.2.6 国家发展和改革委员会

国家发展和改革委员会简称国家发展改革委。其内设农村经济司，负责发展改革委的农林水利气象业务。主要职责是：提出农村经济和生态保护与建设发展战略、体制改革及有关政策建议，协调有关重大问题；衔接平衡农业、林业、草原、水利、气象、生态及有关农村基础设施等发展规划、计划和政策，提出重大项目布局建议并协调实施；按分工提出大中型水利水电工程移民政策建议；承担国家生态安全工作协调机制相关工作。

14.2.7 财政部

财政部内设农业农村司。其主要职责是：承担农业农村、水利、气象、乡村振兴等方面的部门预算和相关领域预算支出有关工作，提出相关财政政策建议；承担财政支持实施乡村振兴战略相关工作，统筹安排中央财政衔接推进乡村振兴补助资金；提出有关农村综合改革政策措施建议；承担由财政部代表国务院履行出资人职责的北大荒农垦集团有限公司相关工作。

14.2.8 其他部门

除上述机构部门外，还有其他一些部门也分别从各自分管的专门领域，参加涉及农业农村的政策决策过程。如科技部涉及农业科技政策，生态环境部涉及农村生态环境政策，文化和旅游部涉及农村文旅产业政策，中国人民银行涉及农村金融政策，教育部涉及农村教育政策，水利部涉及农业水利政策，商务部涉及农业贸易政策，等等。这些部门中，有的还内设专门负责农业农村相关事务的司局。

14.3 决策过程

每个国家的农业决策过程都有自己的特点。在不同的历史时期，我国农业决策过程有很大的不同；即便在同一时期，具体政策不同，决策的过程也可能不同。

根据决策内容起源的不同，我国农业政策主要可以分为三种类型：由下而上、由上而下、由外而内。

14.3.1　由下而上

这类政策通常起源于农村基层自发的创新或者试验，一般并不涉及国家的财政支持，主要是官方的法理认可和普及推广。小岗村的“包干到户”和贵州六盘水市舍烹村“三变”改革的实践，是这类政策的典型案例。

上级决策部门在这类政策的决策过程中，通常有一个渐进的过程。例如，如何认识和对待小岗村的经验，1982 年中央一号文件中的表述是：“目前实行的各种责任制，包括小段包工定额计酬，专业承包联产计酬，联产到劳，包产到户、到组，包干到户、到组，等等，都是社会主义集体经济的生产责任制。不论采取什么形式，只要群众不要求改变，就不要变动。”1983 年的中央一号文件中则非常明确地指出“联产承包责任制迅速发展，绝不是偶然的。它以农户或小组为承包单位，扩大了农民的自主权，发挥了小规模经营的长处，克服了管理过分集中、劳动‘大呼隆’和平均主义的弊病，又继承了以往合作化的积极成果，坚持了土地等基本生产资料的公有制和某些统一经营的职能，使多年来新形成的生产力更好地发挥作用。”1984 年的中央一号文件则更为明确地予以肯定和坚持，指出“继续稳定和完善联产承包责任制”“土地承包期一般应在十五年以上”。到了 2002 年，我国专门制定颁布了《农村土地承包法》，把这项政策用法律的形式加以确定，长期实行。

“三变”改革的情况也类似。中央一号文件对“三变”改革意义的表述，也是一个不断深化的过程。2017 年中央一号文件的表述是“鼓励地方开展资源变资产、资金变股金、农民变股东等改革，增强集体经济发展活力和实力”；2018 年中央一号文件的表述是“推动资源变资产、资金变股金、农民变股东，探索农村集体经济新的实现形式和运行机制”；2019 年的中央一号文件则明确提出要求“总结推广资源变资产、资金变股金、农民变股东经验”。从推进工作的力度看，2017 年到 2019 年三个一号文件的表述依次递进：鼓励—推动—总结推广。这说明，决策层对“三变”改革重要意义的认识和政策态度，是不断深化和明确的。

14.3.2 由上而下

这类政策起源于主要领导者或者决策层集团的意识形态（理念），想做或者认为需要做而发动做出的决策。这类政策发源于上层，而基层可能并无普遍性的要求，或者并没有普遍意识到可以有这样的要求。例如，我国计划经济下的人民公社制度、统购统销政策，我国改革开放后实行过的价格双轨制政策，现在还在实行的基本农田保护政策、农机具补贴政策、棉花的目标价格政策、农村人居环境整治政策等。

14.3.3 由外而内

在国内农业政策实行全面改革后，我国农业对外政策并没有太大变化。一直到加入世贸组织之前，我国的农业对外贸易政策仍然在很大程度上保持着计划经济体制下的基本模式。这种情况在我国加入世贸组织后发生了很大变化。

在加入世贸组织的谈判中，以及在应对加入世贸组织的准备过程中，我国一些农业政策的决策过程表现出了“由外而内”的决策过程特点。

这种由外而内的决策过程，也可以分为不同的两类：一类是被动的，如把各种非关税的进口管制措施关税化，削减关税率，取消出口补贴等；另一类是主动的，如借鉴引进欧美国家的国内补贴政策。

在现阶段，这两类由外而内的政策都发挥着非常重要的影响作用。被动的贸易政策改革，使我国更好地利用了“两个市场、两种资源”（即国内市场和国际市场，国内资源和国际资源），使我国农产品的产销格局更好地体现出了国际比较优势原则。而主动的各种国内支持政策改革均是我国历史上史无前例的，例如，2004 年以来建立的粮食直接补贴政策、农机具购置补贴政策、稻谷和小麦的最低收购价政策、棉花目标价格补贴政策、农业保险保费补贴政策，等等。这些政策，从不同的角度发挥了促进我国农业发展和保障农民收入的积极作用。

由外而内的决策程序，从国内决策的角度看，也是由上而下的方式，是由上而下决策过程的特例和触发方式。

14.3.4　试点试验

很多由上而下的农业政策决策在全国全面实行之前，先选出几个地方进行试点试验，这也是我国农业政策决策程序的一个突出特点。例如，种粮农民直接补贴政策，先于 2002 年在吉林、安徽两省的三个县进行试点，2004 年才在全国普遍实行。

后来，将种粮农民直接补贴、良种补贴、农资综合补贴合并为农业支持保护补贴，即“三补合一”，也是在 2015 年，先选择在安徽、山东、湖南、四川和浙江五个省开展试点，2016 年在全国全面实行。

之所以采用这样的试点试验方式，主要是因为我国幅员辽阔，各地情况差别很大，在农业政策实际执行的过程中会出现种种难以预测的情况。通过选出有代表性的典型地区先行试验，可以发现在政策落实执行过程中的一些问题，及时调整和完善政策方案。

事实上，也正因为如此，才使得有些政策决策在试点试验中被发现有很大的问题后，就及时刹车了。其中最典型的案例，就是目标价格补贴政策。

2014 年的中央一号文件提出：“逐步建立农产品目标价格制度……2014 年，启动东北和内蒙古大豆、新疆棉花目标价格补贴试点，探索粮食、生猪等农产品目标价格保险试点。”实行目标价格政策的初衷是对的：取消最低收购价格政策，实现价补分离；让市场供求决定价格，在价格低时给农民直接补贴。但是，在试点试验的过程中却发现了比较突出的操作问题，主要表现在：一是同实行最低收购价格政策比较，国家财政支出大幅度增加；二是由于市场价格和生产数量均不可控，使得国家补贴额度不可控；三是农户数量庞大，种植规模很小，确定每个农户应该享受的补贴数量在操作上极为复杂，难以真正按照设计的原理实行。最后，目标价格政策并没有推广到其他产品，只保留用于新疆的棉花，并且还进行了若干限制，其中包括“对新疆棉花以固定产量 510 万吨进行补贴”。

14.3.5 智库作用

在我国农业政策的决策过程中，各类智库发挥着重要作用。对农业政策决策发挥重要影响作用的智库，可以分为两大类：一类是直接归各个部委所属的研究机构，如农业农村部农村经济研究中心（原名农业部农村经济研究中心）、中国宏观经济研究院（原名国家发展改革委员会宏观经济研究院）、中国财政科学研究院（原名财政部财政科学研究所）等；另一类是其他研究机构（包括高等院校）中的相关研究单位，如国务院发展研究中心农村部、中国社会科学院农村发展研究所、中国农业科学院农业经济研究所、中国农业大学国家农业农村发展研究院等。

这些智库影响农业决策的渠道和方式主要有三种：第一，直接参加有关决策问题的讨论，面对面向决策层主要领导提出政策建议；第二，通过书面报告，向决策层主要领导提出政策建议；第三，通过各种渠道，影响决策层领导身边的助手和参谋人员，影响各类决策机构的工作人员，使能够直接参与决策讨论的人员接受智库建议，把智库建议化为他们的建议，提交给决策层领导。

第一种方式机会很少，只有极少数权威智库的权威人员才有可能获得这样的机会。第二种方式机会也不多，通常书面报告要刊登在部委专门上报领导层的内刊上，通过多层严格筛选，才有可能送决策层领导参阅；部委所属研究机构的主要领导和普通研究人员，机会更多一些。这方面有一个比较典型的案例。农业部农村经济研究中心在2001年提交了一份有关国外对农民实行直接补贴和我国借鉴实行直接补贴的研究报告，报告刊登在农业部内刊上呈报后，得到了国务院主要领导的批示，明确要求财政部牵头，联合其他四个部门进行酝酿，后来就有了2002年启动的粮食直接补贴试点工作。第三种方式不是直接影响决策层领导，而是影响能够直接影响决策层领导的人员，主要是通过各种方式的咨询建言、讨论交流、重复强化，智库人员把自己的观点和建议潜移默化转化为相关人员的思想和理念，进而通过他们直接影响决策层领导。这种方式是各类智库人员可以影响农业决策的最常见方式。同样地，各个部委研究机构中的研究人员可以获得的机会更多。其中的根本原因是，各个部委研究机构设立的初衷，就是为所属部委的决策提供直接的咨询服务。所属部委不仅要被动地接受部委研究机构人员的咨询建议，并且常常根据决策需要，主动提出政策研究题目，委派所属的研究机构，要求他们进行系统深入具体的研究，并提出建议。在两大类智库尤其是第二类智库提交的报告中，能够引起决策层领导关注的内容，通常以反映基层问题为主，尤其是一些重要决策在执行中所遇到的一些重要问题。

14.4　决策因素

任何一项农业政策的决策，都受到诸多因素的影响。这些因素交错复杂，决策是否顺利成功，取决于决策层对这些因素的权衡。成功的决策需要多方面的有利因素，而不利因素有时候只要一项，就可以否定决策。

14.4.1　政策理念

政策理念是最基本的和起始性的因素，回答的是应该不应该问题。例如，农村改革之初，在决定是否允许实行“包产到户”政策时，就涉及政策理念问题，即意识形态问题。争议的焦点在于：包产到户，到底属于社会主义，还是属于资本主义。类似地，是否允许农民雇工搞企业，也涉及意识形态问题。

14.4.2　社会阻力

例如：实行包干到户，阻力既来自上层决策机构人员，也来自基层干部；取消农业税，也遇到基层干部的阻力，尤其是县乡村三级——有人认为取消了农业税，农村工作就没有抓手了，“三提五统”也无法收取了；转基因技术及其产业化问题，更是遇到了社会各个方面的疑虑；等等。要克服这些阻力，需要宣传解释，需要配套措施（如取消农业税时，中央财政对县级财政进行转移支付），或者需要时间和时机。

14.4.3　可操作性

可操作性，主要是从技术层面考虑执行难度有多大。例如，在进行粮食直接补贴时，补贴对象是握有土地承包权的农民（即村民），还是实际经营者（如种粮大户、种粮企业），也是政策设计时需要考虑的。从经济理论来看，在充分的市场机制下，无论补贴给谁，最终效果是一样的。而从财政部门的操作来看，补贴给取得承包经营权的农民更方便，因为这是不变的，国家财政可以根据承包经营合同情况一劳永逸，每年不需要调查，直接将补贴款转到承包农民的户头上即可。而要支付给实际种粮的企业或者大户，则比较麻烦，每年都需要调查核实统计。又如，实行目标价格政策时，如何准确统计每个农民的市场销售数量，在生产者数量巨大、每个生产者生产规模很小时，实际操作的难度很大；为避免粮食消费环节的浪费，有人提出了种种政策建议，但是在实际执行层面，都是难以操作的。

14.4.4 财政负担

在市场体制全面建立后，农业政策决策日益受到国家财政支出能力的制约。例如，高标准农田建设政策对于提升我国农业综合生产能力、保障国家粮食安全极端重要。但限于国家财政支出能力，现在每年确定的建设面积和单位面积的补贴额，还不能充分满足需求和要求。

中央财政负担能力受限，也使每年的中央一号文件中所包括的政策内容大多是导向性和鼓励性的。鼓励的对象是地方政府、相关单位和农业生产者。

14.4.5 目标矛盾

不少农业政策措施本身存在着不同目标之间的矛盾。例如，实行农村土地承包经营政策时，一个突出的问题是，如何应对村里人口的增减变化。实行“增人不增地、减人不减地”政策，不仅能够避免土地碎片化，更能够增强农民对土地承包制度的信任感，从而更有利于农业生产发展；而如果随着人口的增减变化调整承包土地，更能够体现土地的社会保障功能，也更符合公平的要求。“增人不增地、减人不减地”政策能够得以实行并且坚持下来，主要原因有两个：一是随着农村人口中非农收入占比的快速提升，农业收入占比快速下降，现在全国平均已经下降到23%，使得土地的社会保障功能大为弱化。二是在一些集体经济发达的地方，村集体按照土地流转费标准，对新增的无地人口进行补贴。例如，北京有的地方，土地流转费用为 1 500 元/亩，有承包土地的农民人均承包 1.2 亩，村集体为新增的无地人口提供每年 1 800 元的无地补贴。

又如，在环境保护和畜禽水产养殖方面，在有些情况下，矛盾也非常突出。以前以生产目标为主，近年来则以环境保护目标为主，从而减少了一些地方的小规模畜禽养殖和水面水产养殖。

这两个例子也说明，决策层在政策目标存在矛盾的情况下，既需要从当时当地的具体情况出发，更需要从长远和发展的角度出发进行决策；并且需要根据情况和条件的变化，不断进行必要的政策措施调整。

14.5　政策执行

我国地域辽阔，各地自然条件和经济条件差异很大，因此，地方政府在落实执行国家农业政策的过程中，常常涉及地方政府的决策过程，无论政策是否涉及地方政府的财政支出。即便是中央财政出资的政策，有时也要求地方政府制定具体执行的方法和标准。本节讲的“政策执行”，讨论的就是地方政府（主要是县级政府）在执行落实国家农业政策时，在哪些领域和方面可以发挥积极的作用。

对于各级政府的分级负责制度，《乡村振兴促进法》第九条规定：“国家建立健全中央统筹、省负总责、市县乡抓落实的乡村振兴工作机制。”

在更好发挥政府作用，解决市场解决不好解决不了的事情方面，尤其是在落实那些国家层面的引导性和鼓励性政策方面，省、市、县等地方政府发挥着非常重要的作用。其中，县级政府的作用尤为关键。因为省市两级地方政府主要领导的主要精力，不太可能放在农业发展方面。他们会高度重视农业、农村和农民问题，当那些带有根本性和基础性的重大改革（如农村土地政策、农产品市场开放等）已经全面完成并且稳固运行之后，他们就不可能再把主要精力放在“三农”方面，而是要注重整个地区宏观经济和社会的发展。县级政府则完全不同，他们完全直接面对管理农村和落实各项农业政策的责任。

对于包括中央一号文件在内的国家各项农业政策的执行和落实，县级党政主要领导的担当意识、科学态度和创新精神至关重要。从实际工作的角度看，县级政府既是国家农业政策的执行者，也是根据本地具体情况，制定落实国家政策精神具体措施和具体项目的决策者。

在促进农业产业发展方面，地方政府更好发挥政府作用的领域很多，方式很多。以下是各地比较常见的领域。

14.5.1 产业发展规划

农业受自然条件的影响非常大。同一个产品的品种，在有些地方种不了，在有些地方可以种但质量差，在有些地方可以种但质量一般，在少数地方可以种得很好，质量上佳乃至顶尖。我国绝大部分地方都是可以种植很多种作物的。地方政府尤其是县级政府进行产业发展规划的意义，就在于从诸多产品中找出最好的产品产业，并推动这个产业做大做强。即，选对产业，做大产业，进而做强产业。选得不对，或者选对了没有做大，都不可能做强。

选对产业，需要科学决策，而不是拍脑袋决策。科学决策，就是按照比较优势决策。即，依据当地的自然条件，确定土地是哪种产品的全国最适宜生长区。判断标准是，产品品质能够达到全国最优或全国最优之一。如果所选产业的产品质量可以达到全国最优或者全国最优之一，则就是选对了产业。自然条件下的质量最优，就是最佳选择。因为，别的条件（如设施条件、交通条件、农民经验、技术水平等）都可以改善，唯有自然条件无法改变（在经济可行范围内）。质量最优，才能好卖，卖出好价钱，实现自然资源利用效益的最大化。

选对了产业，还要推动这个产业做大，形成区域规模化，最好做成“一县一品”，达到几十万亩乃至上百万亩。只要质量优，就不怕规模大，不怕生产多了卖不出去。因为，一个县的规模再大，放到全国的大市场中，都不算大。区域规模大了，会形成很多积极的规模效益。包括可以集聚上下游产业的优质服务，可以吸引到优秀的专家提供技术服务等。这方面有很多典型的案例，如洛川苹果和延安苹果。

14.5.2　科技服务支持

在本书的第 6 章所列的各种农业技术服务模式中，地方政府使用比较多的是科技特派员、特聘专家及与农业院校和科研院所的各种合作。很多地方政府出面邀请专家、出资聘请专家、建设专家工作站和提供工作经费支持等。所有“一县一品”产业发展好的地方，地方政府在提供优惠条件、吸引各类专家来本地提供产业技术服务方面，都做了很多的工作。

14.5.3　公用品牌建设

科技服务支持是帮助和促进农民“种得好”，而公用品牌建设则是帮助和促进农民“卖得好”。其实，品牌建设同样也是消费者的需要：消费者通常通过品牌来判定产品的质量水平，并由此做出消费购买决定。

农产品品牌有两类：一类是企业品牌，由企业自己打造，自己独享。主要适合于农产品加工品，如茅台酒、青岛啤酒等；另一类是区域公用品牌，是特定区域内（较多的是县域，也有其他区域范围）所有或者很多生产者所共享的品牌，由地方政府帮助打造。主要适合于初级农产品（如水果、蔬菜、鱼虾蟹等）和初加工产品（农产品内在成分不改变，如大米、面粉、猪肉等）。

区域公用品牌的名称由“产地名＋产品名”构成，如洛川苹果、五常大米等。近年来，一些地方政府主要领导高度重视农产品品牌建设，但是在品牌建设的具体方案设计上受到了误导，走了错路。主要是试图用一个名称涵盖区域内的所有农产品，名称起得充满诗情画意，看起来很优美，只是既看不出是哪个区域（最多能够猜出来），也不知道是哪种产品。这样的品牌名称，如果作为企业品牌也许还可以，但与区域公用品牌是沾不上边的。区域公用品牌中的“公用”两个字，指的是供区域内的众多生产者共用，不是指供区域内的众多产品共用。

为维护和保护区域公用品牌，仅仅申请注册地理标志产品是远远不够的。获得了地理标志的批准，并不会自动成为品牌产品。地方政府要打造品牌产品，需要不断做很多工作。包括制定规范的生产技术标准和生产规程，实行刚性的产品品质保障要求（如明确产品品种）；限定区域内合适的生产地区范围（如一定的海拔范围等），以保证合适的自然生产条件，从而保证产品质量；限定上市时间，以保证产品的成熟度；等等。区域公用品牌建设的核心是“保真”和“打假”。

在此基础上，还要采用各种方式和渠道，大力宣传好区域公用品牌，让更多的消费者知道并获得对品牌的信任。包括利用各种媒体渠道进行宣传，举办或参加农业博览会，到重点销售区举办推介会，在本地举办产销对接会和××××（区域公用品牌名称）节，网络直播带货，等等。

14.5.4 设施设备支持

在农业发展的设施建设方面，地方政府的作用同样非常重要。如在高标准农田建设方面，中央财政提供经费支持，而地方政府在落实实施的过程中，不仅要从事大量的协调组织工作和处理各种矛盾（把承包经营权分散在众多农民手上的细碎地块集中起来），有的地方政府还需要提供额外的资金投入，来弥补中央财政资金投入的不足。此外，很多地方政府为了鼓励各类企业进行现代农业建设投入，还对龙头企业在设施农业、农业产业园、加工流通设施设备等方面的投资提供一定比例的补贴，通常可达到30％的补贴额度。

14.5.5 招商引智引资

在进行产业发展规划后，还需要有龙头企业的带动。有些地方有当地产生和成长起来的龙头企业，地方政府可以通过上述科技服务和投资补贴，为他们提供助力。也有很多地方，本地缺乏有带动作用有影响力的龙头企业，这时，地方政府在招商引智引资方面就发挥着关键作用。引进一个好的企业，不仅是引资，更重要的是引智：企业不仅带来资金，更重要的是带来人才，包括经营管理人才、生产技术人才和市场营销人才。

14.5.6 推动组织创新

地方政府在推动组织创新方面，同样发挥着关键作用。推动现代农业发展，不可避免的前提条件是土地的流转集中。这需要地方政府出面，进行一定的组织协调工作。在具体实施方面，村组织是重中之重，而村组织作用的发挥，关键又在于带头人，即村党组织书记。任何一个大的龙头企业项目，都涉及土地的流转集中和农村劳动力的组织利用，其中最好的方式就是建立新型合作社。而这些工作离开了一个党性强、组织能力强的村党组织负责人，是难以实现的。地方政府尤其是乡镇政府的一个重要职能，就是培养选拔配备“好人＋能人”型的村组织负责人。新一代村党组织负责人中，日益有更多的返乡大学生、返乡农民工、退伍军人及农民企业家。其中的农民企业家人才，是最具有带领村民进行组织创新和创业致富能力的群体。贵州省的“三变”改革，就是由农民企业家出身的村党组织负责人和村民们创建的模式。近年来，农民企业家出身的村党组织负责人所占的比例日益增大，据调查，在有的县乡，已经达到了 30％。

第 15 章　美国农业政策

美国的农业在世界农业领域占据着非常重要的地位。美国的农业政策也在世界农业政策领域占据着非常重要的地位，其不仅影响了美国自身农业的发展，也对其他国家有着重要影响。在世贸组织的《农业协定》中，也可以看到美国农业政策的明显痕迹。

15.1　农业特点

15.1.1　基本情况

从表 15-1 的数据中可大致看出美国农业的一些重要特点。从基本生产条件看，美国的人均耕地面积为 7.0 亩，是世界平均水平的 2.65 倍，是我国的 5 倍多。美国的农场数量为 198 万个，如果按照全国近 24 亿亩耕地平均，每个农场规模约为 1 200 亩。不过，美国统计的 198 万个农场中有属于养殖业和果树业的，并不都是大田种植业。根据抽样调查，大田种植业的平均规模为 2 000 多亩。

表 15-1　2021 年美国农业的基本情况

项目	单位	美国	世界合计	美国占比
总人口	亿人	3.37	79.09	4.3%
耕地面积	亿亩	23.66	210	11.3%
人均耕地	亩/人	7.0	2.65	265%
农场总数量*	万个	198		
农场平均规模**	亩	2 172		

续表 15-1

项目	单位	美国	世界合计	美国占比
谷物	万吨	45 263	307 065	15%
小麦	万吨	4 479	77 088	6%
玉米	万吨	38 394	121 024	32%
稻谷	万吨	870	78 729	1%
大豆	万吨	12 071	37 169	32%
肉类	万吨	4 888	35 739	14%
猪肉	万吨	1 256	12 037	10%
牛肉	万吨	1 273	7 677	17%
禽肉	万吨	2 322	13 796	17%
羊肉	万吨	7	1 636	0%
农产品出口	亿美元	1 737	17 547	9.9%
农产品进口	亿美元	1 724	18 178	9.5%
玉米出口	万吨	7 004	19 608	36%
大豆出口	万吨	5 305	16 121	33%

注：* 表示 2018 年数据，* * 表示 2018 年抽样调查数据。

资料来源：根据联合国粮农组织 FAOSTAT 数据库和美国农业部网站数据整理。

总体来看，美国的农产品生产在世界上占据着重要地位，尤其是玉米和大豆这两种农产品，美国的生产数量和出口数量都占世界的 1/3 左右。20 世纪 70—80 年代，美国的玉米生产和大豆生产占世界的比例曾一度分别接近 50%和 70%，而美国玉米和大豆的出口占世界的比例更高，最高时分别达到 80%和 90%左右。

现在，美国仍然是遥遥领先的世界玉米生产大国，每年生产的玉米数量超过位居第二的我国 1 亿多吨，而在出口方面，继续保持领先，每年出口 7 000 万吨左右。不过，阿根廷和巴西近年来玉米出口量大幅度增加，均超过 3 000 万吨，呈现出很强的追赶态势。在大豆生产方面，近年来，巴西的大豆生产数量大幅度增加，已经赶上美国，与美国并驾齐驱，均在 1.2 亿吨上下。而在大豆出口方面，美国保持在 5 000 万吨左右，已经被巴西超过（巴西大豆出口量已达 8 600 万吨，超过世界大豆出口总量的一半）。

美国的玉米和大豆生产得多，生产成本又低，为肉类生产提供了有利的饲料条件。美国的肉类生产和出口也占据非常重要的地位，尤其是牛肉和禽肉的生产。

15.1.2 贸易情况

就农产品总体而言，美国的出口额和进口额均占世界农产品贸易总额的10%左右（表15-1）。这也意味着，美国的农产品进出口规模基本平衡。就农产品出口额看，美国位居世界第一；就进口额看，美国现在已经低于我国，位于世界第二。

美国农产品贸易的结构如表15-2所示。从表中可以看出，出口多的主要是土地密集型产品和有饲料成本优势的畜产品（包括大豆、玉米、小麦、棉花、猪肉、禽肉、牛肉和奶制品），进口多的主要是水果和蔬菜等劳动密集型产品。

表15-2　2021年美国农产品贸易的结构情况　亿美元

农产品种类	出口	进口	净出口
大豆	275	4	271
玉米	191	3	188
牛肉	104	88	16
水果	102	220	−118
坚果	79	32	47
小麦	73	4	69
猪肉	69	20	49
奶制品	58	25	33
棉花	57	0	57
禽肉	51	8	43
蔬菜	48	190	−142

资料来源：联合国粮农组织FAOSTAT数据库。

15.1.3 价格情况

美国由于经营规模大，集约化程度高，劳动效率高，使得农产品的生产成本很低，尤其是大田作物。进而，美国主要农产品的价格非常低，具有很强的国际竞争力。图 15-1 展示了近 30 年来美国大豆、玉米和小麦价格的变化情况，可以看出，美国大豆、玉米和小麦的价格有较大的波动，但即便是峰值，也显著低于我国的价格。从平均值看，美国的价格大体相当于我国的一半左右甚至更低。

大豆和玉米价格低，意味着饲料成本低，从而使美国畜产品价格较低，具有较强的国际市场竞争力。

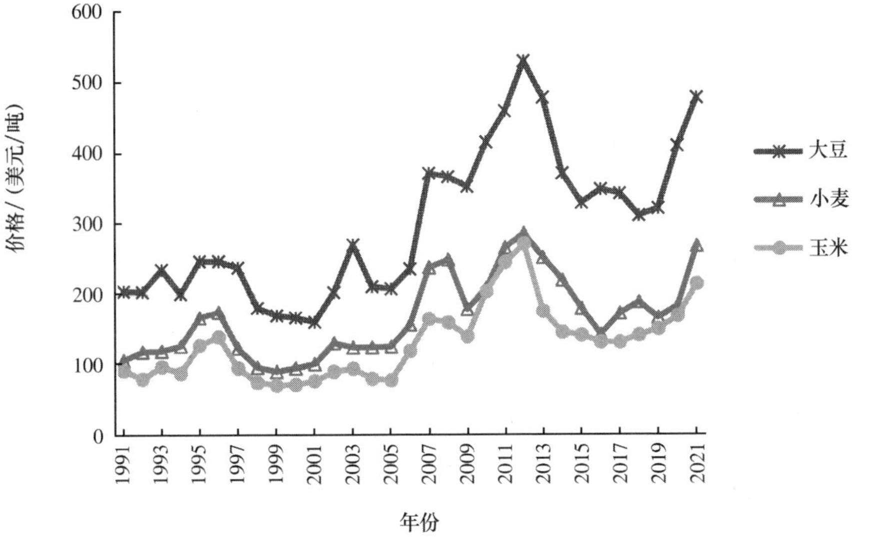

图 15-1　1991—2021 年美国大豆、小麦和玉米价格的变化情况

资料来源：联合国粮农组织 FAOSTAT 数据库。

15.2　政策沿革

美国虽然是一个自由市场经济国家，对农业的干预和支持却是较早的，尤其是美国采取的按照世贸组织的定义属于扭曲市场的农业市场支持政策，应该是全球最早的。

美国历史上第一个对农业发展有重要意义的政策，是 1785 年的土地法令。南北战争后，美国政府掌握了 1.5 亿多英亩的公共土地。1785 年的土地法令决定出售西部的公共土地，并且在实施的过程中形成了这样的规定：公共土地公开拍卖并规定最低价格，出售的最小单位为 640 英亩（约等于3 885亩）的方田。这为现代农业机械化的发展打下了很好的土地规模基础。

另一项非常重要的政策，是1862年通过的莫雷尔赠地学院法（*Morrill Land-Grant Colleges Act*，Morrill是提案议员的名字）。该法规定各州每有一位国会议员，可以从联邦政府获得赠送土地3万英亩，用这些土地的收益建立和资助至少一所大学，这些大学要开展农学和机械工艺方面的教育，使劳工阶级子弟能获得实用的大学教育，促进农业生产，提高农业劳动生产率。全国先后共拨地1 100万英亩，用于建立赠地学院。很多赠地学院发展为现在的州立大学。

现代农业政策的真正起点，是1933年美国国会通过的农业调整法。该法出台的主要背景是农产品市场价格大幅度走低。例如，1932年每蒲式耳的价格，小麦为0.53美元，玉米为0.35美元，均为1920年价格的25%左右。价格大幅度下降的后果，是农民收入大幅度降低乃至大量亏损；而价格大幅度下降的根本原因是生产过剩，国内消费不了，出口也没有足够的国际市场需求。

1933年的农业调整法中，有两个方面的政策措施具有开创性和长远性影响及意义：一是实行了休耕补贴，鼓励农民减少生产，按照减少的作物面积向农民支付直接补贴。二是建立了无追索权贷款制度。其原理与我国的最低收购价格制度类似，都是保护价政策，而具体实施方式更复杂一些：农民可以用未收获的产品做抵押，以政府事先确定的贷款率为标准，获得政府的贷款。如果收获时市场价格高于贷款率，农民可以出售产品，并偿还政府的贷款；如果市场价格低于贷款率，农民就可以把抵押的产品给政府，而不用偿还贷款。贷款率相当于保护价，即我国的最低收购价格。这项政策是政府干预农产品市场政策的肇始。欧盟成立后采取过的农产品保护价政策，就是借鉴了美国的这项政策。无追索权贷款的意思是，当借贷人还不起借贷时，只收取抵押物，而不追索借贷人别的资产。为了执行这项政策，美国政府专门成立了农产品信贷局（Commodity Credit Corporation，也有译为商品信贷公司的）。1933年的农业法还设立了联邦剩余农产品救济局（Federal Surplus Relief Corporation，后更名为Food Surplus Commodities Corporation），负责将农产品信贷局收取的一部分抵押农产品和市场上剩余的农产品分配给贫困人口，此举可以说是食品券政策的源头。

美国在 1933 年的农业调整法之后，陆续出台了一系列农业法。具体如表 15-3 所示。美国的农业法基本每隔五年左右就重新制定一次，这与我国很不相同。主要原因是，美国的农业法除了有关的制度性规定外，主要是未来几年的农业项目预算，这需要国会的批准。这样的农业法不仅包括政策决策的内容，也包括所有政策执行的细节规定。因此，美国的农业法文本篇幅通常很长，有好几百页。

表 15-3　美国历年制定的农业法一览表

年份	名称	英文名称
1933	农业调整法	*Agricultural Adjustment Act of* 1933
1938	农业调整法	*Agricultural Adjustment Act of* 1938
1948	农业法	*Agricultural Act of* 1948
1949	农业法	*Agricultural Act of* 1949
1954	农业法	*Agricultural Act of* 1954
1956	农业法	*Agriculture Act of* 1956
1965	食品和农业法	*Food and Agricultural Act of* 1965
1970	农业法	*Agricultural Act of* 1970
1973	农业与消费者保护法	*Agricultural and Consumer Protection Act*
1977	食品与农业法	*Food and Agriculture Act*
1981	农业与食品法	*Agriculture and Food Act*
1985	粮食安全法	*Food Security Act*
1990	食品、农业、生态保护和贸易法	*Food, Agriculture, Conservation, and Trade Act*
1996	联邦农业提升与改革法	*Federal Agriculture Improvement and Reform Act*
2002	农场保障与农村投资法	*Farm Security and Rural Investment Act*
2008	食品、生态保护和能源法	*Food, Conservation, and Energy Act*
2014	农业法	*Agriculture Act of* 2014
2018	农业提升法	*Agricultural Improvement Act of* 2018

资料来源：美国农业部农业法中心（National Agricultural Law Center）网站。

美国1933年以来的农业法，尽管每次都有不同的内容，但从总体来看，有两个趋势性特点：一是始终把保护农民生产者收入作为最重要目标，具体措施则不断改变；二是不断拓展丰富内容，陆续增加了消费者补贴、生态环境保护等内容。

15.3 政策现状

15.3.1 总体情况

美国现在实行的农业法是2018年国会通过的农业提升法，其有效期一直到2023财政年度（2022年10月1日到2023年9月30日）。

美国2018年的农业提升法，基本框架与2014年的农业法相同，在一些细节规定上有所修改（表15-4）。

表15-4 美国2018年农业提升法与2014年农业法主要内容比较

各章名称	2018年农业提升法	2014年农业法
产品政策	产品政策，营销贷款，糖料，牛奶，补充性农业灾害救济，非保险作物救济	取消直接补贴、反周期补贴、平均作物收入选择项目，产品政策，营销贷款，糖料，牛奶
生态保护	湿地保护，保护地项目，环境质量和生态看护项目，其他保护项目，经费与管理，农业保育地权项目，区域保护伙伴项目，项目取消和技术性修正	保护地项目，生态看护项目，环境质量项目，农业保育地权项目，区域保护伙伴项目，其他保护项目，经费与管理
国际贸易	食物换和平法，1978年农业贸易法，其他农业贸易法规	食物换和平法，1978年农业贸易法，其他农业贸易法规
营养	补充性营养救济，农产品分配项目，其他项目	补充性营养救济，农产品分配项目，其他规定
信贷	农场所有权贷款，经营贷款，突发情况贷款，管理规定，其他规定	农场所有权贷款，经营贷款，突发情况贷款，管理规定，其他规定

续表 15-4

各章名称	2018 年农业提升法	2014 年农业法
农村发展	提升美国农村健康水平，农村通往高速公路的连接路，其他规定，对整合后的农场与农村发展法的修正，对 1936 年农村电气化法的修正，项目取消和技术性修正	整合后的农场与农村发展法，1936 年农村电气化法，其他规定
研发推广	1977 年国家农业研究、推广和教育法，1990 年食物、农业和生态保护法，1998 年农业研究、推广和教育改革法，2008 年食物、生态保护和能源法，其他法律和规定	1977 年国家农业研究、推广和教育法，1990 年食物、农业和生态保护法，1998 年农业研究、推广和教育改革法，2008 年食物、生态保护和能源法，其他法律和规定
林业	1978 年合作林业援助法，1990 年全球气候变化预防法，2003 年健康森林恢复法，取消某些林业项目，森林管理，其他事项	取消某些林业项目，重新授权 1978 年合作林业援助法，重新授权其他森林法规，其他规定
能源	生物质能源市场项目，生物质精炼援助等	生物质能源市场项目，生物质精炼援助等
园艺业	特产作物市场信息发布，当地农产品市场项目，有机农业生产和市场信息项目，有机产品认证等	特产作物市场信息发布，农贸市场和当地食品宣传，有机农业等
作物保险	信息收集和发布，特产作物，保险期限等	信息发布，对违反保费调整规定的通报，补充性保险计划等。
其他规定	畜牧业，农业和食品防护，历史性服务不足的生产者，1994 年农业部机构改革法，其他规定，一般性规定	畜牧业，社会弱势生产者和资源缺乏型生产者，其他规定，油热效率，可再生燃料研究和职业培训

资料来源：根据 2018 年农业提升法与 2014 年农业法原文整理。

从年度预算支出看，美国 2018 年的农业提升法比 2014 年的农业法略增（增幅不足 1%）。从支出结构看，营养项目占 76%，作物保险项目占 9%，生态环境保护和产品政策支出各占 7%，其他各种项目包括贸易、信贷、农村发展、研发推广、林业、园艺业等，合计占 1%。

从这个支出结构看，美国 2018 年的农业提升法更像一个低收入人口的免费食品供应法。因为，占据农业提升法预算支出 76%的营养计划，就是给低收入者免费提供食品的食品券政策。其实，2014 年农业法的预算情况也很类似。

在直接与农业相关的项目支出中，支出最多的，不是很多人印象中的产品政策支持，而是作物保险项目支持，并且用于生态环境保护的支出已经与产品政策支持持平。这与欧盟农业政策的支出结构显著不同。

15.3.2 食品券政策

2018 年美国农业提升法中的营养项目起源于食品券政策。食品券政策始于 1939 年，1943 年中止，1964 年重新实施。为此，美国国会通过了一项专门的法律：1964 年食品券法（*The Food Stamp Act of 1964*）。制定该法的目的是：为加强农业经济发展，帮助实现丰富食品的更好更有效使用，提升低收入家庭的营养水平，联邦政府与各州政府合作，通过正常的商业渠道，实施一项食品援助项目。

这项政策的援助对象是那些由于收入过低而食物营养摄入水平不足的家庭。具体的认定标准（其中应当包括家庭的收入水平上限）由各州制定，农业部审定。用食品券可以买各种食品，除了烟酒。该法还制定了严厉的惩罚措施，规定如果发生了食品券违法行为，所涉及的食品券金额不足 100 美元的，应罚款最多可达 5 000 美元，或判处轻罪入狱最长 1 年，或者既罚款又判刑。违法涉及的食品券金额超过 100 美元的，应罚款最多可达 1 万美元，或判处重罪入狱最长可达 5 年，或既罚款又判刑，由此可见美国对这项法律的重视程度。联邦政府为实施这项法律，前三年制定的预算分别是 7 500 万美元、1 亿美元和 2 亿美元。

1965 年以后制定的历次美国农业法中，均包含了食品券政策——实际上是将食品券法合并到农业法中，并且预算额不断增大，有关的规定也日益完善细致。最全面详尽的是 1977 年食品与农业法中的第十三章，相当于 1964 年食品券法的修订版。其中最重要的内容是：改变了此前由各州自行制定领取食品券标准的做法，改由联邦农业部统一制定标准和要求；并且明确规定了不能享受食品券的人群，尤其是详细列举了属于劳动年龄

(18～60 岁) 的家庭成员不能享受食品券的各种情况 (不积极找工作或不接受工作)。

2008 年的美国食品、生态保护和能源法中，对食品券项目进行了修改，变为“补充性营养救济项目”。

补充性营养救济项目的受惠人数在 2013 财政年度达到了历史最高纪录，为 4 030 万人，约占美国当年总人口的 8%。2018 年度的相应预算为 650 亿美元。

2018 年美国农业提升法中继续实行补充性营养救济计划，其中对食品券受益者的基本要求和原则保持不变，加大了对受益者就业和培训方面的财政支持，以更好地帮助食品券领取者提升其就业能力。有关就业方面的要求未变，16～59 岁的食品券领取者必须进行申请就业登记并接受合适的工作，18～49 岁没有赡养人口负担的食品券领取者必须每周至少工作 20 小时。否则，每三年只能领取三个月的食品券。实际上，食品券政策的操作细则规定不断复杂化的主要原因，是要尽可能使真正需要帮助的人能够获得食品券，同时避免那些有工作能力的人不去工作而“躺平”依赖政府。

15.3.3　营销贷款

现在的农业法中的营销贷款政策，是对始于 1933 年的无追索贷款项目的改进，先后被称为无追索权营销援助贷款 (non-recourse marketing assistance loan)，或营销援助贷款 (marketing assistance loan)。

原来的无追索贷款政策的最大问题是，当产品过剩时，市场价格大跌，跌破贷款率，这时，农民按照贷款率从政府那里取得贷款之后，就不卖产品还贷款了，而是把大量的过剩产品留给政府 (具体执行机构是农产品信贷局)。而政府在如何处理这些产品方面非常困难，通常会大量积压储存，又造成了新的财政支出负担。

经过一段时间的实践和痛苦体验，美国政府找到了一种新的办法，可以既让农民获得收入保障，政府也不再有储存处理过剩产品的苦恼，这就是美国 1996 年联邦农业提升与改革法中创立的贷款差价补贴 (loan deficiency payment)。这种补贴的原理是，当市场价格跌破贷款率时，农民不需要把产品留给国家，而是仍然放到市场上出售，国家按照贷款率与市场价格之差额给农民补贴。

按照1996年联邦农业提升与改革法的表述方式，比较复杂。①农民如果利用了营销贷款政策，那么，还贷款时，用以下两个标准中较低的那个：一是法律中规定的贷款率，再加上利息。二是农业部确定的还贷标准。这个标准能够最大限度地减少贷款坏账，最大限度地减少联邦政府的产品存储数量，最大限度地减少联邦政府的产品储存成本，能够使美国的农产品在国内市场和国际市场自由交易（这意味着政府定的还贷标准并不高于市场价格）。②如果有资格按照贷款率借贷的农民同意不借贷，那么，他可以获得贷款差价补贴，补贴标准为贷款率超过上述农业部确定的还贷标准。

上述法律规定意味着：①如果农民利用了营销贷款政策，按照法律规定的贷款率借贷，那么，当市场价格高于贷款率时，农民可以自己把产品卖了，然后按贷款率连本带息还贷（还会有结余，比把产品交由政府收储更合算）。如果市场价格低于贷款率，那么政府确定的还贷标准（不高于市场价格）就低于贷款率，农民也可以在市场上卖掉产品，而后按照政府的还贷标准还贷（即借得多还得少）。②如果有资格按照贷款率借贷的农民同意不借贷，那么，当市场价格高于贷款率时，政府不给补贴。如果市场价格低于贷款率，则政府按照贷款率与不高于市场价格的还贷标准之差，给农民发直接补贴。

1996年联邦农业提升与改革法把原来的无追索权贷款项目名称改为无追索权营销援助贷款，在这个名称下，创立了贷款差价补贴方式。尽管名称上似乎仍然与贷款联系在一起，但是在本质上，已经把原来通过保护价实行的补贴政策变成了“价补分离”的目标价格政策，即挂钩的直接补贴政策。贷款率的性质，由此前的保护价变成了目标价格。

2002年农场安全与农业投资法保留了上述政策，把名称简化为营销贷款。同时，该法引入了反周期补贴，其与贷款差价补贴的原理相同，只是在原来的贷款率之外又引入了一个目标价格；而目标价格显著高于贷款率。

反周期补贴的原理是：当市场价格高于目标价格时，没有补贴；当市场价格低于目标价格但高于贷款率时，补贴为目标价格与市场价格之差；当市场价格低于目标价格并且低于贷款率时，反周期补贴为目标价格与贷款率之差（在这种情况下，即市场价格低于贷款率时，还要按照贷款率与市场价格之差，向生产者支付贷款差价补贴）。

因此，单纯从补贴的角度看，在实施反周期补贴的条件下，继续保留贷款差价补贴，有叠床架屋的效果。实际情况也证明，2008 年以来，贷款率远远低于实际市场价格（表 15-5），所以，从补贴的计算看，营销贷款政策和贷款差价补贴措施是没有实际用处的。

表 15-5　2008—2021 年美国主要产品贷款率与实际市场价格比较

美元/吨

	2008 年		2014 年		2018—2023 年	2018 年	2021 年
	贷款率	市场价	贷款率	市场价	贷款率	市场价	市场价
小麦	101	249	108	220	124	189	268
玉米	77	160	77	146	87	142	215
大豆	184	366	184	371	228	311	478

资料来源：根据美国历次农业法和联合国粮农组织 FAOSTAT 数据库整理。

尽管如此，在 2014 年的农业法和 2018 年的农业提升法中，营销贷款和贷款差价补贴政策还是一直保留着。其中的主要原因，可能是尽管对于补贴来说已经没有实际意义，但是在其他两个方面可能还有重要作用：一是让农民可以用尚未生产出来的产品作抵押，获得贷款；二是作为美国最早的农业支持政策，其具有政策传承意义和心理意义。

15.3.4　价格损失保障

美国 2014 年农业法开篇的条款就是“三个取消”：取消直接补贴，取消反周期补贴，取消平均作物收入选择项目。然后，又推出了两个新的项目：价格损失保障和农业风险保障。

实际上，真正取消的是 2002 年农场保障与农村投资法建立的直接补贴政策（按照基期面积和基期单产进行的补贴，单位重量补贴标准在农业法中有明确规定）。而其余两个被取消的项目实际上被两个新项目分别取代。即，价格损失保障取代了反周期补贴，农业风险保障取代了平均作物收入选择项目。分析起来，这样做的原因，也许是想让名称表述看起来更符合世贸组织的原则。原来的项目名称，直截了当说是补贴；而新的项目名称，看起来更像被动地应对市场和自然风险的保险项目，更有理由归到不进行削减的国内补贴类别中。2018 年农业提升法继续实施这两个项目。农民需要在这两项补贴计划中二选一。

价格损失保障其实就是反周期补贴的延续和改版，原理是一样的。按照 2014 年农业法的规定，价格损失保障补贴＝补贴率×补贴面积×补贴单产。其中，补贴率为参考价格（reference price）与有效价格（effective price）之差，补贴面积为基期面积的 85％，补贴单产为基期单产。对于基期面积和基期单产的确定，有各种具体规定，并且还可以更新。

参考价格相当于原来的目标价格，法律中有明确规定的标准。有效价格为全国市场年度 12 个月市场价格的平均值（由农业部确定）。本来这样的规定很简明清楚，但是，由于还有一个贷款差价补贴政策，如果出现市场价格平均值低于贷款率的情况，则按照上述规定，市场平均价低于贷款率的部分就会出现重复补贴。为避免这种情况发生，就对有效价格的选取做了一个规定：市场价格平均值和贷款率二者之间，取其较高者。

贷款差价补贴叠床架屋的效果在于：当市场价格平均值高于贷款率时，贷款差价补贴政策不起作用。当市场价格平均值低于贷款率时，政府给农民的补贴由两部分组成，需要分开计算。第一个部分是目标价格高于贷款率的部分，叫作价格损失保障；第二个部分是贷款率高于市场价格平均值的部分，叫作贷款差价补贴——如果没有贷款差价补贴政策，价格损失保障只需要计算一次，即参考价格与市场价格平均值之差，无论市场价格低到何种程度。

2018 年农业提升法继续实行价格损失保障政策，只是加了一个新价格标准——有效参考价格（effective reference price）。价格损失保障的补贴率为有效参考价格与有效价格之差。

其中有效价格的定义没有改变，仍然采取市场价格平均值和贷款率之间的较高者。而有效参考价格实际上是新的目标价格，在该法中它被定义为以下两者之间的较低者——参考价格的 115%，或以下两种价格的较高者：参考价格，或最近五年市场价格中去掉最高值年份和最低值年份的市场价格平均值的 85%。这里的平均值计算采用了奥运会打分计算平均值的办法：去掉一个最高值和一个最低值。参考价格就是 2014 年农业法规定的价格标准。

上述表述意味着：如果最近五年市场平均价格的 85%低于参考价格，则参考价格就是有效参考价格；如果最近五年市场平均价格的 85%高于参考价格的 115%，则参考价格的 115%就是有效参考价格（这意味着最近五年市场价格大涨，因此把原来的目标价格提高 15%）；如果最近五年市场平均价格高于参考价格但高出的幅度没有超过 15%，则采用最近五年市场平均价格的 85%作为有效参考价格。

这种表述相当于把原来固定的目标价格调整成可变的：在市场价格降低时，目标价格不变；而当市场价格上涨到一定程度后，目标价格也随之做一些上调。2018 年农业提升法的规定，实质上使 2018—2023 年间美国主要作物的目标价格，控制在 2014 年确定的参考价格到参考价格的 115%之间。

从表 15-6 中可以看出，美国近年来的目标价格是不断提高的。

表 15-6　美国最近四次农业法中规定的目标价格　　美元/吨

主要作物	目标价格		参考价格	有效参考价格
	2002	2008	2014	2018
小麦	142	144	202	202～233
玉米	102	104	146	146～168
大豆	213	213	309	309～355

资料来源：根据美国农业法中的数据换算整理。

15.3.5　农业风险保障

农业风险保障是 2014 年美国农业法推出的新政，用以替代原来的平均作物收入选择项目。农民可以并且只能在价格损失保障项目和农业风险保障项目中选择一项参加。两者的区别在于：前者只是针对价格变动的风险，而后者综合考虑了两种风险，即价格风险和产量风险。

农业风险保障项目的补贴额计算比较复杂。总体原则是：如果某种作物的实际收入水平低于农业风险保障规定的收入水平，则农民可以获得补贴。这种作物的补贴率（单位面积的补贴额）为以下二者中的较少者：农业风险保障收入水平－作物实际收入水平，或基准收入的10%。这项规定也可以表述为：补贴率为农业风险保障收入水平与作物的实际收入水平之差，但最多不超过基准收入的10%。

在以上计算公式中，农业风险保障水平确定为基准收入的86%。而作物实际收入水平和基准收入需要另外计算，其计算方法有具体规定。

农业风险保障项目分为两种具体方式：县域农业风险保障和个人农业风险保障。生产者可以并且只能从中选择一种参加。两种方式的区别在于：参加县域农业风险保障，可以分别按照单项作物参加并获益；而参加个人农业风险保障项目，必须把该农场所有作物均包括在内。县域农业风险保障针对的是单项产品的单产和价格风险，而个人农业风险保障项目则是针对农场种植的所有作物的单产和价格风险。在具体操作上，两种风险保障项目在计算作物实际收入水平和基准收入水平方面的方法不同。

县域农业风险保障项目计算作物实际收入的方法是：全县该作物的实际平均单产乘以全国该作物年度12个月市场价格平均值，或者该作物的全国平均贷款率——哪个高就选哪个。如前所述，现在的贷款率很低，基本不可能被市场价格跌破，因此，这种复杂的表述并没有实际意义，完全是贷款率的存在而造成的。实际上就是全县的平均单产乘以全国的市场价格平均值。在下面分析个人农业风险保障项目时，为了更简明清晰，从实际效果出发，把涉及贷款率的地方忽略掉。

这意味着，县域的单产水平越低（可能由各种原因造成），全国的市场价格水平越低，可能获得的补贴就越高。同价格损失保障项目比较，农业风险保障项目的保障对象，既包含价格，也包含单产。不过，不能简单地断定其具有双重保障作用，因为其中的价格和单产变化的影响，有可能出现相互抵消的情况。例如，在市场价格出现下降时，单产同时提高了，那么二者就产生一定的相互抵消效果。

个人农业风险保障项目计算作物实际收入的方法是：将某一作物全国参加个人农业风险保障项目的全部实际产量乘以该市场年度全国的市场平均价，得出该作物的产值。然后将如此计算出的农业风险保障项目覆盖的所有作物产值相加，得到产值总和。再将如此得到的产值总和除以相关作物的面积总和，得到一个商数。这个商数，就是该农场的单位面积实际收入。

按照这样的单位面积实际收入计算方法，个人农业风险保障项目考虑到的是农场所种植的各种作物的单产和价格风险因素，是各种作物单产和风险因素的加权之和。

县域农业风险保障项目基准收入的计算方法为：最近五年全县单产的奥运平均值乘以最近五年全国市场价格的奥运平均值。

个人农业风险保障项目基准收入的计算方法为：对于最近的五年，分别计算出全国参加个人农业风险保障项目每种作物当年的单产与当年的全国市场价格平均值的乘积，即为当年的该作物收入。对如此计算出的最近五年的作物收入计算奥运平均值。在 2014—2018 年，每年按照这个平均值计算出当年收入，即为基准收入，但要根据作物种植比例的不同做适当调整。实际上，这个值就是全国所有参加个人农业风险保障项目的全部土地在最近五年中的单位面积加权平均收入。

如果在上述任何一年中某种产品的市场价格平均值低于参考价格，则采用参考价格代替市场价格进行计算。

15.3.6　作物保险

农业生产面临的风险有很多种。其中最主要的是两种：一种是自然风险（产量和质量损失风险），是不可控的自然条件变化尤其是气候条件变化所带来的生产损失风险；另一种是市场风险，是在作物生产开始之后市场价格变化（包括产品和投入品价格变化）所带来的收益损失。

美国的作物保险政策始于 1938 年，其成立了联邦作物保险局（Federal Crop Insurance Corporation，FCIC）来管理政府的作物保险项目。开始主要是支持主要作物的主产区。1980 年，美国通过了联邦作物保险法（*federal crop insurance act of 1980*），推动在全国更多的地区对更多的作物进行保险。后来，在历次国会通过的农业法中，都不断加强有关农业保险的内容，实际上是把原来的作物保险法融入农业法中。

作物保险与价格损失保障和农业风险保障的主要不同在于：作物保险是由私人保险公司经营的，生产者自愿参加，并且需要自己缴纳保险费，政府只是对保险费提供一定比例的支持；农民参加前述两项保障项目，不需要缴纳费用，所有费用均由政府承担——政府直接为农民提供免费保险。

作物保险的类型主要有两类：作物产量保险和作物收入保险。其中，作物收入保险所占比例更高一些。

需要保险的产量水平和价格水平越高，保险费就越高，政府支付的保费比例就越低。政府支持保费比例最高的是灾害保险，为 100%，即生产者不需要支付保险费，而只需要支付一点管理费（2008 年农业法规定为 300 美元）。灾害的标准是产量损失比例超过正常产量的 50%以上。

美国政府对不同类别和不同产量保险水平的保费补贴比例如表 15-7 所示。表中第一列为农民为作物产量的投保水平，从灾害（即实际产量不到正常产量的 50%）到正常产量的 85%。第二列到第四列是对应不同产量投保水平，政府对不同投保方式的保费补贴比例。表中第二列是对大多数情况下作物保险的保费补贴比例。大多数情况是：单个农场为单一作物的产量投保。表中第三列的情况是全县同一作物作为一个单位进行投保，由于全县同一作物的面积要远远大于一个农场的面积，不同农场所发生的风险有一定的相互抵消作用，保费比通常情况要低，同样额度的政府补贴，所占的比重就可以高一些。表中第四列的情况是单一农场的不同作物作为一个单位投保，同前述情况类似，不同作物的风险可以相互抵消一些，风险较小，保费也较低，政府同样额度的保费补贴可以占较高的比例。

表 15-7　美国政府对不同类别和不同产量投保水平的保费补贴比例　　%

产量投保水平	对农场按单一作物投保的保费补贴比例	对以县为单位为某一作物投保的保费补贴比例	对单一农场全部作物投保的保费补贴比例
灾害（＜50）	100		
50	67	80	
55	64	80	
60	64	80	
65	59	80	80
70	59	80	80
75	55	77	80
80	48	68	71
85	38	53	56

资料来源：美国农业部风险管理局（USDA Risk Management Agency）网站。

就实际情况而言，目前美国农民平均仅需支付约 40％的保费，农民可在种植之前签订保险协议，收获后支付保费。

美国现在的农业保险所涵盖的产品非常繁多，从大田作物、蔬菜、水果，到猪、牛、羊等畜牧甚至蛤蚌、牡蛎等水产品，几乎无所不包含。

第 16 章　欧盟农业政策

自欧盟成立起，农业政策就占据着非常重要的地位。在很长的时间中，尤其是在欧洲共同体时期，其预算支出中用于农业政策的部分超过 2/3。欧盟的农业政策在很长的时间中是市场扭曲最大的，并且在世贸组织农业谈判中最受诟病。而现在的欧盟农业政策在很多方面，尤其是在农业补贴制度方面，更符合世贸组织的自由贸易原则，黄箱的部分比美国还少。

16.1　农业特点

16.1.1　基本情况

欧盟经过历史上多次的分分合合，现在有 27 个国家，包括：法国、德国、意大利、荷兰、比利时、卢森堡、丹麦、爱尔兰、希腊、葡萄牙、西班牙、奥地利、瑞典、芬兰、马耳他、塞浦路斯、波兰、匈牙利、捷克、斯洛伐克、斯洛文尼亚、爱沙尼亚、拉脱维亚、立陶宛、罗马尼亚、保加利亚、克罗地亚。

欧盟各成员国的基本国情差异很大。人口最多的是德国，为 8 300 多万人，最少的为马耳他，不到 53 万人；耕地面积最大的是法国，为近 1 800 万公顷，最小的还是马耳他，不到 8 000 公顷；27 个成员国的人均耕地面积，从 0.2 亩到 12 亩；各国的气候条件等，更是不相同。因此，欧盟各成员国的农业生产情况差异很大。这导致欧盟制定具体的农业政策时，要充分考虑和照顾到各成员国的不同特点和不同诉求。本书重点分析欧盟作为一个整体的农业特点和农业政策问题。

从表 16-1 中可以看出欧盟农业的一些特点。欧盟作为一个整体，土地资源比较丰富。欧盟人均耕地占有量超过世界平均水平，约为我国人均耕地的 2.5 倍。欧盟以占世界 5.6%的人口，生产了世界近 10%的谷物、近 18%的小麦和近 20%的猪肉，牛肉和禽肉也各占世界总产的 9%以上。不过，饲料粮玉米和大豆较为短缺，尤其是大豆，主要靠进口。

表 16-1　2021 年欧盟农业的基本情况

项目	单位	欧盟	世界合计	欧盟占比/%
总人口	亿人	4.45	79.09	5.6
耕地面积	亿亩	14.6	210	7.0
人均耕地	亩/人	3.28	2.65	123.9
谷物	万吨	29 737	307 065	9.7
小麦	万吨	13 808	77 088	17.9
玉米	万吨	6 443	121 024	5.3
稻谷	万吨	258	78 729	0.3
大豆	万吨	254	37 169	0.7
肉类	万吨	4 439	35 739	12.4
猪肉	万吨	2 361	12 037	19.6
牛肉	万吨	688	7 677	9.0
禽肉	万吨	1 305	13 796	9.5
羊肉	万吨	58	1 636	3.5
农产品出口*	亿美元	2 227	17 547	12.7
农产品进口*	亿美元	1 706	18 178	9.4

* 欧盟对外贸易数据（欧盟数据库 Eurostat 网站），按 2021 年 12 月 31 日欧元兑美元的汇率折算。

资料来源：联合国粮农组织 FAOSTAT 数据库。

欧盟作为一个整体，对外部的农产品出口额占世界的 12.7%，进口额占 9.4%，贸易顺差额为 520 亿美元。可以看出，欧盟农产品出口额多于美国，而进口额少于美国。

16.1.2　贸易情况

欧盟的农产品贸易额在过去 20 年中增长幅度较大（表 16-2）。其在欧盟贸易总额中的比重略有上升，从 2002 年的 7.3% 上升到 2022 年的 7.6%。2022 年欧盟农产品贸易在全部贸易中的占比为：在出口中占 8.9%，在进口中占 6.5%。

表 16-2　2002—2022 年欧盟农产品贸易额发展　　亿欧元

项目	2002 年	2012 年	2022 年
出口	727	1 369	2 291
进口	688	1 172	1 956

资料来源：欧盟数据库 Eurostat 网站。

欧盟在贸易统计方面，将农产品分为四类：动物产品（animal products）、植物产品（vegetable products）、油脂产品（fats and oils）和食品加工品（foodstuffs）。2022 年的欧盟农产品贸易结构比例情况如表 16-3 所示。

表 16-3　2022 年欧盟农产品贸易类别结构比例　　%

项目	动物产品	植物产品	油脂	食品加工品
出口	22	20	4	54
进口	19	39	9	32

资料来源：欧盟数据库 Eurostat 网站。

出口产品中最重要的是食品加工品，占农产品出口总额的 54%，其中各种饮品（包括酒类）占 32%；动物产品占 22%，主要是肉类和奶类等；植物产品占 20%，主要是谷物类。

进口产品中最重要的是植物产品，占 39%，主要是各种水果；食品加工品占 32%，主要是食品加工业的残余废弃物和动物饲料加工品；动物产品占 19%，主要是鱼虾蟹贝类。

欧盟农产品贸易的主要伙伴如表 16-4 所示。其中英国是最重要的贸易伙伴国，2022 年欧盟向英国出口 480 亿欧元，占 21%，位居第一；从英国进口 160 美元，占 8%，位居第二。美国的地位仅次于英国，在出口中占 13%，居第二位；在进口中占 6%，居第四位。我国的地位仅次于美国，在出口中占 7%，在进口中占 6%。

表 16-4　2022 年欧盟农产品贸易的国别结构　　%

项目	英国	美国	中国	瑞士	日本	俄罗斯	其他
出口	21	13	7	5	4	3	48
项目	巴西	英国	乌克兰	美国	中国	挪威	其他
进口	10	8	7	6	6	5	58

资料来源：欧盟数据库 Eurostat 网站。

欧盟对我国的贸易总额中，农产品的占比情况是：食品和饮料在出口中比重较大，占 6.1%，在进口中的比重很小，只有 1%。

16.1.3　结构变化

根据 2016 年的农场结构普查（farm structure survey），欧盟 27 国（不包括英国）的农用地总面积为 1.57 亿公顷。其中耕地 0.97 亿公顷，牧业用地 0.49 亿公顷，果园用地 0.10 亿公顷。

欧盟的农场总数为 1 030 万个，其中罗马尼亚就占了 1/3，为 343 万个，波兰为 141 万个，意大利为 114 万个，西班牙为 95 万个。

同 2005 年数据比较，欧盟的农场数量减少了 28%（410 万个）。其中，主要是经营规模小于 5 公顷的小农场，减少了 350 万个，只有经营规模在 100 公顷以上的农场数量有所增加。同期中农用地总面积变化很小，仅仅减少了 0.2%，因此，农场数量的大幅度减少，意味着大量农场被合并（并购）了，土地向大农场的集中程度更高了。

2016 年欧盟农场的平均规模为 15.2 公顷。其中，2/3 的农场的占地规模不到 5 公顷，占地规模在 30 公顷以上的农场仅占农场总数的 10%。占地规模超过 100 公顷的大农场数量仅为农场总数的 3%，而其占地面积却超过了欧盟农用地总量的一半（50.4%）。

农场结构的另一项重要变化是农民的年龄结构。总体来看，青年农民的比例不断下降，而老年农民的比例不断上升（表 16-5）。2016 年 45 岁以下的农民占比只有 19%，而 55 岁以上的农民占比已经达到 58%。这种变化趋势还在继续。

表 16-5　2005 年和 2016 年欧盟农民的年龄结构变化　　%

年龄段	2005 年	2016 年
45 岁以下	23	19
45～55 岁	23	23
55 岁以上	54	58

资料来源：欧盟网站共同农业政策改革 2023—2027 年文件。

16.1.4　农民收入

2020 年欧盟农业产业创造的增加值占 GDP 总值的比例为 1.3%，而同年农业就业在社会就业总数中占 4.0%。这两个比例的差异，是农业人员收入（农民收入）低于非农业人员收入的基础性原因。

对农民收入与非农业人员收入进行比较是不容易的。欧盟采取的办法是将农场每个家庭劳动力单位的经营收入（entrepreneurial income per family work unit）与非农业就业的平均工资进行比较。这个比较口径，采用的是就业人员的收入比较，其更为直接。而我国的城乡收入比较方法有所不同，采用的是家庭所有成员人均收入的比较，其中包含赡养人口数量不同所造成的差异。两种比较方法的侧重点不同：我国的方法侧重城乡居民家庭人口的平均收入水平（生活消费水平）的不同，而欧盟的方法侧重农场经营劳动人员和非农业就业者所得的差异。

按照这样的比较方法，欧盟农民收入占非农业就业平均工资的比例，2005 年为 29.1%，2016 年提高到 40.5%，2021 年提高到 52%。

农业内部的农民收入情况，在不同地区、不同规模、不同产品之间，也存在很大的差异，这种内部差异甚至超过与外部收入比较的差距。这三个方面的差异，有时候是相互重叠的。收入高的地方或农场，往往是规模大的、产品附加值高的地方或农场。从地区看，比利时、荷兰、法国北部、意大利、德国和瑞典南部，是欧盟农民收入最高的国家和地区。从产品看，从事猪、家禽、酿酒葡萄和园艺作物生产的农民收入最高，而从事牛羊饲养和混合型农业生产的农民收入最低。从生产规模看，按照欧盟农场规模划分的 6 个等级，经营规模最大的农民年收入超过 4 万欧元，是规模最小等级的农民年收入的十几倍。

从价格发展看，2000—2022 年，欧盟农产品的加权平均价格与世界价格的比例一直在下降，从 2000 年高于世界价格 40%左右，下降到与世界价格持平，乃至在 2022 年略低于世界价格。这样的价格变化，也是欧盟的小农场数量大幅度减少、大农场数量增加的重要原因。

欧盟的农业收入政策，对于稳定农民收入发挥了重要作用。平均看，欧盟的收入补贴占农产品销售额的 12%，占农民收入的 1/3。在某些产业的比例更高，如牛羊饲养业。

16.2　政策沿革

欧盟农业政策的发展有几个重要的时间节点。1957 年欧盟的前身欧洲经济共同体（European Economic Community）成立，初始成员有德国、法国、意大利、荷兰、比利时和卢森堡六个国家。1965 年欧洲经济共同体、欧洲煤钢共同体和欧洲原子能共同体合并，称为“欧洲共同体”，简称欧共体。1993 年欧洲共同体改名为“欧洲联盟”，简称欧盟。

1962 年欧洲经济共同体建立了共同农业政策。其目标是为消费者提供买得起的食物，为生产者提供公平的生活水准。共同农业政策首先要解决的问题，是建立统一的市场和价格政策。其中，又以谷物的市场和价格政策占据首要地位。因此，从 1962 年开始，其先是统一了各成员国的政策措施。然后，从 1968 年开始，又拉平了各成员国所实行的政策价格水平。

共同农业政策中的政策价格，包括目标价格、门槛价格和干预收购价格，三种政策价格构成了一个体系。

其中，干预收购价格是一种保护价格，相当于我国实行的最低收购价格，用于调控内部市场。门槛价格是针对进口产品的，是贸易保护价格，如果进口产品的世界市场价格（主要进口大港鹿特丹港的最低到岸价格）低于门槛价格，就按照其间的差额征收进口关税，也叫差价关税。之所以采取这样的关税措施，是因为干预收购价格抬高了内部市场价格，明显高于世界市场价格，如果不用关税保护，内部市场的高价格就无法维系。

目标价格是计算门槛价格的基础价格，是内部市场主要消费区（杜伊斯堡）的价格。目标价格减去从进口港鹿特丹到主要消费区杜伊斯堡的运费、装卸费和一个适当的营销差价，就是进口的门槛价格。

在很长一个时期中，由于内部市场价格与国际市场价格之间的差价很大，这种差价关税的税率非常之高。例如，1987 年 12 月，软小麦的门槛价格为每吨 260 欧币单位（欧元的前身），而鹿特丹的到岸价格仅仅为每吨 70 欧币单位，差价关税率为 271%！

那时，世贸组织的协议中还没有将农产品包括进去。一直到世贸组织乌拉圭回合谈判（1986 年 9 月—1994 年 4 月），才将农产品纳入世贸组织协议体系。

共同农业政策建立之初，6 个初始国中，只有法国谷物自给有余，其他 5 个国家谷物自给率都很低。因此，当时农业政策的主要目标是鼓励生产，以满足消费者的需要，同时提高农民的收入。经过 20 多年的发展，到 20 世纪 80 年代中期，情况发生了很大变化，欧共体的谷物已经出现了显著的过剩。共同体农业政策研究人员的说法是：共同体的政策（在促进生产方面）太成功了，以至于造成了麻烦——过剩问题。

从表 16-6 中可以看出，20 世纪 70 年代中期时，欧共体的谷物自给率仅为 82%。经过 10 年时间，到 20 世纪 80 年代中期时，已大幅度提升到 119%。即便把谷物尚不能自给的两个新成员西班牙和葡萄牙考虑在内，谷物自给率水平还是高达 112%。

表 16-6　1976—1986 年欧共体国家谷物自给率变化　　%

年份	丹麦	联邦德国	希腊	法国	爱尔兰	意大利	荷兰	英国	比利时和卢森堡	10 国合计	西班牙*	葡萄牙*	12 国合计
1976	104	74	93	138	64	70	26	59	41	82			
1986	119	95	104	204	86	80	25	116	63	119	92	30	112

* 西班牙和葡萄牙 1986 年加入欧洲共同体。

资料来源：根据欧洲共同体统计年鉴 Eurostat 1988 和原联邦德国农业部的年度报告 Agrarbericht 1988 整理。

当时，欧共体的共同农业政策面临着两个方面的突出挑战和压力：从内部市场看，生产过剩问题日益突出，不仅谷物生产过剩，牛奶、牛肉和葡萄酒等其他产品也严重过剩，导致欧共体财政压力日益突出；从国际环境看，世贸组织乌拉圭回合谈判已经把农业领域纳入进去，欧共体面临着美国等农产品出口国的重大谈判压力。

在这样的背景下，1992 年共同农业政策进行了重要改革。主要内容是大幅度降低市场价格支持水平，对由此导致的农民收入影响，通过引入直接补贴来进行弥补。这是一种“价补分离”式的改革。这种与生产仍然挂钩（补贴与当年种植的产品类别和面积多少有关）的直接补贴，尽管仍然对市场有扭曲作用，但毕竟是间接的，不像保护价那样直截了当。并且，欧盟在实行这种政策时对生产的总数量进行限制，因此其属于蓝箱补贴。这种补贴每年都需要进行统计、审查、计算，相当复杂烦琐。这次改革开始在共同农业政策中强化农村发展内容，并萌发出把农村发展政策作为共同农业政策第二支柱的概念。并且，在后来的历次改革中，都在不断加强第二支柱的内容和支持分量。

2002 年共同农业政策进行了具有本质性意义的重大改革。这就是实行了所谓的“脱钩补贴”，正式名称叫作“单一的农场补贴”（single farm payment）。每个农民获得的补贴额，将根据基期（2000—2002 年）的情况确定，包括种植了什么作物、面积数量、该地区的平均单产，以及该作物单位重量的补贴标准。一经确定，在其后的年份中就与当年种植的作物种类和面积多少无关。因此，就不再具有扭曲市场的作用，从而可以归为绿箱补贴。改革政策也做了些妥协和保留，并且制定了一个过渡期。改革于 2005 年正式启动，如果哪个成员国需要过渡期，则最晚要在 2007 年开始执行。

2002 年欧盟农业政策的改革，尽管存在种种妥协和例外，美国、澳大利亚和其他国家的谈判代表并不是很满意，但毕竟迈出了非常关键的一步，尤其是谷物等产品实现了真正的脱钩补贴，为后来深化和全面改革奠定了方向和基础。

2013 年欧盟通过了新的农业共同政策改革方案，并公布了 2014—2020 年方案。这个方案是经过历时三年的深入研究、讨论和激烈争论之后形成的，被认为具有重要的历史性意义：这是共同农业政策建立以来第一次全面系统的改革。同时，决策程序也不同以往，欧洲议会也参与了立法过程，与欧盟理事会一起做决策。

这个方案延续了1992年以来市场导向的改革路径，即把对产品的补贴转向对生产者的补贴。在政策架构上，延续了两大支柱的政策体系，即以直接支付和市场支持政策为主的第一支柱，以农村发展政策为主的第二支柱。

改革的目的是更好地应对三个方面的突出挑战：一是经济方面的，包括粮食安全和全球化，生产率提高速度的减慢，价格剧烈波动，投入价格上涨引起的成本压力，农民在食物供应链中地位的下降等；二是环境方面的，包括资源利用效率，土壤与水质量，以及生物多样性损失危险；三是区域发展方面的，包括农村区域在人口流失、经济和社会发展方面的诸多问题。针对这些问题，共同农业政策的三个长期目标是：有活力的食物生产，可持续的自然资源管理和气候行动，平衡的区域发展。为了实现这些目标，欧盟对现有的政策措施进行了改革。

从预算使用上可以清楚地看出欧盟农业政策的变化。1992年欧盟农业政策支出的90%用于市场管理政策，即国内干预收购和出口补贴。到了2013年，这个比例降低到5%。而直接补贴成为主要的支持方式，并且直接补贴中的94%为脱钩补贴。

2013年的改革强调了几个新方向：一是强调农业要同时提供“公共产品和私人产品”，即不仅提供可以在市场上出售的农产品（私人产品），同时还提供没有市场价值的乡村风景、农地上的生物多样性、气候稳定等（公共产品），为此对第一支柱提出了“绿色化”（greening）的措施；二是新的政策设计更有效、更有针对性、更有连贯性，两个支柱的政策联系更密切，都要为实现三个目标发挥作用；三是赋予成员国更多使用第一支柱财政支出方面的弹性，可以将一定比例的第一支柱支出调整用于第二支柱的内容，以更好地适应各成员国在自然条件和社会经济条件方面的显著差异。

16.3 政策现状

欧盟农业决策过程涉及欧盟的三大决策机构：欧盟委员会、欧盟理事会、欧洲议会。欧盟最新的共同农业政策，或者叫共同农业政策的改革方案是由欧盟委员会于 2018 年提出的。2020 年欧洲议会和欧洲理事会同意就改革方面进行谈判，2021 年 6 月达成了共同农业政策改革的政治决议草案，2021 年 12 月正式通过，要求各成员国在半年之内提交各自的共同农业政策战略计划，并由欧盟委员会审定。2023 年起正式执行。

欧盟认为，新的共同农业政策改革方案，为建立一个更公平、更绿色、更注重效果的共同农业政策铺平了道路。改革方案旨在为欧洲农民未来的可持续发展提供保障，为小农场提供更有针对性的支持，并让成员国有更多的灵活性，采取符合本国条件的具体措施。欧盟认为农业和农村是《欧洲绿色协议》（*European Green Deal*）的核心，而 2023—2027 年共同农业政策将对实现“从农场到餐桌”和生物多样性战略目标发挥关键作用。

16.3.1　政策目标

改革方案提出了改革的 9 个目标。

第一个目标仍然是改善农民收入。一方面认为农民收入的改善，主要是因为农业劳动力外流、农业经营规模扩大；另一方面也重申补贴对支持农业收入仍然很重要，只是成员国之间大不相同。各成员国的补贴效果很不一样，通过改革政策如调整补贴方式可以进行改善，但各成员国各自的宏观政策往往比共同农业政策更为有效。各成员国在调整补贴分配方式时，不能妨碍结构调整、共同农业政策的框架和欧盟内部的统一市场，有助于最大化地减少潜在的竞争扭曲。

上一段关于农民收入目标的表述，内涵了一种难以克服的纠结：既要加大对小农场的补贴，又不能妨碍农业发展扩大规模提升竞争力的要求。

第二个目标是提高生产效率和竞争力。尽管欧洲的农业生产效率已经很高，但是近年来停滞不前。面对日益增长的食物与工业原料需求和生态环境保护的要求，用可持续的方式提高生产效率，是应对这些挑战的关键。促进生产效率提高的动力和政策工具，主要是支持研发和创新项目、新技术、新设施、有效的咨询和培训等。

第三个目标是提升农民在食物价值链中的地位。由于上游投入成本高、下游不断出现新的服务，农民在食物价值链中的份额少而滞化。改革方案将通过加强农民之间的联合、促进产业融合、加强研究和创新、提高市场透明度等措施，强化农民在食物价值链中的地位。

第四个目标是减少农业温室气体排放。2016 年欧盟的温室气体排放中，农业排放占 12%。采用减排技术、土壤固碳技术、生物质生产、减少化学品投入、减少农产品损失和浪费等，都有助于减排。

第五个目标是更有效地管理土壤。土壤健康对农业可持续发展和环境保护都有重要作用。改革方案通过强制性和自愿性措施来保护土壤。

第六个目标是保护生物多样性和农村景观。各种证据表明，欧洲农地的生物多样性在不断减少，原因是各种栖息地（树篱、田埂、石堆墙、零散树木等）的消失。新的改革方案强化了已有的政策措施，包括更严格的补贴条件要求、更多的鼓励政策等。

第七个目标是扶助青年农民。欧洲农业结构（农场数量和规模）处于变化中，其中青年农民的数量在不断减少。新的改革计划将为青年人在创办和经营农场方面提供扶持，并改善农村的生活和工作条件。

第八个目标是提供更多的农村就业和发展机会。农村的人均收入水平比欧盟人均收入水平低 1/3。农村的贫困人口要显著多于城市，偏远的农村与城市的差距更大。改革方案将强化在减轻农村失业和贫困方面的措施。

第九个目标是增强食物的安全营养性和动物的营养，以及加强对动物的保护。动物的健康与安全也间接影响到人类的健康和安全，尤其是在抗生素的使用方面。

16.3.2 财政预算

欧盟实行共同农业政策的财政支出，是通过两个基金运作的。一是欧洲农业保障基金（European agricultural guarantee fund，EAGF），其提供稳定欧盟内部市场的直接补贴，全部资金由欧盟提供；二是欧洲农村发展农业基金（European agricultural fund for rural development，EAFRD），其资金来源除欧盟外，成员国也要为本国的项目执行提供部分资金，基金的用途是促进农村发展。这两个基金对应的就是所谓的共同农业政策的“两大支柱”。

通过支出预算的安排，可以看出欧盟共同农业政策措施的重点和优先序。

如表 16-7 所示，欧盟 2023—2027 年间的农业政策总支出预算约为 3 074 亿欧元，平均每年约为 615 亿元。其中，不挂钩的直接补贴（本书将属于直接转移支付性质的 support 均译为“补贴”）占 62%，挂钩补贴占 3%，农村发展支持占 35%。在这个总体支出预算框架下，成员国可以有一定的灵活性，提出两大支柱之间的经费使用调整计划。

表 16-7　2023—2027 年欧盟共同农业政策支出预算分配　　亿欧元

		欧盟支出	成员国支出	合计资金	占全部支出/%
欧洲农业保障基金	基本收入补贴	966.97		966.97	31
	挂钩收入补贴	230.31		230.31	7
	青年农民补充性收入补贴	34.07		34.07	1
	补充性再分配收入补贴	200.94		200.94	7
	生态计划补贴	447.13		447.13	15
	棉花收入补贴	12.32		12.32	0.4
	直接补贴小计	1 891.10		1 891.10	62
	农业专项	2.86	3.24	6.10	0.2
	橄榄油专项	2.19		2.19	0.07
	葡萄酒专项	41.43		41.43	1
	啤酒花专项	0.11		0.11	0.004
	水果蔬菜专项	41.43		41.43	1
	其他专项	1.10		1.10	0.04
	专项补贴小计	89.15	3.24	92.40	3
	合计	1 980.25	3.24	1 983.49	65

续表 16-7

		欧盟支出	成员国支出	合计资金	占全部支出/%
欧洲农村发展农业基金	环境、气候、动物福利	202.90	129.22	332.12	11
	自然条件恶劣地区	105.98	81.18	187.16	6
	特殊条件不利地区	5.01	3.29	8.30	0.3
	农业投资	184.33	129.46	313.79	10
	新建农场	34.12	17.63	51.75	2
	风险管理	27.32	18.60	45.92	1
	合作组织	70.34	41.26	111.60	4
	知识与信息	11.34	9.39	20.73	0.7
	技术帮助	18.65		18.65	0.6
	合计	659.99	430.03	1 090.02	35
总计		2 640.24	433.28	3 073.51	100

资料来源：欧盟委员会网站 CAP Strategic Plans（2023—2027）。

16.3.3 基本收入补贴

基本收入补贴是最早的“单一的农场补贴”的延续。2002 年推出的单一的农场补贴政策，在后来的改革过程中不断弱化，这项政策的一部分经费被调整用于新的补贴方式。不过，这种被削弱的直接补贴项目尽管已经不再是单一的农场补贴，但在欧盟所有的农业补贴项目中，仍然是最主要的：基本收入补贴占欧洲农业保障基金支出的 51%，占欧盟共同农业政策总预算支出的 31%。

补贴的计算依据是农地面积，单位面积的补贴标准各成员国有很大的不同（表 16-8）。这是由 2002 年改革时的补贴计算基数数据不同所决定的。其中，18 个成员国在内部实行统一的补贴标准，9 个成员国在内部不同地区实行不同的补贴标准。按照改革方案，到 2027 年，这 9 个成员国中的葡萄牙、匈牙利、希腊和卢森堡将实现内部统一标准，剩下的 5 个成员国法国、比利时、西班牙、爱尔兰和意大利将缩小内部标准差距，最低的不低于全国平均水平的 85%。

表 16-8　2023 年欧盟各成员国的直接补贴和基本收入补贴标准

欧元/公顷

成员国	直接补贴合计	其中：基本收入补贴	成员国	直接补贴合计	其中：基本收入补贴
奥地利	269	189	爱尔兰	269	165
比利时	359	110	意大利	348	167
保加利亚	211	101	立陶宛	220	82
塞浦路斯	358	233	卢森堡	270	132
捷克	227	67	拉脱维亚	193	90
德国	248	147	马耳他	1 083	638
丹麦	321	227	荷兰	298	180
爱沙尼亚	212	110	波兰	252	120
希腊	487	214	葡萄牙	215	81
西班牙	232	128	罗马尼亚	204	101
芬兰	230	130	瑞典	237	138
法国	268	130	斯洛文尼亚	292	184
克罗地亚	344	130	斯洛伐克	219	104
匈牙利	269	147	欧盟（27）	261	134

资料来源：同表 16-7。

农民获得直接补贴的前提条件是满足有关生态环境保护的要求。欧盟在农业生态环境保护方面制定了一套“良好农业与环境条件”标准。其中主要有：

第一，保证一定比例的永久草地（permanent grassland）。各成员国要保证不低于 2018 年的比例。各成员国可以选择按照从国家到农场的不同级别确定。其中 22 个成员国选择在国家级别上确定比例，4 个成员国选择按照内部不同区域确定比例，马耳他没有永久绿地。

第二，保护湿地和泥炭地。各成员国要对湿地和泥炭地测绘制图并进行保护。规定那些尚未制图的成员国要在 2025 年前完成测绘制图并实行保护。

第三，禁止焚烧作物秸秆和收割后的残茬。

第四，水系沿岸要建立缓冲带。缓冲带至少 3 米宽。缓冲带内不得使用化肥农药。

第五，土壤耕作限制。各成员国提出需要特别保护的土地对象，通常按照坡地的坡度标准确定。所选择的限制措施包括：禁止耕翻土地、限定犁地方向（根据坡度走向）、限定种植作物等。

第六，土壤植被覆盖率。各成员国必须确定在敏感季节中的土壤植被覆盖率，以避免淋蚀、侵蚀和有机质流失。

第七，作物轮作。轮作可以改善土壤结构，调节土壤生物多样性和保持土壤肥力。各成员国可以采取不同的具体措施，但欧盟的总要求是每三年至少每个地块都要轮作一次。

第八，非生产面积和景观。欧盟的每个农场都必须至少拿出4%的耕地面积，用于非生产性目的。具体方式有休耕、树篱、树木、小池塘、沟渠、散石墙、文化景观等。

第九，禁止对列入欧盟 Natura 2000 保护区清单内的永久草地进行耕翻。

以上这些要求，有的是直接针对每个农场层面的，有的是针对国家层面的，不过，欧盟针对国家层面的要求，最终各成员国也要落实到具体的每个农场。

除了以上九条，成员国还可以添加额外的生态环境保护要求。

表16-8中，直接补贴合计与基本收入补贴之间的差额，是通过各种有针对性的特别补贴项目支出摊到所有农地上的平均值，并不是每个农民都可以得到的；只有部分农民可以获得，并且获得的多少不一。这些特别补贴项目主要有四项：挂钩收入补贴、补充性再分配收入补贴、生态计划补贴、青年农民补充性收入补贴。

16.3.4 挂钩收入补贴

挂钩收入补贴是指按照每年种植的作物面积或饲养的牲畜数量进行补贴的政策。

是否采用这种措施，属于成员国的自愿行为。不过，对于采取这种措施的情况是有严格的限定条件的，并且有支出上的总额上限。因为这种措施对市场有扭曲作用，属于黄箱政策。政策改革实施的战略方案中，除荷兰外，其他 26 个成员国都决定采用这项措施。

采用挂钩收入补贴的对象，是那些收入水平较低的产品。主要是牛羊饲养业（猪禽业不满足补贴条件），产品对象是牛肉、羊肉和牛奶，占此项补贴总额的 70%。其次是豆类作物，占补贴总额的 14%，其余 16%用于水果、蔬菜、甜菜和水稻等谷物。享受这种补贴的农地面积在改革前的 2022 年为 420 万公顷，改革后会达到 710 万公顷，占全部农地面积的 4.5%。

16.3.5　补充性再分配收入补贴

补充性再分配收入补贴，是 2023—2027 年农业政策改革的创新之举。其原理是，原来的补贴是按全部农地面积平均补贴的，这样，农地面积多的大农场获得的补贴总额就多，而中小规模的农场获得的补贴总额就少；而现在的改革方案是，把原来平摊到所有农地上的补贴拿出一部分来，重新进行分配，新的分配方法将使这部分补贴主要补贴给中小农场。这就是再分配的含义所在。

改革方案规定成员国要至少拿出直接补贴额度的 10%用于这种再分配收入补贴。在各成员国制定的实施方案中，19 个成员国达到了这个要求，其中比利时、捷克、立陶宛和克罗地亚均调整出 20%的直接补贴用于这项措施。有 8 个成员国调整出的比例不到 10%，其中丹麦和马耳他不准备实行这项措施，理由是通过其他措施可以达到支持中小农场的目标。

在具体实施办法方面，也是各成员国各自制定标准，因为各个国家的农场规模差异很大。通常规定无论农场大小，每个农场享受的补贴面积是固定的。这意味着，小农场的所有土地面积都能够享受到这项补贴，而大农场中的大部分土地面积都得不到这项补贴。这样，小农场单位面积享受的补贴水平就高于大农场了。

有的大农场可能完全享受不到这种补贴，因为欧盟还有另外一项规定，即成员国可以设定补贴上限或实行补贴标准阶梯递减方法（即单位面积的补贴额随着面积的增加而减少）。欧盟规定的补贴上限是每个农场 10 万欧元。有 10 个成员国的改革计划中包括了设定补贴上限或者实行补贴标准阶梯递减方法。在实行这项措施的情况下，那些从基本收入补贴中获得的补贴额已经达到上限的大农场，就完全得不到补充性再分配收入补贴了。

根据测算，实行补充性再分配收入补贴之后，中小农场每公顷获得的补贴额比之前高出 15%。

16.3.6 生态计划补贴

生态计划补贴也是新的共同农业政策的创新元素之一。其目的是支持农民采取各种措施，最大限度地降低农业生产对环境和气候的不利影响，形成可持续发展的生产模式。成员国可根据各自的特殊环境和大气要求，灵活地采取有针对性的措施。

共同农业政策改革计划中制定了 158 种不同的生态计划，供成员国选用。这些生态保护措施，都超过了实行基本收入补贴政策对生态环境保护的要求。其中，提高土壤自然肥力和固碳方面的（如种植豆类作物、长期轮作、多作物种植、免耕等）占 30%，针对生物多样性和景观的（如保持和建造景观、设置非生产性面积、采用富于生物多样性的耕作模式等）约占 20%，牧业用地和草地管理方面的（如不使用肥料、减少牲畜牧养密度、不耕翻、耕地转为牧业用地、缩短牧饲时间等）占 15%，有机农业（不使用化肥、施用粪肥、堆肥等）和农药管理方面的（如不使用农药、生物防控、机械除草等）各占 6%，针对湿地和泥炭地的占 2%，与动物有关的（抗生素使用控制、更多牲畜活动空间等）占 2%等。

16.3.7 农村发展政策

农村发展政策就是欧洲农村发展农业基金所支持的各类项目计划。从内容上看，有不少与农业保障基金支持的项目内容有所交叉重叠，尤其是在生态环境问题方面。这也说明两大支柱是密切相关的。

农村发展政策与前述各项政策的一个重要不同是：农业保障基金各项措施支持的所有对象都是农民；农村发展农业基金支持的农村发展政策，其对象不仅限于农民，也包括农村的其他从业者。

农村发展政策的重点，是农村的社会可持续发展问题。主要目标有三个：吸引和留住青年一代农民，帮助他们在农村地区可持续发展；促进农业的就业、增长、性别平等（包括女性农业就业）、循环生物经济和可持续林业；促进欧盟农业以可持续方式，更好地回应和满足社会对高质、安全、更富营养的食物需求，减少食物浪费，以及改善动物福利和应对抗生素耐药性问题。

改革方案高度重视农民的世代更替，即对青年农民的支持。规定要把直接补贴的 3%用于此项目标。具体措施包括：对青年农民提供补充性补贴，对青年人创办新农场进行投资支持。

成员国高度重视对青年农民的支持。22 个成员国计划用于此项目标的经费额度超过了欧盟改革计划的基本要求。26 个成员国计划实行补充性直接补贴，有的是按面积进行年度性补贴，有的是进行一次性补贴。27 个成员国均对开办农场的青年农民进行一次性投资补贴。据估测，约有 38 万青年农民将受惠于此项支持。

欧盟有 1.37 亿人口居住在农村，占欧盟成员国总人口的 30%。改革方案制定了一系列措施，以应对欧盟农村发展所面对的长期性挑战，包括：人口减少、基础性服务（饮水、卫生条件、交通、电信、宽带网、教育、卫生等）、就业机会、经济增长、性别平等、与城市的融合、社会包容和区域发展等方面的不足。这方面的内容非常广泛，各成员国根据具体国情采取有针对性的具体措施。

在改善动物福利和应对抗生素耐药性方面，与前述生态补贴计划有类似之处，只是内容更为广泛、详细、具体。例如，在动物福利方面，有的成员国不仅规定把动物的活动空间增大 15%～20%，还规定了建筑材料、光照、微气候调控，以及鼓励农民采用非笼养方式饲养蛋鸡等。